2024年第1辑　总第4辑

民国文献研究

国家图书馆民国时期文献保护工作办公室　编

国家图书馆出版社

图书在版编目（CIP）数据

民国文献研究．2024年．第1辑：总第4辑 / 国家图书馆民国时期文献保护工作办公室编．— 北京：国家图书馆出版社，2024.6

ISBN 978-7-5013-8013-8

Ⅰ．①民…　Ⅱ．①国…　Ⅲ．①中国历史—文献—研究—民国　Ⅳ．①K258.07

中国国家版本馆CIP数据核字（2024）第037633号

书　　名　民国文献研究（2024年第1辑　总第4辑）
编　　者　国家图书馆民国时期文献保护工作办公室　编
责任编辑　陈　卓
助理编辑　蒋凯运
封面设计　爱图工作室

出版发行　国家图书馆出版社（北京市西城区文津街7号　100034）
（原书目文献出版社　北京图书馆出版社）
010-66114536　63802249　nlcpress@nlc. cn（邮购）
网　　址　http://www. nlcpress. com
排　　版　九章文化
印　　装　北京金康利印刷有限公司
版次印次　2024年6月第1版　2024年6月第1次印刷

开　　本　710×1000　1/16
印　　张　16
字　　数　264千字
书　　号　ISBN 978-7-5013-8013-8
定　　价　88.00元

目　录

CONTENTS

红色文献与民国时期文献整理出版座谈会*发言

张志清（国家图书馆常务副馆长、国家古籍保护中心副主任）

感谢大家莅临国家图书馆红色文献与民国时期文献整理出版座谈会，我代表国家图书馆，对各位的到来表示最热烈的欢迎！今天我们的会议地点是曾经的国立北平图书馆，民国时期这里涌现出许多著名的学者，如袁同礼、王重民、赵万里、向达，等等。袁同礼先生认为，图书馆“为中华之宝库，作中华学术之重镇”，他特别重视馆藏建设，全力收集善本、地方志、金石墨本、舆图等，希望图书馆能为学术研究提供支持。1954年，冯仲云馆长专门设立了革命文献专藏和名家手稿专藏。

2011年国家图书馆启动“革命文献与民国时期文献保护计划”以来，开展了文献普查、征集、整理出版，数字资源建设，宣传推广和人才培养工作。其中，深入挖掘红色文献和民国时期文献资源，进行整理出版，使其得到更好地保护和利用，是这项计划的重点工作。经过十余年的摸索与实践，民国时期文献的整理工作初具规模。截至目前，已累计立项335项，完成182项，出版图书10483册，推出了众多文献整理成果，内容丰富、卷帙浩繁，形成了“革命历史文献资料丛编”“对日战犯审判文献资料丛

---

* 2024年3月29日，由国家图书馆主办，民国时期文献保护工作办公室、国家图书馆出版社承办的“国家图书馆红色文献与民国时期文献整理出版座谈会”在国家图书馆古籍馆弘文堂举办。国家图书馆常务副馆长、国家古籍保护中心副主任张志清，中国社会科学院近代史研究所副所长金以林，中共中央党校（国家行政学院）中共党史教研部教授李东朗、高中华，北京大学历史学系教授臧运祜、罗敏，中国人民大学历史学院教授黄兴涛等多位专家学者出席会议，会议由民国时期文献保护工作办公室主任马静主持。

刊”“抗日战争文献史料丛编”等系列出版物。

金以林（中国社会科学院近代史研究所副所长、研究员）

中国社会科学院近代史研究所（以下简称“近史所”）自创立之初，便与国家图书馆保持着紧密的合作关系。国家图书馆开展民国时期文献的整理与出版工作，具有深远意义。在当前新时代背景下，关于红色文献的征集、整理出版，可以关注海外流散的红色文献，例如美国斯坦福大学胡佛研究所藏芮玛丽（Mary Wright）征集的陕甘宁边区资料。此外可以加强与党史研究机构的合作，各单位的文献资源相互印证、相互补充，发挥红色文献的价值。

在合作模式上，要多方发力，通过馆校合作、馆社合作等多种方式，发挥图书馆、学术研究机构、出版社等各方优势，推出文献整理成果，例如，中国社会科学院大学与中国人民革命军事博物馆（以下简称“军博”）的合作。军博收藏了大量珍贵的军史资料，尤其在抗战胜利80周年和建军100周年的重要节点即将到来之时，军刊的出版显得尤为迫切。可以围绕军报、军刊，开展中华苏维埃时期、抗战时期、解放战争时期文献的专题出版，对于研究根据地建设和发展具有重要作用。在整理出版过程中，各单位应相互沟通，避免重复建设。此外还要加强全文数据库建设，向社会免费开放。

国家图书馆在民国时期文献整理出版方面的成绩有目共睹，为大学、科研机构提供了宝贵的文献资源。例如，我的一位学生研究抗战时期的警政，就受益于“革命文献与民国时期文献保护计划”出版的《近代警政史料汇编》。同样，在我研究民国时期大学教育的过程中，国家图书馆也提供了丰富的史料支持。

此外，中国社会科学院经济研究所也保存了大量近代文献资源，如社会经济调查。我们期待与各方合作，共同开展文献资源的扫描、共享以及专题出版工作，为推动相关领域的研究贡献力量。

臧运祜（北京大学历史学系教授）

本人作为评审专家，近十年间参加过大多数“革命文献与民国时期文献保护计划”项目的立项评审。今天看到许多立项成果被出版，很是高兴，也感谢国家图书馆领导、民国时期文献保护工作办公室（以下简称“民保办公室”）以及国家图书馆出版社多年来的辛苦付出！这些整理出版的成果作为重要的历史资料，极大配合了抗战胜利70周年、建党100周年庆祝活动，大力支持了我国学术界近十多年的抗战史研究、党史研究以及民国史研究，嘉惠学林，功不可没！

个人对于今后的工作建议如下：①适应数字化时代读者阅读和使用文献的习惯以及出版物市场竞争的需要，在出版史料的同时，尽早考虑数字化产品的开发与推广运用。②加强与学术界的沟通交流与合作。比如红色文献的整理出版，就要考虑我国新近设立的中共党史党建一级学科以及党史宣传教育工作之需求。民保办公室关于抗战史的几个专题数据库，可以考虑跟近史所的“抗日战争与近代中日关系文献数据平台”进行共享，以便于学界利用。近年国家社科基金及教育部人文社会科学研究项目等都重视资助中国近现代史资料的整理与研究，这些课题都有学术团队和研究基础，资料整理也有出版需求，可以考虑进行合作。

高中华（中共中央党校［国家行政学院］中共党史教研部教授）

近十年来由国家图书馆牵头、民保办公室执行、国家图书馆出版社出版的大量革命文献与民国时期文献，可谓是学界之福。这几千种、上千万字的文献，经过多年的细致整理、严格评审和正式出版，走出深闺，得以与广大史学研究工作者见面，成为研究者的必备图书、各大图书馆的必备藏书，成为史学研究必不可少的资料，正在得到较为广泛的关注与使用，于中共党史、民国史等研究领域的推进和深化极有裨益。

能够出版规模如此浩瀚的资料，正是因为国家图书馆有着得天独厚的资料优势、人才优势、文化优势。虽然只是国家图书馆馆藏的冰山一角，但这些资料不仅为出版界提供了源源不断的水源，更成为海内外学者正在使用的一座座富矿。读者和研究者期待更多的文献能够尽快地、有计划地整理和出版，并能配以数据库的开发，以实现个人虽不能尽购尽藏也能收入囊中之效果。图书馆、档案馆等系统的文献合作也是万事俱备，只欠东风。各省市党校及干部学院也保存着丰富的专题文献，彼此深化合作，对其加以整理出版，有利于发挥红色文献宣传教育之功能。继续拓宽海内外相关文献的收集范围，加大文献收集和合作力度，将是学界翘首以盼之事。俟条件具备，科研院所、党校、高校等可以举办一些专题研讨会，在研究中利用这些资料，在资料利用中深化学术研究，深化学研结合。

黄兴涛（中国人民大学历史学院教授）

国家图书馆启动“革命文献与民国时期文献保护计划”以来，我便有幸参与其中，见证了项目从起步到今天的每一个阶段。对于刚才金以林提及的军事文献整理出版工作，我深有同感。清末以来，关于军事的期刊、教科书、译著和其他类型的文献，内容极为丰富，亟待全面整理。有关机构藏有大量的相关资料，由于时代久远，一般不涉及保密问题，可以纳入大规模整理与出版的日程，这也是现代军事史研究的需要。多年前，我就有过建议，但这一工作一直没有展开。

此外，我还想提出两点建议。首先，我们过去的工作已经取得了诸多出色的成果，产生了广泛社会反响，应当得到延续。特别是关于日本战犯审判的资料，其全球影响力不可小觑，我们有必要继续深入挖掘；民国时期的社会调查文献也是如此，目前已完成了四辑整理出版工作，但仍有大量文献等待搜寻和整理。我们不仅要致力于推出新的整理成果，还应对已出版过的资料进行深入研究（《民国文献研究》集刊可以在这方面发挥更积极的作用），在研究的基础上，再针对具体部门、单位和领域开展更为细致的工作，让这些项目能够成系统、成规模、有特色地延续下去。

其次，我们还应紧密围绕国家的关切点来开展新的主题性整理出版。例如，“民国时期的现代化认知”与“中华民族交往交流交融史”等主题，有关文献就不少，值得深入研究和系统整理出版。

李东朗（中共中央党校［国家行政学院］中共党史教研部教授）

国家图书馆在革命文献与民国时期文献的整理、出版与利用方面做了大量工作，成果非常显著。能够坚持十余年，出版诸多成果，实属不易。我衷心希望这个项目能够持续进行下去，越来越好，为人文社科研究提供宝贵的史料，同时在一定程度上也是对历史文献的保护和利用。

围绕这次座谈会的主题，我有几点想法。

首先，文献整理与出版工作，应考虑进一步扩大文献的受众面。目前整理出版的革命文献与民国时期文献，许多体量都比较大。这些大部头的史料，对于各个图书馆而言，可能在采购时产生经费等方面的问题；而就个人利用这些资源来说，制约因素更多。因此，文献资源的数字化，是大多数读者的共同需求，也是出版社未来需要重点关注的发展方向。另外，在影印本出版后，可以出版一些经过文字整理的排印本，以便读者的读、存。

其次，革命文献整理和出版的空间很大。这些年，有大量的红色文献得到整理和出版，但未刊的资料仍是巨量的。例如中国共产党在抗战时期发行的大报大刊，如《解放日报》《新华日报》《解放》等已有影印版，但据统计，党在各抗日根据地创办的报刊有几百种，如晋察冀根据地的《抗敌报》（后改名《晋察冀日报》）、太行根据地的《新华日报》（华北版）、晋绥根据地的《抗战日报》、山东根据地的《大众日报》、八路军一一五师的《战士》报、八路军一二〇师的《战斗报》、豫皖苏解放区的《拂晓报》等，大量的报刊仍有待挖掘、整理和出版。再如专题资料，据我阅读所见，转战陕北的史料有二三百万字，但散见各处，很有收集、整理出版的必要。再如20世纪50年代，有关单位曾对东北抗日联军的历史进行了大规模调研，形成了大量的口述资料，但其得见者甚少，亟须使之面世。此外，国家图书馆拥有的丰富的缩微文献，是研究的重要资料，非常期待能够将其编辑出版。

最后，在革命文献的整理和出版中，应关注国家社科基金和相关部门的重大项目，其中不乏涉及红色文献的课题。这些课题研究搜集、整理的大量文献资源，不少尚未出版。我们可以加强与学术界的联系，共同推动这些资源的出版和利用，进一步推动革命文献整理工作的开展。

罗敏（北京大学历史学系教授）

国家图书馆在民国时期文献的整理出版领域，拥有一支专业的人才队伍，多年来在整理出版方面一直与相关机构保持密切合作。民保办公室提供的资料，如日本细菌战资源库、东京审判资源库，方便了我们在这一领域的研究，特别是抗战专项项目提交给“抗日战争与近代中日关系文献数据平台”的数据，标引规范，质量上乘。

今天，我想谈谈在开展民国时期文献整理出版工作中，要多关注台湾地区的相关文献。台湾地区藏有大量重要文献，近年来在挖掘、整理民国时期地方文献、档案等珍贵史料方面取得了显著成果。这不仅彰显了台湾同胞对历史的尊重与传承，更体现其对文献资源的珍视与保护。希望我们在民国时期文献的收藏整理方面，进一步加强与台湾地区的交流，通过共享资源、交流经验，推动两岸在文化传承方面的深入合作，为未来两岸关系发展奠定坚实基础，为传承和弘扬中华文化作出更大贡献。

责任编辑：陈卓

专题研究

《钦定明鉴》题跋辑录

肖　刚[*]

摘　要：国家图书馆藏清嘉庆刻《钦定明鉴》一部，为梁启超藏书，存有疑似梁启超所作题跋五十六纸[①]，依卷批语，内容翔实，未见著录。这批题跋可以充分体现作者对明朝历史和人物的观点以及对国家治理的看法，一定程度上反映了其政治思想，可为学界参考使用。

关键词：梁启超；《钦定明鉴》；题跋

一、引言

《钦定明鉴》二十四卷卷首一卷，为清嘉庆年间托津、胡敬等奉敕编撰。该书卷首谕旨称嘉庆十八年（1813）六月二十日，上谕内阁仿《唐鉴》体例，辑为《明鉴》一书，以鉴观得失。该书由编纂诸臣轮流撰拟进呈，经嘉庆帝裁定后刊刻颁行。

嘉庆二十三年（1818）五月初一日，上谕称所进《明鉴》五册在万历、天启间载入清朝开创之事，后加按语颂扬，并论及前明用人不称其职，更为诞妄，指其未提前请旨奏明而率行纂辑，实属冒昧，因将该馆总裁曹振镛、戴均元、戴联奎、秀宁诸人俱交部议处，总纂官朱珔、纂修易禧善、张岳崧交部严加议处，原书发还，另行纂辑进呈。次日，上谕改派托津、

---

* 肖刚，男，汉族，国家图书馆古籍馆副研究馆员。

① 编辑部按：该题跋是否为梁启超所作，经请教有关专家，从笔迹、行文来看，尚存在较大疑问。鉴于这些题跋出现在梁启超藏书之中，且内容较为丰富，有一定的参考价值，故将此文刊出。特此说明。

章煦、英和、卢荫溥、和宁充总裁官，另派纂修承办，已编之书另行编辑改正，务归简要。

作为一部编年体的断代史，最终纂定的《钦定明鉴》上起元顺帝至正十三年（1353）十二月明太祖起兵据滁州，下迄明思宗崇祯十七年（1644）三月李自成攻占北京，记二百九十二年间史事。体例全仿《唐鉴》，于每篇之首依时代先后摘录有明十六朝事迹，随事发论，以明借鉴，甚为简要。此书虽编年记事，却专论明代政治得失，近于史论。

该书虽得到嘉庆帝首肯，但在中国史学史上地位不显。因嘉庆帝对曹振镛等人编纂的《明鉴》十分不满，指其“诞妄”“冒昧”，将众人发部议处，重新任命的托津诸人为避嫌免祸，书中专论明代政治得失，清朝各事概不编入，且少有发明之处，立论不深。其采辑明代事迹均节录自《明史》《御批历代通鉴辑览》《御定资治通鉴纲目三编》及明臣奏议，其他杂史稗编概不旁及。《续修四库全书总目提要》认为该书纂辑“仅取材于《通鉴辑览》，史材已嫌其隘，而秉承意旨，于明代政治曲加诋諆”[①]，“至论洪武、永乐两朝政事，多未得其持平，在清代敕撰书中最为下乘，于征献考文，尤未足言。充量而论，亦不过为取法鉴诫之书而已”[②]。

国家图书馆藏有清嘉庆二十三年（1818）武英殿刻《钦定明鉴》一部，为梁启超藏书，笔者翻检该书时，发现其中附有疑似梁启超观书题跋。经清点整理，共得五十六纸。此批题跋依卷批语，内容十分丰富。核查沈鹏等主编《梁启超全集》，汤志钧、汤仁泽编《梁启超全集·诗文卷》和汤志钧、汤仁泽编注《饮冰室遗珍——未收入结集的梁启超文稿及函札》诸书[③]，均未见著录。又反复端详比对，笔者认为这批题跋确属任公遗墨，其内容能够充分体现任公对明朝历史和人物的观点以及对国家治理的看法，一定程度上反映任公的政治思想。当然，关于这批题跋是否为任公笔迹，也有其他不同的看法。笔者现将其整理排序后，分卷辑录，以供学界参考使用。

---

① 中国科学院图书馆整理：《续修四库全书总目提要（稿本）》第31册，齐鲁书社，1996年，第488页。

② 中国科学院图书馆整理：《续修四库全书总目提要（稿本）》第31册，齐鲁书社，1996年，第488页。

③ 梁启超著，沈鹏等主编：《梁启超全集》，北京出版社，1999年；梁启超著，汤志钧、汤仁泽编：《梁启超全集》，中国人民大学出版社，2018年；汤志钧、汤仁泽编注：《饮冰室遗珍——未收入结集的梁启超文稿及函札》，中国人民大学出版社，2016年。

二、梁氏题跋①

第二卷

第一纸

吴诚往谕仲明，且观兵，又令吕玉诣军阅胜。二人者，果出唐鱼朝恩之右乎？既鉴前辙，而自行之，何以异于代宗与？

养老之典，至明为极。致仕官概行晋秩，赏近于滥，过犹不及也！

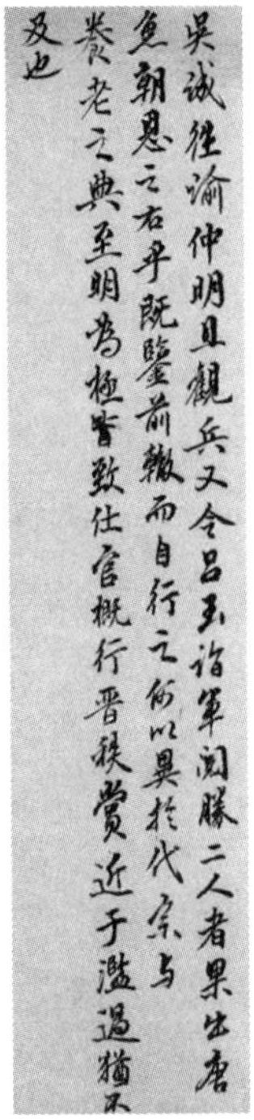
吳誠往諭仲明且觀兵又令呂玉詣軍閱勝二人者果出唐
魚朝恩之右乎既鑒前轍而自行之何以異於代宗與
養老之典至明為極皆致仕官概行晉秩賞近于濫過猶不
及也

图1 《钦定明鉴》题跋第二卷第一纸书影

第四卷

第二纸

孝孺亦泥古者！井田官制，皆非国家大计。礼制、井田，足以御燕兵乎？

乱臣贼子必有所指，以成其师出之名。棣称其兵曰“靖难”，当时天下清平，未尝有盗贼。齐、黄、方不过书痴，援祖训而集事，指诸人为奸臣，皆粉饰之词也。试问所靖者何难？

耿炳文非将将之才，李景隆读书通典故，尤非御侮之人，况棣又善用兵者，不败何待？

诱执宁王，夺其三卫，实朝廷驱之归燕，乃权心持两端。至被诱执，权亦深愧朱鉴、石撰与？

第三纸

齐、黄二臣，治以误国之罪，二人当亦无词。乃因棣之请而罢之，又阴留之，既又复其官。盛庸军败，又惧而窜之，又密令募兵，是畏之已如虎矣。乃复赦罪，令罢兵归国，其不奉诏也必矣，此何事也？而犹为此迂缓之计，可见当时君懦臣庸与！此等大计，竟同儿戏，燕何畏而不篡？

① 题跋原稿无句读，标点均为笔者所加。本文整理过程中，错别字以〔 〕符号订正，缺字以□符号填补，推断所得的字以[ ]符号标明。

惠帝仁柔甚矣！瞿能功在垂成，李景隆止之。杨本孤军深入，而景隆不援。此等庸人，不诛之以振军威而鼓士气，仅召还而止，国法安在？焉得不亡？

惜哉，机也！平安、盛庸皆名将也，建文不能驾驭之，使效死于国。又曰“毋使朕有杀叔父名”，遂至坐失事机，束手待擒，岂非庸人自误其国哉？

此时遣驸马镇淮，庸有益乎？

中官误事，约燕为之内应，此其首也！

以讹传而召回兵，建文之昏愦极矣！当此危急之际，孝孺犹欲割地议和，不亦迂哉？徐辉祖初来会战，即能克捷。此等大将，当授以兵柄，使乘胜长驱，竟未知鹿死谁手。顾以讹言召还，惜哉！惜哉！

千古以来，天子从无此祸。仁柔庸愦，自致败亡，建文实非了事男儿。疑案千秋，此明代第一案也！

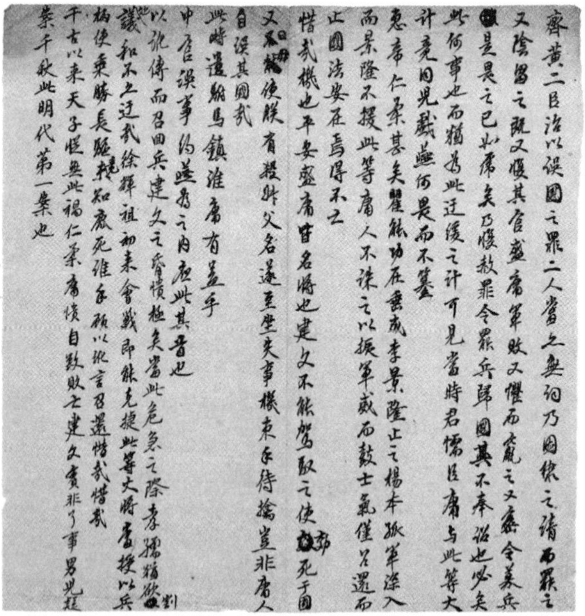

图2 《钦定明鉴》题跋第四卷第三纸书影

第五卷

第四纸

实惠及民，不在立法严，而在用人当，不独救荒一事为然。逮治匿灾有司，罪之不宥，成祖之善政也。

告讦诬人不轨者，不罪而反官之，是教天下以奸黠佞谀，即其奸谋败露，仅予谪戍，刑赏并失矣！

茶马互市，原取其与我利，且于此控驭番人。殆禁令少弛，私出遂多，奸商莠民从中取利，官物于是不行，其势不得不增其利。利增而货更不行，私茶胜而官茶无用矣！始则以茶易马，既〔继〕则市茶买马，其弊在用不得人。是治法未尝不善，而治人实难其人也！

浚河济运，经画善矣，千秋之利也！第徙都应〔顺〕天，京师唯仰给于南粮，河道一有淤塞，南粮势将不能北上，事将奈何？是漕运一有疏虞，京师百万生灵束手待毙矣！若河运与海运并行，是或一道也。

第五纸

已成灾而方飞奏，比至报，可民已伤残过半。太子于恤民之典，得其要矣！

锐意防奸，乃立东厂。不以士大夫掌之，而以内监司之，是防奸实以养奸。谓外臣不可信，而以中官为耳目，不知若辈之作奸，更胜人臣百倍。流毒至于末世，其俑实成祖作之。

萧仪议迁都，实书生之见。金陵本偏安之地，进不足攻，退无可守。安土重迁，非所论于明季。李时勉以为迁之非是，亦读书不化之故。他策虽多施行，而仍不免以诽谤罪之，成祖亦欠忠恕哉！至邹缉之书，深切当时利弊，惜其不省，所谓惧灾者，又空言也！

第六纸

官入觐，乃帝王察吏治、体民瘼之典。以一人之精神，千五百人之贤否，欲决择于一时，且偶一举行，民隐安得周知？是有虚名而无实用也！可谓纳言乎？

冤哉！周新奉诏捕奸，而以捕奸被戮。是纵奸败法，自紊其宪章，何以劝直臣而旌正士？新不愧为直臣，成祖实愧为明君也！

明初马政，官养民养兼用，已非善政。江南不产马，故折色，渐而北地亦折色。孳息无时，阜育无方，百弊丛生，而漫无查察。即此一端，已足病民，况弊政不止此乎？

第六卷

第七纸

太子，国之本也！乃以奉迎少迟，逮其僚属，设非士奇，则唐之中宗、汉之戾太子，又见于今日矣！小人之可恶，殊堪发指。以父子、至亲、储贰、至贵，被其一言谮谤，几至申生之祸。再见人君，首出庶物，不智不明，小人用事，伦常扫地矣！

陈瑄开清江浦以来，漕运直至潞河，大便京师。惜乎海运由此而废，未为全美。

不许封禅，成祖大有见识。惜其不能事事如此垂裕后昆，以成一代之郅治。

纪纲，便辟之徒。逢君之恶，诛之，惜其晚也！

高煦谗构太子，时已伏不法之心，此时即应罪之。乃以改封，不肯行，始疑之，成祖之昧于察人亦甚矣。太子与此等人犹必力救，虽不失孝友之私情，实忘天下之公法矣！

第八纸

保傅皆儒臣之选，以僧道充之，实洪武贻谋不善也。成祖之功臣，洪武之罪人也。才智、功名虽曰第一，亦何足齿数？

罚不重者，禁令虽严，贪人如故，而中官尤不可禁，考核之典不善也甚矣！

刘荣一战，实胜算也。有明一代，倭患大炽。终其世，几无宁日。盖驭外夷之道，固当结以重恩，然非摄〔慑〕以兵威，寒其胆而服其心，不足以静边圉而全大体也！

妖民倡乱，法所必诛；战将冒功，杀之无赦。乃柳升抑卫青之功，逮而复释，已失公法。又遍逮女尼及女道士，是徒扰良民，终无益于国家也。

第九纸

□［武］帝开疆拓土，不过至朔方而止。阿噜台之地，得不足喜，失不足忧，□□已足成功。亲征之，殊可不必。

□□朝臣核天下出纳，徒多扰害耳！一岁之仓储，户部自有成数、□□［考］核，又何必多此一举？且偕中官行，尤为可笑。

□□［无］功，至于穷搜山谷，大失国体，所谓庙算安在？

第七卷

第十纸

仁宗监国时，几不能自保其位。与父尽其子职，与二王尽其弟道，谥之曰“仁”，不亦宜乎？

夏原吉、杨士奇请罢诸弊政，仁宗如其请。善乎，能从谏矣！仁宗既知远佞如周讷者，放流之可也，乃官以知府。彼佞人者，即不为民害与？

蹇义、杨荣诸臣，各赐银章，令其言事，仁宗之虚衷可见矣！奏至即闻，欲备知民隐也。惜子孙不能永守，法虽善，终无用也。是治法必须治人，行之方臻美备。

明代世有封建，虽后嗣无燕棣之患，而支系天潢者，莫知稼穑之艰难。殆数十年后，户口日繁，则天潢之困苦胜于贫民。若拘于成法之不可变，百年而后，势必不支；若使远宗之子孙得以自食其力，或亦权宜之一法也。

宥建文诸臣，原为仁厚之政，惜其又留戍一人，未尽善也。金、杨诸公，枉受银章之赐，何无一言救正耶？

第十一纸

建文苑以求才，好学图治之心切矣。无如金、杨诸公，未见时时规正以启沃其主，有愧前人多多矣！

戈谦以直言被劾，吕震、吴中可斩也。非士奇，几使仁宗被拒谏之名。仁宗能于士奇一言之下引过自咎，实有明一代之贤君也！

安而不忘危，仁宗有之矣。当如此令主在上，诸臣尚阿顺成风，难哉直臣也！

救民水火，忧民之忧，仁宗有之。用玺行之，而后语部臣，保赤诚求，深得其旨也。

李时勉言虽过激，不失为直臣，以直言而扑之几死，贤主而竟若此，是涵养无学，故当此忠言逆耳时不能自制，亦其将亡之时，神已不守其舍，故不自觉其如此，不能不为终身之累也。

第十二纸

宣宗不从群臣请，驰驿入临，光明正大，识见高远矣！

内使读书，宣宗首政即失其正。若辈一通文墨，何事不可为？失大体，遗百世忧，宣宗实开其端。

宣宗于高煦，恩义有加，不比削弱宗支。诸臣之谋国，亦不比齐、黄之迂拘，故不至靖难之祸再见于今日。

士奇可谓善处人骨肉矣！一言兴邦，使人君臣骨肉间安然如故，无愧良弼。

纳米赎罪，大失吕刑之意。不计罪之轻重，但论米之多寡，是诚何政与？

中官擅作威福，可烈其首也。此而不惩以重典，仅止切责，无怪其肆无忌惮也！

第十三纸

立其子即立其母，为其宠故也。胡后以无罪而废，孙妃亦无功而立。废立之易，毋乃太乎？何以当日诸公不闻一言力争，但请早定国本，且太子生方八日，何急不可待乃尔。古云“母以子贵”，恐不如此解也。

顾佐以柏台大吏，既称廉直，何得私受隶金，廉者如是哉？

乌梁海尝有战功，成祖割地畀之，已失边计；宣宗轻身冒险，虽其已入贡纳款，究非良策。

宣宗方以武功夸海内，而欲暴刻从事，原吉随时规谏，启人君不忍之心。原吉若能事事谏止，则无遗憾矣！

第十四纸

士奇所请宽大之政也，宣宗与民休息，君与臣心乎民瘼，亦一代之良明也。

太后母训，昭垂前代，无其匹也。宣宗善承慈教，推仁爱以及百姓。天子以天下养其孝，诚不在扶辇之乐。古人所谓“养志”，此之谓与？

守令为亲民之官，得才品兼优之士而用之，民安物阜矣。宣宗特擢况钟、赵豫等出守诸郡，克称其职，取人得当矣。后世循资按格，拘于成例，其人或老迈病废，虽才也，而无能为也。少年英锐之气，尽销磨于矮屋茅舍之中，否则低眉忍气，雌伏于权幸之肘腋。或偶因一事之分争，一言之更正，遂为群犬所吠，沉沦不偶，更无由阶进。更有妒之者嫌其才高，恶之者恨其不为我用，更不使为国家展其用。国家于是无真才硕德之士，可为长太息者此耳！

专田以给边饷，法至善也。及至加赋重征，弊端百出，良策转为弊政。

黄福筹及不足，为国之虑深远矣。宣宗若行其言，未必无济于国也。

周忱以宽济猛，凡告讦者不省，均善政也。然除莠即以安良，事在人为，徒恃宽仁，亦非其正也。

第十五纸

天子至尊，民隐安得周知？徒自轻耳！且亦非偶一游行市井即能知也。士奇之言，岂止爱帝哉？

军运之法，初行未尝不便民。为日既久，仓人下役种种苛求，逐日增额，民之困遂不可支矣！

袁琦之横取民财，非法服用，既正典刑，应知若辈之不可用矣。乃率不悟，遂使子孙踵其覆辙。终其季，坏于中官之手，何其不明也若是乎！

义仓所以备荒政，自洪武至宣德，行其政者周忱。抚江南，公私足用。忱去而法遂废，是有治法无治人。虽有良法，吾末〔未〕如之何也已矣！

服远人之道，宣德于此得之矣。奖其复仇，却其献玺，正大光明，令其不能不悦服也。

第八卷

第十六纸

罢中官镇守，原属善政。除恶不尽，不如仍其旧。三杨之辅新政，欠刚断也。

贤哉太后！严遇外家，不允垂帘，政令悉委老臣。正统初政，大有可观。

三杨辅政，详陈利病，导幼主爱民行政之方，可谓贤矣！奈何使貂珰乱政，几至不守其宗社，大可惜也！

王振小人也，以狡黠得少主欢。不俟阁议，辄自施行，弄柄之渐也。士奇以首辅大臣，何难请加诛放，乃止愠三日不出，殊失大臣体度。幸太后明察，不然祸不待他日也！

畿辅屯田，大利民生。然垦地几何，岁入几何，未见成功之奏绩何人[①]。岂有明一代，有治人而无治法与？

---

① 此处句意不通，“何人”二字疑为衍字。

保举之法，不遇公正之大臣，则滥引幸进，徒开奔走之门。别贤愚、辨真才，帝王当有默运于心之略。

王振始用事，即戮辱大臣，小人特小试其技耳！主少臣懦，势所必至。诸大臣谋国之计安在，不自愧与？

设马市以为绥服，非干蛊之才，未易言功。卫拉特贡马，不过假其名，窥我虚实。乃反开门招之，是我以为羁縻，彼实逞其需索，边患庸得已乎？

第十七纸

遣使分行天下修荒政，祖宗良法也。国脉之固，实由于此。外夷入贡，古有常经。入贡而动以千计，是来王之意，已失其经。观其以马易弓，可见其志之所向。既限以定制，仍复二千余人，即当问以违制之律，使知天朝法度，不容少有假借，以震其觊觎之心。

王振宦官而小人者也，乃朝廷命官，生杀随所欲，诸臣直无一语奏白，何愦愦乃尔！至大理卿不拜振，竟敢诬以受贿，公然戕害公卿，世主方倚以腹心，岂非自弃其国哉？

小人乱政，反受〔授〕以兵柄，无端肇衅。以天下之大，快一人之欲，王振之敢于肆恶逞奸，实人主有以启之也。

第十八纸

开矿安能弭变？徒多纷更，使中官与权幸营私灭法耳！是不能止盗，而实以益盗。且攘利聚众之奸民，竟不置论，法之坏也，国之危也，可胜言哉？

王永以暴振罪而被戮，且以妖言论当时君臣之庸愦，可知若永者既有公愤之心，绝非宵小之人。

王振何功，而予以世职？且其侄又何功，而予世袭？爵赏可谓滥矣，朝廷可谓无人。

时勉可谓识时务者，敬宗可谓立品者，周忱虽有政绩，何足奇也？观其为振致意敬宗，可以知其品矣！

验户敛钱，宋新可杀也。小民不堪其命，不乱何待？

公卿位内官下，皇皇天语，遂成永制。“敬大臣”“使臣以礼”二语，如是讲乎？英宗自败其事，夫复何言？

以亲征而至北守〔狩〕，英宗不听正人规谏，被王振挟之以行，实自取其祸，无足惜也！吴克忠、朱勇无愧先帝也！数十万军士及群臣何罪，而遭此惨祸也？至于败报至而群臣聚哭于朝，究何益于北狩之主乎？于谦有见于南渡，大臣丰度，自是不同。一言定邦，社稷重安，谦之力也。

第九卷

第十九纸

“第从朕命，无事纷更”，其不欲上皇之归，情见乎辞矣。龚遂荣之书，不过言奉迎宜厚，乃为万姓重观瞻，为景泰厚伦常。不能用其言，已为失德。况又下之诏狱，其天性之欠厚，可概见矣。

送至南宫，不逊位之心可见。兄弟君臣，相率以假天下，又何事而不可假哉？

魏骥决然致仕，有古大臣风。惜哉人君，不识真才，竟令其归老林泉，可胜叹哉！

团营之制，未尝不善，使诸将悉如于少保，必不至将不知兵之强弱，兵不知将之指使。一但〔旦〕有警，安能御侮？一将难求，不信然与？

锦衣访事，更胜于宦官。设此欲察外事，是恐人明其不逊位，且疑英宗有所作为。猜嫌既起，小人即乘间煽惑，则君臣骨肉之亲，较路人为尤甚也！愚哉景泰！以一人之心思耳目，而欲周知天下事，又安得人人而尽防之？

第十卷

第二十纸

夺门之举，幸而成名。石、徐皆狡狯市井之徒，但知逢君之恶，固一己之功名，何尝论名之正不正。弟则因兄危而占其位，尚得谓居摄以行权；兄乃乘弟之疾而复位，岂亦曰天命之攸归？复位而后，首执于谦、王文。君误于上，臣误于下。若卫拉特之变，于谦、王文召之者，不然何以首发其罪于二人？有贞之罪，英宗之不英，于此可见。

景泰之行，诚有甚于昌邑王者。君临天下，望之不似人君。至于易太子而立己子，其心已久无还位之意，骨肉之变已早兆于当日。为英宗计，当变生仓卒时，既使岳谦传口语至京，即当择诸弟中之贤者使之监国，否则诸侄中之贤者亦可使监国。况乘舆被遮时，群臣已立太子，则监国之人何必郕王？果能慎始，又何至有夺门攘位诸丑态乎？

贼桧以“莫须有”三字杀岳家父子，有贞以“意欲”二字杀王、于二人，前后一辙。是小人之害君子，不必实有其事。千古以来，同深一叹。英宗非不知于谦之忠，有贞乃以不杀于谦则此举为无名，试问杀之又何名乎？直以杀于谦为遮羞计。是夺门复辟，石、徐之功；监国迎驾，王、于之罪也。嗟乎！我生不辰，于少保之谓也！

王直、胡濙不于赐金时退位，而于杀于谦时又不谏止，吾惜其去之晚也，二人亦自了汉耳！

高谷身为大臣，于国事毫无谏正。英宗一片私心，故觉私己之人即为忠爱。

易储占位，千秋自有公论。英宗既复位，乃弟未为无功，且其已死，何妨委曲而全手足之谊？何忍以恶谥加之，榜其迹于千秋？又强其妃殉葬，则薄恩固不独景泰也！

第二十一纸

既知石彪之私，应赏年富之直，正石彪诬陷大臣之罪。乃会勘无验，复令致仕，是赏不足以劝人，罚不足惩人，教天下以私，与小人以权也，正人君子由此不寒而栗矣！

振饥，善政也。虑干没而不行，诚然因噎废食也。文王视民如伤，有贞顾未尝以文王视其君也。

赫濯哉石亨、吉祥！大臣为之废黜，言官为之逮系。至于泣诉君前，小人技量〔伎俩〕之常，独恨英宗贵为天子，明足察非，事事为群小所使，竟一策不能自主，可为长太息耳！

有贞辈阿谀逢迎，死有余辜之人，但因石亨等之浸润，又阴令言官弹劾，是以独擅之刑赏，授之小人，使风宪之职守，但承意旨，茫无识见，予夺由人皇矣。天子何无皂白乃尔？！

岳正既感知遇，自当体大臣报国之忠，不密失身，正岳正之谓也。英宗既使正以意告二人，又怒谪正，何以愧于奸宦，而不愧于直臣？至于岳正既受密诏，岂容不密。所谓腐儒者，非正而何？

第二十二纸

为太监立祠，有明一代，王振、魏珰二人耳。英宗土木之变，几至不保其身，若北狩之徽、钦，身亡异域。乃南宫复辟，罔有悛心。愚哉，何不悟乃尔！

英宗寄耳目于宵小，计亦左矣。正人君子之行，皆指为弊端。若辈之朋党，转莫得其奸状，是不能寄耳目，实足以蔽耳目。是非倒置，纪纲紊乱，莫此为甚。

李贤论夺门事，深得其正。此论若早上于王庭，当无逆取之名，于谦亦可不死。英宗徒知讳夺门之事，而不能自制其私，使天下后世咸服其自新之明，斯为不失己也。

石亨始以复辟夺门有功，遂至权重一时，党害正人。与从子彪揽权纵恣，死不足惜！亨、彪既诛，吉祥辈尚在，蔓草犹不可除，况小人乎？

主上纵欲自恣，何求不获。以增造彩缎而贬大臣，忠言逆耳。奢侈为怀，使后世子孙踵事增华，英宗实为厉阶。

第二十三纸

当石亨诛时，二三狱吏执付有司，除之易易耳！乃姑息养奸，使之肆其逆谋。幸孙镗上变，即日就擒。不然养子都督，亲典禁兵，祸正不止此也。

贼入城劫库，杀官殃民，总兵官自应刻即赴援。乃拥兵不救，纵其出城而与和。人主仅止切责，国法安在？英宗终身误于迟疑姑息，夫岂有为之令主哉？

李贤心公而目不识人，其改请用陈文，公心也。而文事事必与相争，是直以贤为标榜，而自作公正人耳。小人哉，陈文也！

英宗平生，止罢宫人殉葬一诏，尚云善政。殆亦鸟之将死，其鸣也哀欤？

第十一卷

第二十四纸

边防控制，自有经也。汉弃珠崖，以其地属荒远，罢敝中国，守之无益。是因地制宜，非以其难于控制而去也。河套之地，水草肥饶，可耕可牧。险要肥饶之土，我既弃之，彼何畏而不取？祖宗创业艰难，寸地尺土不可轻言弃也。弃之易，复之则难也！以天下大势而论，未有自去其屏翰而边庭得以安静者，是宜固我籓〔藩〕篱、修我甲兵、严我军民，然后恩以感之、威以畏之，使之不敢正视天朝，即来与我无损，彼亦无所取利。

我之力不足，犹能自守；我力有余，尚可大创，以绝其觊觎之心。则经费无不足之虞，边圉无纷扰之害。不然，则彼往我来，罢弊中国。方且自顾不暇，又安能制之，使不敢来哉？

韩雍用兵，可谓得法矣！兵分力弱、师老财匮，深明其旨也。若再能识攻心之策，则更善矣。邱瑞之策，直不知兵，焉能用武？

三年之丧，礼也。李贤夺情之举，大关风化。而有明一代，凡擅权固位者，大半如此。李贤为一代贤相，乃亦为此举。惜哉！

第二十五纸

《纲目》一书，千秋治乱之由，昭然于人心目。历代君之政教，臣之忠奸，得失判然，经世之大典也。宪宗既命谢铎校勘，其意之所在，已为善矣。乃徒有其名而无实，验耶！铎虽上千百言，又何益乎？

开场采金，岁役民夫至五十余万，仅得金三十余两，与国何益？死者若干，与民实损。宪宗虽闻言即罢，而民困已不可复苏。

张敏以内臣而能深明大义，不随若辈浮沉，潜养皇子，存孤仗义，实得忠爱之义，可见此辈中未尝无人。十室之邑，必有忠信，其信然也！

改谥景帝，亲亲之谊也。宪宗此举深合道义，善则归亲，过则归己。曰先帝未及举行，朕敦[①]念亲亲，用成先志，固由高辂之赞成，亦宪宗愿从其请，故能成其事也。仁孝之道，宪宗其能尽矣！特惜其行之不在即位之初耳！

第十二卷

第二十六纸

原杰以安抚为控制，深得古人善后之良法。按天时地利而处置之，因民之情而施设之，不假兵力，使数郡生灵欣然附籍，使数郡废地悉成佳壤，比之贪功负国失其地仍遗羞于国者，忠奸判然矣。当时不赏其功，百世必传其名，是杰之功业，虽千百世而仍在也。

以王恕巡抚云南，商辂为知人矣。郭景交通外国，钱能贪恣成性，恕劾之太严，故生狡计，宪宗遂改掌南京，用人之不信极矣。至恕疏所云，会审无冤，就便处决，而后奏闻，此必后之人均如恕之公直而后可，不然

① 原件“敦”字缺末笔。

徒为奸人专擅计耳！亦何益于国哉？

妖人李子龙，私入太〔大〕内事，由中贵引之入也。止宜明正子龙之罪，并其主使援引之人，诛之足矣。乃欲从此知外事，令汪直伺察，设西厂，即以命之。于是宵小互相依榜〔傍〕，愚民遂受无妄之灾。外事仍莫之知，小民已死亡过半矣！即令汪直果无私心，外事尽报君知，亦不能执天下生灵尽戮于西市，况既罢之不逾月而又行之，岂盛世之郅治耶？

第二十七纸：

孟密一事，既主安抚，即应遣重臣往司其事，方能使边圉向化、中国义〔乂〕安。乃万安受蛮女之贿，罔知利害。程宗承万安风旨，纵其私心，至使诸部扰攘中国，且数十年劳师糜饷，大伤元气。鞑靼未宁，孟密又乱，程宗、万安之罪不容诛矣。

林俊当群小用事之日，独疏劾巨奸，虽被罪谪，实忠贞可尚。怀恩能知正人，力救林俊，不与若辈伍，亦中官之矫矫者。

遇变求言，其心本不欲知弊政。以虚文而应天变，天岂无知，是欺天也。既求言而又阴记其名，俟罢斥于将来，求言之实何在？昭然史册，欺一时，岂能欺千秋哉？

彭韶疏陈时政，切中当时。《书》云“靡不有初，鲜克有终”，帝王立政之道，居安思危、慎始慎终，故能臻上治也。宪宗初政，尚有一二可观。乃久而私欲日甚，正言逆耳。天下事虽有二三忠直之士，亦无可如何矣。

第十三卷

第二十八纸

孝宗即位之初，首谪梁芳等三千余人，朝政一清。杜枉门、开正路，可以盖前愆而光帝德矣！

万安本非外戚，附攀于人，不过为占权持宠计。见时势不祥，曰久不与万氏往来，以冀幸免，小人之态毕露矣。虽诛之不足惜也，况罢之乎？

众恶者罢黜，众好者升用，天下望治，民气恬熙，孝宗诚孝矣！

君正，莫不正，一正君而国定矣。启沃君心，邱瑞其有之矣。

孝宗因杨守陈言而视午朝。十八年中，所以臻上治者，岂偶然乎？

起先朝直臣，孝宗美政也。乃刘吉挠之，小人之可畏如是夫？！

彭韶平盗，吏皆被劾。是也，地方官讳盗，不及其始而制之，则养成大案。大集兵力而后平，所伤不亦多乎？

孝宗收内臣赐田给百姓，有明之善政也。未能尽除其弊，已足以使小民沾实惠也。

小人哉，魏璋也！以弹劾人而承刘吉意旨，此朋党之小焉者，以妖梦无凭之事而陷当路，且升其职而不加罪，孝宗亦欠识大体也！

江浦县田之案，以一内官而下十谏臣于狱刑，于是失平矣。人主执一偏之见，而不纳群言，中官违制而不问，何其惑也若是？

仓储积贮之法，所以备荒灾也。常平社义，古有成法，不可限以十里五里，积万五千石之多也。果尔，是虽无凶年，小民之苦实有甚于凶年也。

第二十九纸

秦纮劾柳景，正也。乃知无罪而犹黜之，是徇贵戚而废国法也。然则椒房之亲，虽叛逆而可不问也？

人臣受贿，大罪也。诬人者仅止夺俸，被诬者反遭罢去。宵小欲害正人，必以此疑似之言污之，上无明察之主，下无敢言之臣，小人愈无忌惮矣！

维正之供，本有常经，督之以中官，直为若辈生利耳！以张文之言而罢其役，民得实惠矣！

刘吉原非正人，以阻封后弟而罢之，是以私意示天下，孝宗此等举［动］，亦盛德之累也。

［叶淇］中盐之法，与民甚便。后世屯政，中法废而边储空，未可尽□过于新法也。

［孝］宗与民休息，而疏于用人之道。蔡清谓其本在于君心，不易□论也，治道其在是欤？

第三十纸

汉［录］萧曹功，唐封功臣后，皆世袭，所以念缔造之艰难。诸臣身当百战，为万死一生之计，而后得以胙土分茅，享太平之福。乃常、李、邓、汤皆不再传，而夺其祚，孝宗深思其血汗之劳，锡以世官，仁厚之心至矣。

孝宗之世，河决张秋，人皆以不可治为言，刘大夏独能以疏浚成功，使水势通畅，束之就范，而后塞之。水患以平，功速费省，其人自是全才。孝宗于是为得人矣！

大臣不相能，在公事，意见不同则论其事之情理，各纾〔抒〕己见，以决于君可也；若为私，则不与交游可也。因不相能，故与公事之中阻挠之，岂人臣为国之道？邱〔丘〕濬以私意排王恕，有愧其妻多多矣。至于王恕，名存信史，功昭社稷，人臣之公道也。名之传不传，岂在私家一紙之传记耶？恕盖亦书生之鄙见耳！

水利之法，当随地制宜。守土者，随时申明，随时疏浚。因民之利而利之，因水之性而导之，则无淤塞之患，国家亦省无量经费，用人可不慎哉？

第三十一纸

老成人，国之宝也。韶、恕、乔新，正色立朝，宜乎权幸不便也。第人主果能笃信耆臣，又何忍遂令去乎？

道家虚无之说，胡可见诸乐章。上黩天祖，徐溥直指其非。孝宗从谏如流，君臣各得其正矣。

刘逊以一知州而能执法以抑亲王，所以全之者大矣。此而不赏反罪之，孝宗亦为失体而牵于私矣！

第十四卷

第三十二纸

人君嗜欲清则精神固，必无晏朝之失、丹书之戒、君道之防也。徐溥力言晏朝不可，且陈祷祈之非，思患预防，深得事君之道也。

王臣蹇蹇，刘健有之矣。有明一代，事属罕行。诸人以为盛事，孝宗可谓明矣。

周玺疏罢止兴作，亦惜十家之产之意。孝宗能从其谏，岂止善补过者，非明圣之主不能也。

古者太子习近正人，不使少涉邪辟。即平人教子，亦未有不如此者，况天家之储贰，岂容以他事妨之。孝宗于太子，大失义方之训，虽嘉纳吴宽之言，不能使太子远匪人而不为所惑，非孝宗教谕不早之故乎？

大臣不自爱，廉耻扫地矣。此而犹曲为弥缝，何以激扬天下哉？

不罪被劾，而罪劾人者，是视中官外戚之必可信，大臣台谏之必不可信也。孝宗于此，亦欠明矣。

屠滽请惜名器，盖见当时工匠下役滥膺爵赏，一月中升授二百余人之多。孝宗久昵群小，一片私欲，故与信任之大臣、忠言谠论，亦置之不省。鲜克有终，古人之所以慎也。

将帅怯懦，军士罢乏，悉由于武阶冒滥，费用空虚，卒无宿粮，何以振敌国之心而励京军之气？守仁所陈边事，深合兵法。

第三十三纸

孝宗以宽恕定律例，得恤刑之道矣。

王雄请罢太监监军，自是正论。乃以妄言论，公之不足以胜私也。虽明主，犹不能除，可不慎其始也夫？

朱晖之敢于欺主叙功，特恃苗逵为之先入耳。乃正言不入，听以寺人，为深足信也！

韩文可谓善理财者矣，然事多格而不行，私欲之为害甚矣。国以此不能平，家以此不能齐，人生之伦常纲纪，大经大体，凡事之败理败度，莫不由于私欲之心。孝宗与经国大计，因权幸不便，故韩文之计不行，非以私败公欤！

临御日久，不知军民之困，以大夏之言惠而行之，民得以休息，能纳言故也。

李东阳论盐法之弊，未尝不善，惜当时弊政不止一端。东阳果能尽其弊政而言之，纳言之主如孝宗，敢言之臣如刘健、东阳，君能自制其私心，臣能力持其公道，虽不能媲美三代，唐之太宗、汉之文帝不难过也。孝宗虽能择其谋断，私心太重，不能遏制群小，故其治不能上溯汉唐以成盛甚耶！

第三十四纸

□□□［重］囚不限时日，仁人之心造无穷之福，明慎用刑之意……

□□□□监造是也。若并镇守者而罢之，不更尽美乎？祖宗□□□不可轻议更张，然去其不善者，正所以成祖宗之仁也。天子之孝，不在津津守其小节。麦秀、邓原，若辈中不易得也，胡可拘祖制与？

知己知彼，百战百胜。无宿将精兵，承平日久，将不知兵，兵无纪律，何可以中官妄念贪功？毫无知识之人，持万人之命试其贪计，非大夏言之至再，世主能无惑乎？

自古英明之主，驾驭英雄、笼络才士，感之以诚者少，绥之以权者多。无论英雄才士，被世主之笼络者，虽明知其故，亦□□不入其牢笼。

是士夫欲其浮名，人主收其实用。孝宗之与□□，可谓诚感矣。

［揭飞］语于宫门，此曹奸计在不利失兵耳。孝宗烛其奸而不□废其用事，不能究其揭榜之人，明正其罪，亦聪明而不能无欲者也。

吴一贯勘天祥案，既得其实，岂容奸人枉议。孝宗于此事，亦欠聪察矣。闵珪虽固争，不能直指其非，亦失直道之公也。

孝宗一阅西铭，便深契之，是其知也。乃仁足济物，勇欠刚断，是聪明而无勇，仍无益也。

孝宗之知梦阳深矣，全直臣善矣。后母泣诉，左右请杖，不肯苦直臣，而快左右之心，泄私家之忿，孝宗独善千古矣！当日若能少儆凶顽，天下后世更无瑕玷矣。至于梦阳途遇鹤龄而故击之，梦阳虽直，亦已太甚。君子不为已甚，梦阳无乃太与？

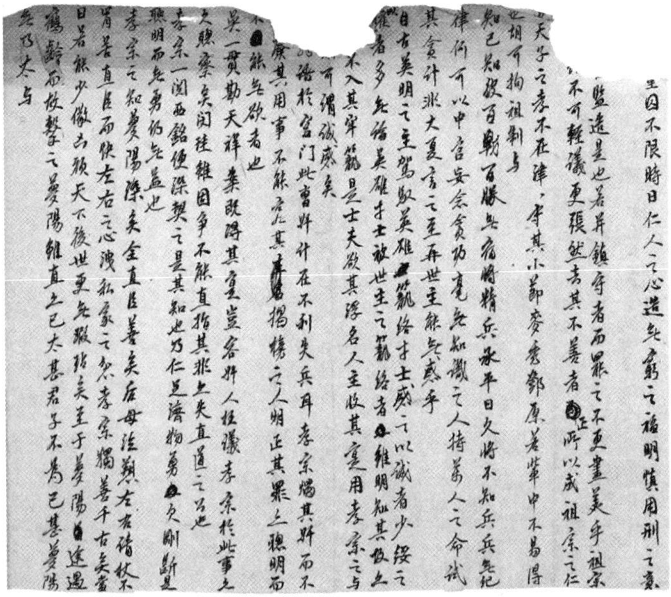

图3 《钦定明鉴》题跋第十四卷第三十四纸书影

第十五卷

第三十五纸

正德即位之初，奸宦即导之逸乐。新君之不德，可想见矣。

大夏、文升，先朝故旧也，无大故则不弃。先王旁求不易，后人弃之如土芥。正德首政先弃老臣，国事无可如何矣！

陆昆何其不智也，首政即弃先臣，言之庸有益乎？小人道长，君子道消，正此时也。是知忠言逆耳，正士寒心矣！

疏入而惊泣，良心未尽泯也。乃刘瑾等半夜环泣，丑态百出，长君尚恐不支，况冲主与？又况武宗本属庸流，安得不颠倒是非、放逐大臣乎？

东阳与国，虽少可弥缝补救，然乞焦芳为解，与气节未能无愧。难哉，全才也！

刘菃等以劾瑾被谴，天下公论昭然。蒋钦三杖而三上疏，虽死如生，可谓铁御史矣！杨源云官大小异忠一也，惜哉如此忠贞之士，不见信于世主。天之生才而又忌才，造物果何如乎？

矫诏榜奸于朝堂，皆一时之望。五十人中，首列刘健。党人之祸，不让汉之桓灵。愚哉刘瑾！忠臣指为奸党，榜之实成其忠也，己之奸愈露矣！

内作色荒，外作禽荒，武宗朝夕聚群小于豹房中，不问政事，不亡何待？

武宗能用杨廷和，尚有一息之明。后又有杨一清、刘忠诸人秉国之钧，不亡者几希矣！

武宗将天下大事尽付宵小，专其心于逸乐，安得不败？

太监竟敢矫诏执朝臣，小人得志，何事不可为？一匿名书，几欲尽朝臣而下之狱，及知为同事所为，则亦无可如何。可见瑾之所为，虽同类亦欲得而甘心。

第三十六纸

南郊祀天，而二鼓还宫，其不敬可知。不畏天命，何所不至哉？

唐傅奕、韩愈谏迎佛骨，盖以佛本虚无，中国崇信，实足以惑人。攻乎异端，斯害也已！天子至尊而不愿为，且自称大庆法王，亦太好奇矣！

太平之世，原无庸时时戒备。然法驾所临，警跸传呼，尚恐一二奸民，或有不虞。武宗屡蹈危机，亦幸甚矣。

武宗荒淫无度，流连亡〔忘〕返，私幸宣府，又索民家妇女，天子之体扫地矣！

以天子而羡威武大将军之名，辱实甚矣。如此举动，幸不沦亡耳！

群臣不敢称臣，且贺圣武，何乐之有？一将之智有余，万乘之才不及，可见武宗无才耳！

分茅胙土，国家用以酬上将之庸也。舍四海之奉，愿封国公，薄天子之富，羡千石禄，何自轻乃尔？！

守仁诚将才也！练兵振惰，深悉贼情，故能帅数十吏役，平诸贼于数旬之内。武宗日事嬉游，终其世不致灭亡，盖外有守仁等为之将，内有杨廷和等为之相故也。不然，何恃不恐乎？

第三十七纸

武宗性喜嬉游，乐而忘危，毫无君人之度。谏臣死贬者百余人，何不悟乃尔？！

宸濠异志久蓄，而武宗不问，廷臣不知；孙燧七上书而君不知，致使输忠被戮。当时君臣可谓盲矣！

宸濠声势张甚，而守仁于浃月平之，其功伟矣！若日久不平，则奸幸起于豹房，天下固未可知也。

干戈起于宗盟，家国不幸也，乃以儿戏视之。纵而复擒，且令诸王议其罪，夫岂怜惜宗藩、处置逆叛之道？

武宗遗诏数语，江彬辈自知所为不能容于天下，故造为此言，以希冀于万一。廷和当此大事，独能震静置之，俾不惊百姓，元凶授首，自是名臣气度。

第三十八纸

以疑似之词诬人，小人技量〔伎俩〕每每如此。刘瑾擅黜大臣，目中实无天子，正人与此自危矣。

自古贪人始望，原不在大，久而益觉无厌，再久而虽数十金虽数金亦无不纳者，其性然也。士君子读书而不立品，势必媚奸求位，甘心众人之笑骂，方且自谓得计，岂顾汗颜于千秋下乎？

武宗起杨一清为总制，此举尚谓得人。仇钺仓卒定乱，一清从容诛瑾，功皆同也。独惜其不并名大用等而尽诛之耳！

内多紊乱，外必不宁。幸仇钺等次第剿平，民心宁定，不然岂易为力哉？

唐以功赐国姓，所以示天下酬庸之殊宠也，后人犹或讥之。武宗昵〔昵〕比匪人百二十余人，悉赐国姓，收为义子，大体安在？

边兵所以防边也，留之京师，兵归无用也。江彬藉此自固，武宗藉此行乐，直视此儿戏耳！

土鲁番久梗王化，非摄以兵威，安望其宁静？乃以天朝而行贿外夷，其失体甚矣！彭泽久在行间，为苟安计，罪诚在此。王琼以私憾劾之，岂正人之行耶？

营宫室而加赋百万，当四方有事之秋，尚朘其民，欲天下不乱，能乎？

第十六卷

第三十九纸

国不可一日无君。入承大统，为社稷计，非为皇帝位计。嘉靖既入嗣大统，即为人后，乃先皇在殡不哭，临而先即位，礼安在哉？

诏议崇奉兴献王典礼，杨廷和以定陶共事引证，诚为公论。但不加本生而止曰皇叔父母，致起其互易之疑，则议更难定矣。

夏言首陈政本，切直之论也，惜其不能正议礼大典，以明君德之失。

嘉靖嗣位以来，与生者未尽其养，死者未尽其祭。首崇兴献，议典方兴，市恩藩旧，半属私心。张聪、桂萼之迎风干进，世宗实绍其端。

张聪以草茅新进，罔识大体，乃敢于新君继统之初，乱言大议，以动人主私心。礼有祧庙之说，自上而下，兴献非应祧之人。天子七庙，礼也。七庙而外，不得枉增。本生自有本生之庙，若附其主于七庙之中，置孝宗于何地？且所继之统何人之位，此不可以私意定也也[①]！

母妃止通州不入，帝闻而泣，亦人情之常也。至于泣请避位，亦未免以诈术挟制群臣。追请称兴献帝后，尊崇之议始定，犹以为未足，复手敕加皇号，重私恩而忘大义。君方欲极力尊崇，臣尚执奏不已，于此而欲挽回，不亦难乎？

第四十纸

郊祀甫毕，清宁宫灾。兴献之不应入庙，天意昭然。勉从群议，私心更甚。桂萼之浮言，实有以启之耳！

韩邦奇慎刑之请，不以母后而避忌不言，剀切直陈，极言锦衣之不可任，无忝尔位矣！

---

① 此处衍“也”字。

林俊历陈先王用人之当、淳朴之风，实冀感悟君心。大臣事君，自应如此。惜时君不能用之耳！

修醮于宫中，寺人献媚之计也。乃诸臣不即谏止，已属失正，况又以青词媚主，而固功名，何其鄙也！

马援与光武相从于患难之时，驰驱戎马，数立战功，犹以椒房之亲，不入云台。乃昌国封公、万言封伯，两宫同是太后，而奉养有殊。笃私恩而忘大体，嘉靖其太过矣！

嘉靖私心太重，故一闻桂萼之言，决计更定大礼，而举朝莫救。笃天伦而伤大义，吾末如之何也已矣。

用相而一听中官，是非倒置，私欲蔽心，虽十杨一清，终何益于国乎？

守仁与〔于〕内地贼主剿，于蛮主抚。所谓因事制宜，故成功易，而民享其承平。

三载考绩，虞廷大典也。科道互相纠参，千古无此政体也。开朋比排挤之端，毫无益于官箴。

李福达妖言乱政，更名滥仕，不加显戮，反复其官。信聪、萼之蜚言，囚僇数十大臣，犹曰平反有功，岂非教臣下以败法欤？郭勋身为勋戚大臣，乃私庇妖人，且自诉〔欣〕议礼，干众怒，又乞二奸为援。是可容也，孰不可容？

嘉靖首政议礼，一失也；正人罢废，二失也；妖人复官，枉兴大狱，三失也。有此三失，安能用中胡世宁之言？深可惜其空言而不见用也。虽嘉纳，何益？

第四十一纸

守仁直节素著，中官惮畏，故桂萼知其已卒而劾之。然以此夺其恤典，嘉靖亦不免失之太薄。盖死后恤封，与死者原无所益，不过为生人耳目，亦示天下以眷恋勋旧之意。且守仁荡平逆藩，削除积盗，守正讲学，功名赫奕，伟然一代人物。虽夺其恤典，故昭然不泯也。

璁、萼之罢，天下方幸其已去，乃以霍韬之辨，又复召还。一息方明，随即蒙蔽，故贤愚莫辨，咸失其中矣。

分建四郊，祀典备矣。泥古而不能择，未为尽善。嘉靖能独断行之，斯为得中矣。

中官不许预外事，太祖制也。嘉靖深有见于前车，悉罢各处镇守，诚善政也。

明禋礼成，大赦可一不可再也。若偶一举行，何所取乎？

大同兵乱，实以将帅驭之无方。故密捕叛军，擒渠事定，民得以安然无恐，潘仿可谓镇定得宜矣。

延龄兄弟骄肆性成，罪由自作，特嘉靖以小嫌而必欲致其死，是报怨于昭圣太后，非遵法也。

更定祀典，原足媲美前古。乃祀事皆以郭勋摄，不敬孰甚。张选直谏被斥，自制祭祀，记其拒谏饰非，已为独步矣！

第十七卷

第四十二纸

世宗毁佛殿及佛像，似近道矣。乃设醮祈福，道士为尚书，其失与武宗不一辙耶？

安南远在领〔岭〕表，服之固足安边。夏言力主用兵，亦非不可。但内无贤相，外无良将，不能知己，安能知彼？以此御敌而曰必胜，亦幸而成功耳。唐胄之言，老成之见也。

献皇生为人臣，死居君上，鬼亦应不自安也。此议出自严嵩。严嵩之不肯居人下与窃权之心，已兆于今日矣。

翟銮非实有威望之人，夏言举之亦属私心。举既非才，又受其私赠，而相为援引，均不得谓之正人也。

杨最以抗疏谏止求仙，遂至被杖而死。不念天位之艰，乃求长生之药。千古以来，谁为不死之人？嘉靖愚亦甚矣！

昵〔昵〕比匪人，忠臣解骨，好谀恶直，放逐诤臣。嘉靖二十年元日微雪，诸臣即颂之贺之，殊不问天下之已安已治否？不事苍生事鬼神，可谓长太息矣！

郭勋稔恶，中外皆知，罪之宜也。第夏言亦非正士，既去之即已，乃又召还，其失人甚矣。

严嵩，小人之尤者也。夏言果非纯正之人，欲彰其罪，何妨上列弹章，明正其罪？乃于燕见时雨泣而诉，作此妇人女子之态，此等人尚用为相国，事尚可问乎？

第四十三纸

嘉靖之时，诸臣以希旨为忠，以营私为和。况翟銮、严嵩稔恶要权，安足以语和而不同欤?

严嵩以叶经之发其受贿营私事，故必欲置之死而后已。嗣后日见横恣，毒民殃国，嘉靖实有以纵之。

救荒之政，不在临事张皇，而在防预未然。义仓劝损，因地因时各制其宜。周官立政之法，不过是也。轸念民隐者，舍此他求，徒事纷纭而无益也。

嘉靖既觉嵩贪，而反进阶少师，不夺之而反予之，一何可笑乃尔?！夏言既复入阁，乃引用私人，公行贿赂，岂大臣体国之道哉?

太子，国之本也。十一年而犹不使出阁视学，岂端本之道哉?

曾铣请复河套，条议八事，自是安边要策。使嘉靖独断而行之，岂不善欤?

夏言始而力言河套宜复，既而惧责又谢罪。出尔反尔，毫无大臣之度。贼嵩谮而谋之，遂至弃市。曾铣安边而反杀身，嘉靖之昏庸亦甚矣!

有明一代，倭患几无已时。狡狯性成，又加以奸民牟利。内有奸相，外无良将。通倭者不正其罪，谋国者乃任极刑。赏罚既不严明，边防安得不坏?

第四十四纸

失利而曰寇饱自扬去，不必论其擅威纳贿诸恶迹，即此一言，杀之殊不为虐。仇鸾兵溃，死伤千余人，掩败为功，竟受上赏。君之昏、臣之贼，可胜言哉? 丁汝夔、杨守谦仰承嵩意，枉作奸党，自送其生，终亦何益哉?

嘉靖经理大政，毫无见识。既知赵贞吉胆略过人，立擢其职，未几而不问其事之何如，杖而谪之，是用人行政一为嵩命是听，庸孰甚焉!

开马市，筹边之下下策也! 仇鸾畏寇邀功，严嵩借端牟利。既听椒山言心动，乃复从鸾密语下继盛于狱，嘉靖之不明，可胜叹哉!

杨继盛始以阻马市获咎，又以劾仇鸾起用，嘉靖不忘善言，一隙偶明耳! 如此诚臣而终被奸人所构，使千载含冤，正人君子不寒而栗矣!

马市既开，边防无备，既罢又不修战守策。奸人玩法、寇志猖狂，国家大势几困于二三小民之手。当时之君若臣，一何庸耶?！

人主至尊，而常以私憾衔群下，遂以他事重绳之，器小已哉！

张经既奉命讨贼，又许其便宜行事，则一切事机惟经主之。乃轻视赵文华，遂系之狱，并其斩级之功亦归乌有，岂驾驭人材之正哉？

张经、天宠、继盛，皆嵩杀之，非嘉靖本心也，庸愦孰甚欤？

赵文华既陷张经，又夺邦辅功，毁杨宜誉，宗宪其敢于自由者，特恃嵩一人耳！惜乎，此等小人，天不显示其报，而俾其全尸牖下，亦一憾事也！

第十八卷

第四十五纸

沈炼以劾严氏奸，遂斩宣府市，子戍极边。嘉靖直严氏之傀儡耳！不然何以毫无知识乃尔？番人尚知恶奸，中原共主，反不知耶？盖恶恶，人之常情。沈炼嫉恶太严，故召祸亦惨，当主上昏庸、权奸得势之时，苟非审辨时势，操必胜之权，徒多自苦，有损于己而实无益于国。譬如鹰之捕兔，必先侧目盘旋，审之的而后猝然下击，无不中者，则为我所欲矣。

诱执贼目，临阵用之，或国家兵力不足，不得已而用之，不然损威遗患，将无已时。宗宪以同里故诱致汪直，已失其宜，况又遣官为质，其党恨而去，又不追剿，遂使支解朝臣，流劫闽广。贼日猖狂，国日疲罢，此等臣子不杀而仍用之，谁复乐为国用也？

李遂真将材也，泽国利用水师，陆地全凭马队，因地制宜，深通兵法。有明自倭患以来，未尝有此大捷，贼势少戢，赖有此耳！

治乱国用重法，必然之理也。兵乱而给免死之券，何绶无足论。李遂平江北倭，深有谋略，何前后之自相矛盾耶？

贼嵩专政二十年来，奸谋狡诈，罪不容诛，乃以方士及乱〔乩〕仙语，始觉其不法。刑法不正，何以服人？嘉靖求仙好道，日居西苑，大臣无由识面。嵩之一任己意、生杀自主，实由主上偏辟所致，嵩之奸实主上有以启之。

倭自胡宗宪诱执汪直，不追余党，福建遂陷大郡。谭纶、戚继光合力攻之，始得宁息。纶又陈善后十二事，经画周详，洵为良将，当时无出其右者矣。

嘉靖以醴泉出，诏斋祀日诸司无得奏事。故寇薄都城，杨博不敢上闻，此其罪在拘泥，与杨选之玩寇，其罪不同，直不问博之罪，亦觉失中。

朱纨、张经冤死，文华、宗宪贪纵，故倭患日炽。幸李遂、继光后先著绩，信赏必罚，将士用命，东南始得安居。人才之用舍，可不慎其选耶？

世蕃既得罪，乃复敢大治园亭，势焰不少衰，可谓泯〔暋〕不畏死矣。以王气而治第南昌，聚积亡命，私通南北虏，不诛不已也。其父子稔恶已久，怨毒之与人深矣。小人终死小人之手，亦报暴之理也。

久不视朝，法纪弛矣。群臣无敢直言，故骤闻之而虽知其忠，不能无恨也。自谓非纣，其拒谏正不在纣下也。国事难望其振作矣！

第四十六纸

海瑞有爱君之心，早置此身于度外。乃出狱时，闻其君已故，恸绝于地。忠贞名节若瑞者，穆宗即能出诸狱而受〔授〕以官，新政大有可观。

罢兴献配享，是也！乃以臣而忝居君右，亿世无更，亦私心之不免厚所亲耳！

穆宗初年，首释海瑞，似非不识人者。乃廷杖石星，甫逾一年，前后若两人所为，岂人君尊贤之典哉？

欲用中官分督团营，非徐阶直言阻谏，若辈之横行，将不止殴御史也。

甚矣！直人之不容于时也。海瑞以命世之才，锐意兴革诸弊。中官侧目，竟为群小所挤，用人亦不可谓专矣。

伺察部务，而托于中官，穆宗之行政可知矣。考察臣工之勤否，自有一定之规。中官未必贤与〔于〕士君子，是非之公，一决于此辈，信之未免太过乎？

刘体乾之得罪，非忤穆宗，直以忤中官耳。穆宗耽于声色货利，比之嘉靖为尤甚。小人之可畏，可胜言哉？

谙达穷困来归，因而抚纳之，王崇古于此可谓因时制宜，得安边之上策也。从此而边陲绥服者二十余年，其功之大也如是夫！高拱、贞吉并赞纶扉，不顾考劾之典，各以私意相桎斥，均非大臣之体，穆宗亦失考绩之正。

有明一代，贤相绝少。严嵩之后，继以高拱，纯用己私，毫无公道。汪文辉不念私恩，独明公议，引身朋比之外，深足尚也。

高拱辨名分疏，未尝不是。然人心不同，或有心立异，或为人上者，引私废公，则名分虽明，徒为小人增势，仍无益于人才国计也。

第十九卷

第四十七纸

奖劝忠贞，帝王之教世。建文何罪，诸臣又何罪？成祖淫刑惨戮，诸忠身受其毒，数传而后，方得一申积愤于地下。神宗当冲幼之年，能于嗣位之初首举其事，深足尚也。

张居正身任宰辅，乃以朝廷大政谋及竖奴，何昧昧乃尔！裁抑幸人，清君左右，使冲主亲贤正道，洗除前朝垢政，高拱之谋国，不可谓不善。乃居正以私怨逐之，公论何在？居正之不正也甚矣！

张居正恨高拱，既已逐，犹不释念于王大臣狱，又媚貂珰而害之。此等居心，可使辅冲主与？且王大臣私闯宫禁，安知非冯保辈所使耶？

营制不肃，军无纪律。将帅即卿士也，何必他求，法重心骇，威尊命贱，不如此，军即无律。信赏必罚，运筹帷幄，将即相也，即卿贰也。武弁不以文吏钤束之，安能御侮？

和亲、岁币，汉、唐、宋之拙计。明之贡市，始而以利饵敌，既而因以自困，则莫如固我藩篱，结以恩信，使畏服而为我用。比之贡市，不亦大哉？

勤能者，有司之分也。立法考成，而政体一肃，可见当时吏治之不难正也。

召见外臣，问民疾苦，神宗之远迈前代多多矣。史以召见之下，奖赉而已，在明季已罕见其主矣。

地方有司久任其地，官民相习，人得自展其才，民实受其益，四方得以粗安，正其效也。

治狱专忌留滞重囚，积至数百人之多。居正严其禁令，盗为之衰，亦救时之道也。

四维事居正恂恂然，固以神宗曰随元辅之故，亦其自愿下之，否则何能入阁也？

居正自视，直有舍我其谁之意，具疏辞政，大有挟君之心。刘台下狱，以劾居正故耳！非要君陷正而何？

第四十八纸

求忠臣于孝子之门，不孝安能忠？父死而骨肉未寒，乃贪位固权，虽三月不肯去位，况三年欤？至索刀作刎颈状，尤为无赖。无父之人，便杀却又何足惜？乃老羞成怒，杖戍吴中行等，居正之夺情，实非名教之类也。

水性就下，理也。黄河挟沙而行，水势不急则沙必淤。潘季驯以水治水，束水攻沙，缮筑堤堰，卒用成功。良法昭垂，治河之第一人也！

马自强之德，居正得之，本出意外。直人之堕人术中，往往如此。居正之善自掩饰，可概见矣。

按《明史》所载，神宗即位之初，已选内侍三千余人，今又选三千余，何所止哉？

借书院为名，科敛民财，已非是矣，毁之亦甚也！

张居正以神宗购珠宝而上肃雍〔雍肃〕殿箴，尚得爱君之道。

居正时时以归政挟制其君，骄满已极，且以其子下第，遂停馆选，横强甚矣。其视神宗，直玩之股掌之上耳！

马政于军政并重。马者，军之足也。市马本非善政，互市尤非至计。承平时无关轻重，用兵时其损实多。

免逋赋二百余万，国更完足者，损上实以益下，故能中外乂〔乂〕安，百姓无事也。

无故而减兵饷，抚臣之过也。张佳允能以乱兵治乱民，民乱定而兵乱亦定，所诛仅数十人耳！而又不损国家元气，有识有才，遇事震定，佳允其有之与！

冯保恣横无忌惮，不诛之而仅予安置，神宗用法已失其正。张鲸之肆恶，尤甚于保，言官劾之而被杖斥，何若辈之善使人主庇之也若此？

张居正胁君固宠，居心险诈。祸不及身，已为万幸。但其辅幼主而修明政治，使府库充实，其功亦自不可泯。申时行以丁此吕为暗昧陷人，恐谗言踵至，非治世所宜有，所见良是。

治世之清浊在考劾，考劾之积习在私举。邱橓所陈八事，深得其本。惜止嘉纳，而未见奉行耳！

大臣专柄，台谏争权，神宗无知人之明，而又拙于公道，故其臣下敢于如此。

立储，国之重政。宫禁秘密，群臣何得妄请？概置不问，神宗亦为失计矣。既不报建储之疏，亦应有以决臣下之疑。

第二十卷

第四十九纸

永乐以私意革除建文年号，英宗以私意而加景泰以恶谥，大义纲常，亟须改正。乃上下偷安，终不果行，朝政之不振可见矣。

张居正当国时，尝劝神宗召见外官，虽无实迹，尚有具文。乃者深宫燕息，屏绝诸臣，何自弃哉？

赵志皋身在南京，心乎廊庙，惜其忠诚爱主之心，�上千言，仅批答一语。

雒于仁爱君情切，不觉言之过直；申时行保身贪位、迁就人主，可谓模棱宰相矣！

赵南星深明政体，疏陈四害，言言金石，切中时弊。神宗不能用其言，诚可惜也！

宋纁论人主闻直言不知动心，是痿痹不可救之疾，实至论也。神宗以虚礼留纁，岂尊贤之道哉？

教胄建储，均为要务，无如神宗之法纪不振，漫不经意。虽有善者，亦末〔未〕如之何矣。

神宗惑于爱妃，忍心害正，使元子失学。笃女色而疏爱子，人伦大变。帝王君临天下，与骨肉之情尚如此，外人可知矣。

王锡爵于建储之事，初拟旨似阿顺。而暖阁独对，委曲求全，终使神宗感悟。元子出阁讲学，仪备东宫。且言外廷议论，归罪于贵妃，恐郑氏举族不安。神宗所重者郑氏，不如此不足以动其心，即此而感动之，亦善为瓦全者矣。

取人以公以才，不可以私也。孙鑨、赵南星一斥其甥，一斥其姻，皆公论所不予者，非固为此事以传公正之名，神宗不加详察，而并斥之，无乃太乎？

东林党之始，实由宪成兄弟开其端。人臣既废职家居，自当闭户读书、适情养性，乃不自检束、树党立名，动千秋之清议，亦非士大夫读书立品之方。

逯中立请容直臣，曰非为铨司惜一郎官，实为国家惜人才、政体。正大光明，侃侃直陈。以此贬之，其直臣之不能容也，不待论而明矣！

马经纶责言官以五大罪，使神宗以此悔悟，而自引咎，大振乾纲，以兴百废，不亦善乎？

第五十纸

□□不足[①]，而不知节浮费、裁冗役，推所以不足之原，乃开矿增□[②]，矿使遍天下，索诈民财，辱及妇女，不乱何待？宜乎四方盗贼丛生也。

杨镐忌才失律，掩败为捷，军法所必诛也。损威失律而不加诛，赏罚功罪之不明甚矣，何以为国哉？

吕坤所言，深切时事。天下安危之机，实系于独富独贫，治道不外是也，奈何不择而行之哉？

神宗倚任中官，横取天下财，至使二年中武昌再乱，几不可为。于应京之守法，反加贬逮，是非之倒置，莫此为甚。

兵少而饷加，所筹何事；谋用而国不足，所谋云何？中官武夫相率作奸，天下之财，半消于好货之君，半消于聚敛之臣，夫欲不乱，能乎？

第二十一卷

第五十一纸

都城过百雉，国之害也！爱之，将必为之计常久。以天下膏腴，供一爱子，大治宫室、皇店、庄田，大逾礼制。况内有宠妃，外有爱子，溺爱不明者神宗，贪得无厌者常洵，不危何待？

向高处朋党之交攻时，能匡救弥缝，国赖以少安。惟即家拟旨，殊失大臣体。

梃击一事，竟成千秋疑案。刘、庞二监，养之三年，且二人皆郑妃内侍，安见非郑氏兄妹所为？不然，郑氏何必乞哀于太子。不过宫闱事秘，外廷罕得其真，然平情细讯，亦无难得其实迹。惜当日诸臣纷纷言论，毫无实证，徒多疑窦耳！

神宗之事，诸臣不明大体，迂阔无能。请治兵诚为要政，但虚应故事，

---

① 原件残缺，“□□”似为“财用”二字。

② 原件残缺，“□”似为“税”字。

终无实用，何益于国哉？！

矿税而后，又加以加赋，且加至八百万之多，民何以生为？神宗不身见李闯之祸，亦幸免耳！

神宗终身怠荒，末年而群臣犹望其振作，不亦难与？

第二十二卷

第五十二纸

光宗即位之初，即罢天下矿税及监税中官，朝野仰望。乃未久婴疾，岂天心不欲明祚再兴乎？悲夫！

郑妃侍神宗疾，即不欲移出乾清宫，已非正道。乃又进美女八人，且求封太后。假选侍为护身符，肆无忌惮，孰甚于斯？

崔文升、方从哲，一则轻投伐剂，一则拟赏可灼，此而不诛，何以谢天下？

红丸再进，而光宗大去，方从哲且拟赏可灼。二人直是弑君，大义凛然，二人竟逃显戮，天理安在？

选侍隐然有垂帘之意，不后不妃，毫无名分。若无光斗、杨涟，韦武之祸再见于今日矣！

熹宗之得承大位，实王安一人之力。盖当年主上冲幼，郑氏时时谋陷东宫而立己子，其阴谋诡计何所不至？此时之调护实难，诸臣引与共事，安社稷而全储贰，诚以之为内外之助，而安之倾心正士、辅翼王室，亦出乎其类者。

贾继春身任言官，于宫闱秘事不加觉察，漫以无知蜚语上列弹章，杨涟、左光斗所谓“酿今日之疑端，流他年之实事”，洵持平之论也。

熹宗冲年践位，讲学以辅君德，诚为要务。乃言官恶劣，不论事理，倚门党之积习，妄谈国计，全不知国家用人任官为①贤才，不由廷推即置不用。虽天子至尊，有不能自主者如是乎？

魏奄矫诏而杀司礼，目中已无君矣。王安持正，遂为所忌。熹宗倚奸人为股肱，不亲朝政，恣情伎巧。奸奄导天子亲斧锯，逞其阴私，盗窃大柄，且与客氏内外构结，而李永贞辈又仰其鼻息，天下事遂不可问矣！

---

① “为”似通“唯”。

朱燮元保孤城于危急，恶党就擒，借贼攻贼，成功于一旦，智勇均备也。

李橒之守贵阳，其势实难于朱燮元。燮元尚有外援，李橒则粮饷久乏、孤城久困，其功有过者矣！

无故弄兵，大内乱之先机已兆矣。奸珰引冲主于声色货利之中，大臣不能救正，宰辅反媚奸珰，朝廷可谓无人矣！

徐鸿孺自谓经营二十年，徒党不下二百万，可见煽惑不止一日。当日地方大吏、诸司所司何事，而姑息至此耶？朝无良吏，倚巨奸为屏藩。此虽就擒，彼方昌炽，虽有善者，亦无如何矣！

名之累人也甚矣！在承平之世，足令人仰望隆重，处乱世则名归怨即从之，东林诸君子处奸幸盈廷之际，不自检慎而反高自矜许，不危何待？

第二十三卷

第五十三纸

忠贤稔恶已久，新君将与天下更始，势所必诛，理无不败。十大罪疏，出于草茅新进，而不出于朝臣，洵为可笑。

逆焰方张之际，内外莫敢谁何。及其势败，而向之义子、干儿即为首噬之人。人心风俗至此为极！

元璐请毁要典一疏，曲折尽善，议论平允，诚为和而不流者也。

天地生财，只有此数。其初，户口少而国用有节制，渐而用多而人众，谋国不知节用足民，势必至民穷财尽而国危矣，况又括民财而与之乎？

温体仁、周廷〔延〕儒与谦益等辈耳，虽有贤辅，安能各安其位欤？庄烈亦罕知人之明矣。

国家有事之秋，盗贼丛生，财帑匮乏。诸臣议节浮费，不知籍奄党逐贪吏省刑薄敛，裁冗官节冗费与民休息，而反以纷更为务，讳盗养奸。驿卒夫役，游手之民资为衣食之源，裁之于国所益无几，于民所损实多，高迎祥、李闯辈非刘懋请裁之驿卒乎？

韩爌身为元辅，于逆珰案不欲树怨，可见其保国不如保身也。允光等亦观望不前，必待主上自为之。当日若非庄烈乾断，魏奄竟可不诛耶？

当承平时，小民或偶以水旱故衣食不给，或有司虐遇科派，颠连无告，愁苦莫伸，相聚为盗，原不必兴兵糜饷，抚恤安集已足安定。若处乱离之后，一意主抚，不败何恃？杨鹤当拨乱之朝，欲以此弭患，非其证耶？

刘宗周请无急进功之疏，巨细毕举，然当此垂末之年，虽欲有为，已不可为矣。

杨鹤之无谋误事，罪实难容。将怯用兵，兵怯力战，倚招抚为长策，养虎自卫者，患将不测，不其然乎？

当危亡之日，尚加赋税，是速民为盗也。夫岂虑患谋国安民保赤之道哉？

第五十四纸

被灾之区，救死不暇，恩出自上，亦有司奉行之善，诚澄吏之方、安民之要也。

庄烈帝曰："苟群臣殚心为国，朕何事内臣？"是倚内臣者，不得已之苦心。盖当时诸臣，当巨奸用事之秋，各保身家，不敢任怨。庄烈锐意治平，而欲速其效。群臣尸位，而无御侮之才，至兵柄亦付之寺人。明亡非君亡，实诸臣亡之也。

黄道周一疏切中弊政，然寺人执政于四方，诸臣观望于朝堂，君以一人勤求治平而不得其用，虽欲不亡，可得乎？

明自神、熹以来，已兆沦亡。庄烈虽欲挽颓风，安可得乎？华允诚所言虽切，然已不可救药。况允诚之言未果行，旋即罢去。

诸将方得一文诏，兵部又抑之，巡按又劾之，庄烈又不能深信之。贤者及少有才者，但能略可干国，即不能使之少展，天其真厌明德欤？

陈奇瑜已成之功，而以重贿误事。此而不诛，而尚得减死，贤奸不辨，赏罚不公。国事如此，而犹曰癣疥之疾不足忧，庸哉！奇瑜虽杀之，无济于国也！

明季，流贼蔓延，国敝民贫。元璐为民请命，虽免目前之苦，旧欠未清，新欠转加。虽有罪己之诏，为拯溺之举于一时，亦托空言，而无实用也。

宗周之言，可谓切中病源矣。有人有饷有兵，皆不得其用，安望其平治耶？

陈启新之言，未必尽是。不察其才，而骤与显秩，未免大〔太〕猛。此明之国祚，恐此等议论，未可必挽回天意耳！

第二十四卷

第五十五纸

善用兵者，不在增而在练。练者，必先练其心，而后练其气，再练其技。技熟则胆壮，气盛则有勇，心齐则互相援救，一可当百。左良玉既败张献忠，孙传庭大破李自成，其势大可为。而杨嗣昌增兵添饷，真不知兵。熊文灿厚赂中官而求荣，其机大可惜。嗣昌、文灿直谓之庸臣可也！

庄烈孤立于上，御下严，而不得严之正。小大臣工罪小则罚重，罪大则反轻，或以近幸之一言而免。欲以此支持群盗之乱，岂可恃乎？

闻放归之命至失匕箸，其人之热衷可知。此等人而欲其平治天下，不亦难乎？

温体仁之深得主心，在于善承意旨，貌似朴忠，心实狡诈。此而欲望其匡弼，能乎？

宰相须用读书人，非必翰林而始谓之读书。读书不化，临事无谋，御侮无策，私心自用，好大喜功，虽读书何用？温体仁、张至发非读书之人欤？

庄烈之命相，始而仿枚卜，而以金瓯贮名，已觉可笑。既又以试策文艺[取]，尤为无谓。章法何乱至乃尔？

黄道周以切直见罪于君，无愧臣节矣！

孙传庭辈皆一时忠节也！庄烈知其贤而不能用。国家将亡，视正士为奸人，否则即为奸人所倾隔，岂非兆乎？

自神宗以来，数增赋饷。至此凋残疲罢之秋，诸臣犹议加增，直速其亡耳！

熊文灿一死不足惜，惜其不早诛耳！

小人之使为国家，灾害并至，嗣昌之谓。诸将中如左良玉等，二三人而已，而犹以私憾抑之，嗣昌可斩矣！

薛国观诚非善类，然以外家及鬼神之言罪之，非其罪也。

搜括民财，竭其膏血，民不聊生，不盗何为？盗本良民，王侯实大盗。成者王侯，信非虚语也。

第五十六纸

杨嗣昌括财增饷，使民尽为盗，死何足惜？庄烈犹特赐祭葬，何不明乃尔？

周遇吉以得胜之师，旋师而击新起之贼，不至大炽，厥功殊伟。当此之时，若人人皆遇吉、良玉，何至明祚终不救耶？

庄烈知宗周清正而用之，可谓明矣。不久而又斤〔斥〕之，是终不能用也。小人之易取信于人主，君子之难行直道，大相悬绝矣！

周廷〔延〕儒、吴昌时皆谋利之徒，用之实足以误事，庄烈何至此而犹不悟也？

姜埰、熊开元虽失人臣立言之体，究其心，不出于正。二人以直言见杀，庄烈方罪己省愆，乃不能容二人之直，亦虚文耳！

左良玉罪诚可诛，然一得饷即感激思奋，可见其心固未尝不可任以事也。献忠心惮良玉，不敢南向。流贼诚不难平，当时无人故也。

元璐试行海运，救时之策也。力除积弊，而中外望治，特惜不早用之耳！

李自成，一驿卒耳！十余年养成锐气，遂不可复制。国家方倚孙传庭为保障，秦人不乐其用法严，遂讹传其玩寇，庄烈不明用兵之要，骤战益急，致传庭死而全陕俱失。庄烈于此时亡，悔之乎？

下诏罪己，征天下勤王，已属下策。当此危急存亡之秋，尚持一二奄寺付以大计，危而不悟者，其庄烈乎？

周遇吉忠勇，能使强贼畏服。庄烈不能重用之，徒使成一身之令名，于国何济乎？

明自神、熹以来，固曰天厌其德，亦人自致其亡也。惟死社稷之义，昭然千古，如范景文辈，虽无救正之方，尚得致命之正。庄烈十七年中，贤奸并用，赏罚失宜。举凡大政，悉听寺人，不亡何恃？自太祖定鼎，南都十年，与唐宋等开国之初政，皇然可观。乃不善贻谋，拘于立敌。建文懦弱，遂疑不能制服功臣，则功勋宿将杀戮殆尽。靖难兵起于仓卒，致令嗣君束手无策。儒臣迂阔莫为，及后则朋党纷争，奄珰专擅。神、熹、庄烈加赋增饷，任用匪人，不可救药矣！

作者通信地址：北京市西城区文津街7号中国国家图书馆古籍馆。

责任编辑：李强

陈栩相关文献梳理与游日经历考辨

李良成*

摘　要：陈栩著作等身，在诗词、小说、戏曲等方面均有相当的成就。通过对相关文献进行梳理，笔者认为，陈栩著述与生平中尚有几个问题需要得到重视。第一，就诗词集来看，《栩园丛稿》的地位尤其重要，几乎汇集了陈栩五十岁前的所有创作，丛稿成书较晚，与早年的一粟园本在文字、数量上有较大的差异；第二，就小说来看，《栩园丛稿·集外书目》比较完整地反映了陈栩生前的小说创作情况，但其早年散佚在《国魂丛编》中的小说《萍踪偶记》，展现了丽则吟社文人雅集活动的场景，却未被书目收录；第三，南社社刊《南社丛刻》第九集存在署名错误的问题，其所收《洞仙歌》词五首，作者应是陈栩而非沈宗畸；第四，就其生平来看，有的学者认为陈栩去过日本，实际上在1902年，陈栩确实有东游日本的打算，但因病未能前去。以上围绕陈栩四个问题的梳理，大量借助了“抗日战争与近代中日关系文献数据平台”“瀚堂近代报刊”“全国报刊索引”等数据库中的文献。因此，充分利用报刊资源，有益于近代文献辑佚、校对工作的展开。

关键词：陈栩；《栩园丛稿》；《萍踪偶记》；《南社丛刻》；游日经历

陈栩（1879—1940），清光绪己卯年（1879）六月初四生，浙江钱塘人。本名寿嵩，字昆叔，又号蝶仙，别署惜红生、天虚我生、栩园、超然等。他是著湑吟社、丽则吟社、南社的重要成员，是鸳鸯蝴蝶派的代表作家之一。近年来，学界对陈栩文学创作的关注逐渐增多，有多篇文章对此展开了论

*　李良成，男，汉族，山东大学文学院博士研究生，主要研究方向为近代文学与文献。

述，但仍有可供进一步研究之处[①]。目前，陈栩的文集尚未被系统整理出版。王红朝的《天虚我生所著书考述》[②]，曾对陈栩的作品有所考证。在此基础上，本文通过对相关文献进行挖掘梳理，考证与陈栩有关的四个问题。

一、《栩园丛稿》的成书

陈栩著作等身，既有单行本出版，又有部分作品散见于各大报刊。就单行本的诗文、词集而言，有《拱宸桥竹枝词》《栩园丛稿》《半亩园集》《湖楼集》《耳顺集》《机联集》《栩园遗稿》《文苑导游录》《说苑导游录》《文艺丛编》等；散见于报刊的作品较多，包括在《消闲报》《著作林》《国魂报》《申报·自由谈》《游戏杂志》《先施乐园报》《新闻报》《机联会刊》等发表的文章。

以上诸作中，《栩园丛稿》[③]的形成最为复杂，也是陈栩的著作中最重要的诗文集，几乎汇集了陈栩五十岁前所有的重要诗、词、曲、文创作。《栩园丛稿》分初编、二编。其中初编有五卷：第一卷序跋，第二、三卷

---

① 相关研究有董智颖的《陈蝶仙研究》（华东师范大学硕士学位论文，2005年），许蓓的《陈栩文学创作研究》（浙江大学硕士学位论文，2015年），陆燊佳的《陈栩旧体诗词创作与教育研究》（武汉大学硕士学位论文，2018年），乔慧的《陈栩剧作研究》（山西师范大学硕士学位论文，2020年）等学位论文，总体上就陈栩的诗、文、词、小说、戏剧创作展开论述。此外，一些学者也关注到陈栩在近代文学史中的重要地位。韩南曾评价，陈栩“是最杰出的中国作家之一……他在写自己的自传性爱情故事方面作出了持续的尝试”（参见［美］韩南著，徐侠译：《中国近代小说的兴起》，上海教育出版社，2004年，第216页）。李艳平认为陈栩创立的栩园编译社及其社刊《文苑导游录》，为民国文坛培养了一批古典文学创作的新人，推进了近代文学教育的建立（参见李艳平：《陈栩与中国近代文学教育》，《教育学报》2019年第4期）。左鹏军曾对陈栩创作的七种传奇作品的版本、本事、体制特点进行考查和评析，认为他在传奇杂剧方面的创作成绩尤为突出（参见左鹏军：《陈栩传奇创作及相关史实考述》，《社会科学》2014年第1期）。另外，陈栩凭借在艳诗艳词创作上的造诣以及频繁组织报刊唱和活动，一度成为东南一带的文坛领袖。然而相对于他的地位和成就，他也是一位被近代诗歌史忽略的作家。对于这一点，笔者将另有论述。

② 王红朝：《天虚我生所著书考述》，《新文学评论》2019年第3期。

③ 陈栩：《栩园丛稿》，1930年，香雪楼本，陕西师范大学图书馆藏。此外，山东大学图书馆藏著易堂印书局本。二者内容基本一致，著易堂本卷一《栩园诗剩》内题“醉林轩丛书之一”，卷三有勘误表。

栩园诗集（包括《惜红精舍诗》《留余春山房诗》《紫玲珑阁诗》《醉花仙馆诗》《夕阳红半楼诗》《水流云在堂诗》《碧梧漏月轩诗》《九香楼纪事诗》《心海热潮诗》《新疑雨集诗》《栩园芟剩诗》《海山仙馆诗》），第四卷词集（包括《海棠香梦词》《眉山冷翠词》《清可轩词》《掐花记月词》《海山仙馆词》），第五卷《栩园曲稿》（包括《红箫曳梦曲》《阑干曲》《蘼芜春晓曲》）。“右均栩园先生少年时所作，自十三岁辛卯始，以迄丁巳，曾由中华图书馆印行单本，题为《天虚我生诗词曲稿》，久已销罄无存。因系洋纸所印，不惬著者之意，故未再版印刷。近以拜花先生拟编《栩园丛稿》，爰以此列为初编，自成一函，而以集外目录附列于首”[①]，经过比对，《丛稿》本基本是在1916年发行的《天虚我生诗词曲稿》[②]基础上编撰而成，二者内容、框架基本一致，一些文字各有错讹，此外《丛稿》本多出集外目录、自序、叶启华的题词、拜花的按语等。

陈栩云：“戊戌岁，曾和原韵一百二首，并和王建宫词一百一首，曾刊《一粟园》甲编中。近来复多佳想，乃更和之。”[③]又拜花按：“《栩园诗稿》，原不止此。曩其门人滕志新[④]为刊《一粟园丛稿》时，已有十二卷，其中有宫词二卷，一和王建，一和花蕊夫人，均依原韵各一百首。又和《白香词谱》全韵一百首，皆髫年时作也，后均删弃。今存集中所和花蕊宫词，则与旧作已无一句相同。”[⑤]可见在1898年及以后[⑥]，陈栩的门人滕志新曾陆续为其刊刻《一粟园丛书》，涵盖了陈栩早年的诗、文、词、曲、小说。“后均删弃”，表明后来的《栩园丛稿》与一粟园本多有差异。就目前所知，《著作林》[⑦]中刊登的陈栩作品为一粟园所藏版本。其第十七期，编有《一粟园丛书》戊申年（1908）书目，包括《泪珠缘》四集、《桐

① 陈栩：《栩园丛稿》初编卷五，香雪楼本，1930年，第89页。

② 天虚我生著，周之盛（拜花）编订：《天虚我生诗词曲稿》，中华图书馆，1916年。

③ 陈栩：《栩园丛稿》初编卷三，香雪楼本，1930年，第52页。

④ “滕志新，字铭三，现年三十五岁，浙江东阳县人，栩园（陈栩）旧弟子，通信处：青田县前街。”（参见天虚我生：《文苑导游录》卷二，时还书局，1917年）该集内题“丁巳九月”，即1917年。当时滕志新35岁，那么其生年当在1883年。

⑤ 陈栩：《栩园丛稿》初编卷三，香雪楼本，1930年，第126页。

⑥ 《天虚我生诗词曲稿》序称：“乃搜其诗歌词曲各集，汇刊为《一粟园丛书》”，该序作于庚子年（1900），由此推知在此之前《一粟园丛稿》就已经完成刻书。

⑦ 陈栩编：《著作林》，著作林社，1906年—1908年。

花笺传奇》、《花木兰传奇》（印刷中）、《自由花传奇》（编辑中）、《媚红楼传奇》（编辑中，刊入《月月小说》）、《桃花影弹词》（再版中）、《女学生弹词》（编辑中）、《女总会弹词》（编辑中）、《新泪珠缘》（编辑中，刊入《月月小说》）、《柳非烟》（再版中）、《藕丝囊》（编辑中）、《萍踪偶记》（再版中）等传奇小说，诗词包括《海棠香梦词》二册、《眉山冷翠词》（附《和白香词》）一册、《掐花记月词》（附《阑干曲》）一册、《红箫曳梦曲》二册、《三家曲》等。据许瘦蝶的《记陈蝶仙》云："君著作等身，民国以后，将《一粟园丛书》所刊，加以整理，复搜集新著，汇刊《天虚我生诗词曲稿》。"[①]按照他的说法，一粟园版的诗文、词曲基本上又收入了《天虚我生诗词曲稿》（即《栩园丛稿》初编）。因此，校对早期的版本与《栩园丛稿》初编的差异，是具有价值的工作。现将《栩园丛稿》所收部分单行本说明如下。

《惜红精舍诗》始载于《著作林》第十五期，距离《栩园丛稿》成书，相差近三十年。二者不仅文字差异大，如《彭庵怀旧和华痴石》其中一首，《栩园丛稿》作"小舫玻璃绝点埃，凌波微步绣帘开。夜游不惯催归早，杨柳梢头月上来"，《著作林》本作"小舫玻璃绝点埃，玉纤亲把绣帘开。牵郎衣袂和郎说，采朵芙蓉归去来"，除首句外，后三句皆不同。而且在收录数量上，《著作林》版也多出十一首：

辛卯除夕·时年十有三龄

祭诗无酒酌金罍，送岁新词手自裁。残腊渐随双炬尽，好花分作两年开。寒鸡夜唱催愁去，晓角春声带喜来。坐看鹊喧晴旭上，万家箫鼓动春雷。

有慨呈业师陆莲诗寿臣太史

煮豆何须爨下悲，革囊久矣处毛锥。谈论敢自开黄口，惭愧旁人誉白眉。六翮会从天外举，一斑奈向管中窥。家门不幸如棋局，一着争先望阿谁。

---

① 许瘦蝶：《许瘦蝶诗文集》，广陵书社，2020年，第263页。

落梅悼湘梅女士即和红芸阁遗稿原题韵

晓钟声歇寿阳宫，玉碎香消昨夜风。獭髓难医肠已断，燕脂空画貌相同。江城五月孤生竹，华表千秋半死桐。天地何心偏妒汝，不平我欲叩苍穹。

寂寂花时锁上阳，铜瓶纸帐梦凄凉。已拼冰雪三生误，何用珍珠十斛量。满地残英春有迹，一天明月夜无香。早知定数难违拘，不合殷勤聘海棠。

毕竟东风唤不回，云阶月地悄徘徊。可怜越女颜如玉，都化秦宫劫后灰。应有灵魂归净土，曾无罪孽谪瑶台。罗浮若比天台路，只恐刘郎不再来。

咏花人去几何年，梦醒春婆一黯然。陇北吟成分手地，江南春早断肠天。疏帘淡月愁中句，野店溪桥觉后禅。不怪六朝金粉地，只留衰草对寒烟。

所见二首

却好莺花与作邻，一回相见一回亲。临行苦苦留将住，着问些儿又惹嗔。

分明一颗掌中珠，好是罗敷未有夫。吩咐骊龙休窃取，只防病倒渴相如。

彭庵怀旧和华痴石（諟）西湖纪游韵

懊恼春风翠袖单，花间偷整绣鞋宽。回头却见檀郎笑，玉掌轻遮不与看。

卍字栏杆一字排，落花软衬小红鞋。低头自觉云鬟溜，私倩檀奴整玉钗。

秋千墙里是儿家，漠漠花阴处处遮。隔着红廊闻细语，是他鹦鹉学呼茶。

《海棠香梦词》四卷、《和白香词谱（删存）》一卷在清光绪二十六年（1900）曾刊有单行本，上海图书馆有藏。另外曹辛华主编的《民国词集丛刊》[1]收《海棠香梦词》二卷，与上海图书馆藏为同一版本。此刻本与《栩园丛稿》本差异非常大，黄帆已经进行了比较[2]，笔者在此不再赘述。

《眉山冷翠词》一卷，内题“乙巳秋日，《一粟园丛书》第二十六种”，上海图书馆藏清光绪三十一年（1905）刻本。另外朱惠国主编的《清词文献丛刊：第二辑》[3]亦收此书，与《栩园丛稿》本差异不大。

《掐花记月词》，内题“《一粟园丛书》第二十七种，乙巳（1905）夏秋之间”，刊入《著作林》，与《栩园丛稿》本差异不大。

《阑干曲》，一粟园本，见《著作林》，与《栩园丛稿》本差异不大，首都图书馆有藏。

《栩园芟剩草》六卷（两册），遂昌图书馆、天津社会科学院图书馆均有藏，为清宣统三年（1911）平昌刻本。此外，《著作林》收丁未（1907）本《栩园诗剩》，共计十五题，收入《栩园芟剩诗》。

《三家曲》，瑶江鹤仙朱静校，中华图书馆刊刻，上海图书馆有藏。该集收陈蝶仙的《蘼芜春晓曲》、华諟的《春剪曲》、何春旭的《花胎曲》，三者并称为“三家曲”。其中《蘼芜春晓曲》包括《春思》《婉娈曲》《唤真真曲》《懊侬》，与《天虚我生曲稿》三卷所收基本一致。《天虚我生曲稿》即为《全清散曲》[4]依据的底本，《全清散曲》校勘了《天虚我生曲稿》与《栩园丛稿》本（即初编第五卷《栩园曲稿》）的不同之处，差异甚大。

哈佛燕京图书馆藏有“一粟园第二十五种”版本的《新疑雨集》。这个诗集，按韩南[5]的说法，应该是在1906年刊刻[6]，比《栩园丛稿》本早了二十多年。

---

① 曹辛华主编：《民国词集丛刊》第15册，国家图书馆出版社，2016年。

② 黄帆：《丽则吟社及其韵文创作研究》，华东师范大学硕士学位论文，2018年。

③ 朱惠国主编：《清词文献丛刊：第二辑》第6册，社会科学文献出版社，2019年。

④ 谢伯阳、凌景埏编：《全清散曲》（增补版），齐鲁书社，2006年。

⑤ ［美］韩南著，徐侠译：《中国近代小说的兴起》，上海教育出版社，2004年，第221页。

⑥ 《新疑雨集》中收有甲辰（1904）、乙巳（1905）年作的诗，可知刊行的时间应该在1905年及以后。又根据1906年4月《消闲录》载种花老农清芬氏的《集蝶仙新疑雨集句补题周君子炎桐荅笺录丐病鸳先生赐刊》，可知在1906年4月之前，《新疑雨集》就已经刊行。陈蘧的说法是在1909年（陈蘧：《先府君年谱》，自修周刊社：《天虚我生纪念刊》，1940年，第2页）。其云“己酉（1909），公年三十一，自太庙巷迁居于扇子巷，凡有《新疑雨集》一百十九首，《栩园芟剩草》三百首”，则毫无根据。

至于《栩园丛稿》二编，亦是五卷。“其（陈栩）自戊午（1918）以后，所作诗词文稿，则另集为二编，别贮一函，以分年界，盖其二编皆中年时所作也”①，可见二编主要收录1918年以后的作品。其中前三卷为陈栩所作（第一卷包括《栩园诗剩》二卷、《天风楼诗剩》两种诗集，第二卷《香雪楼词》，第三卷《栩园文稿》），后两卷为女儿小翠所作（包括《翠楼吟草》《翠楼文草》和《翠楼曲稿》）。“癸亥冬，予循著易堂主人之请，辑《栩园诗剩》一卷，列为《醉灵轩丛书》之一，附以《天风楼诗剩》及《香雪楼词》，皆栩园诗词集中未及刊行者也。甲子以来，迄今又历三岁，得诗百余首，词凡九十余首。诗以酬应为多，词则大半为小翠题画之作……曩昔《栩园诗剩》中，为丁悚题画诗八十首，尚多游戏之作，今此为小翠题画词，凡数十首，则皆选声炼句，细腻熨帖，令人百读不厌”②，根据此序，二编所收作品，多为应酬游戏之作。1923年的冬天，《栩园诗剩》卷一、《天风楼诗剩》及《香雪楼词》卷一就曾刊行，收入《醉灵轩丛书》之中（即著易堂本《栩园丛稿》）。1927年，陈栩又有诗词新作，便辑有《栩园诗剩》卷二和《香雪楼词》卷二。

《栩园诗剩》卷一，多从报刊中进行辑录，包括《申报·自由谈》《中法储蓄日报》《文艺丛编》《新闻报》等，这些诗作刊行的时间集中在1917年至1922年。《栩园诗剩》卷一基本收录了《文艺丛编·栩园酬应集》③中的作品，二者的出版时间相距不远，一些文字有些差别。另外，《文艺丛编·栩园酬应集》还多出“批语”一项，如《再题郑曼陀画梅边倩影图》一首，原诗作“百花头上悟悲欢，取次当从壁上观。省识画中深意在，要人都作等闲看”，批云：“拜花按：此首抵得一篇警世文，周瘦鹃谓为从来题美人画者所无，洵然。”④《栩园诗剩》卷二，部分从《申报·自由谈》《新

① 陈栩：《栩园丛稿》初编卷五，香雪楼本，1930年，第89页。

② 陈栩：《栩园丛稿》二编卷一，香雪楼本，1930年，第59页。

③ 栩园编译社编辑的《文艺丛编》，由家庭工业社发行，著易堂印刷，1921年出版，至1922年陆续出版五集。《文艺丛编凡例》云：“《栩园酬应集》系前刊《天虚我生诗词曲稿》中未刊之作，大都以酬应为多，由周拜花氏评选，翠娜女士注释，凡分诗文词曲四卷。”

④ 栩园编译社辑：《文艺丛编》第一集《栩园酬应集》，家庭工业社，1921年，第8页。

无锡》《文苑导游录·栩园近稿》[①]辑录，发表的时间集中在1924年至1926年间，文字差别不大。

《天风楼诗剩》序云，“后列诗四十四首，皆蝶仙弱冠以前所作。曩岁校录全稿时，尚未觅得，先生亦自不记忆。顷从《大观报》及《消闲录》中获此，亟为编入”，可见该集所收是陈栩早年刊发于《大观报》《消闲录》上的诗作。其中《三日断肠诗》收录十二首，但并不完整，兹从《著作林》第十二期所载《栩园诗剩》和《游戏杂志》第十七期辑录九首如下：

蓦传消息说将离，赶到相逢已悔迟。毕竟是真还是假，人前言语费猜疑。

怪他姊妹笑樽边，绝少离愁不似前。道是去来无几日，归期只在九秋天。

何堪围坐送离尊，泪怕人知暗自吞。如此良宵金不换，者般消遣况无言。

移筵烧烛上筝楼，容易铜壶转四筹。怪煞云房人几个，是何脏腑苦勾留。

晚筵推醉入云帏，懒与周旋不问谁。唤得香车催阿妹，送行休送到临歧。

华堂夜静悄无声，剔取兰缸隔幕明。知道小楼人睡定，自扶残醉煮茶铛。

茗旗双簇试龙团，已尽离悰且尽欢。只算今宵在天末，莫愁明日再心酸。

往时已觉别离难，况是而今异样看。少则十天多半月，算来到底远漫漫。

雨夜无眠恼煞人，亏他支撑懒精神。自家兄弟邻家嫂，争把骊尊劝一巡。

---

① 天虚我生著《文苑导游录》，由时还书局发行。该书又名《文学指南》，有十集。从1917年至1919年陆续创作完成，1925年第十卷发行，在1926年、1936年再版。又据“《文苑导游录》原编止九卷，今续一卷，俾成全璧。其已刊于《文艺丛编》一至五集中者，不再移录于此。故本编所附《栩园近稿》，实为最近之稿作，在《文艺丛编》五集之后”（《文苑导游录》第10册《附白》），知该集所收《栩园近稿》应作于1925年前后，“诗”部分均收录于《栩园诗剩》卷二中。

二、《萍踪偶记》

从1912年11月在《申报》上发表《鸳鸯血》开始，直至1920年，是陈栩小说创作与翻译的繁荣期。在这期间，陈栩和常觉、小蝶、小翠等人，创作并翻译了大量的小说，刊载在《申报》《新闻报》等报刊上。根据《栩园丛稿·集外书目》，陈栩自己统计的小说创作有“102种”，其中50种为自撰小说，50多种为翻译小说，加上传奇、剧本等，总计达121种。这基本上涵盖了陈栩的小说创作。

国魂报馆所辑《国魂丛编》收录陈栩部分作品[①]。其中《国魂丛编之一·拣金集》收录陈栩小说一篇，题为《萍踪偶记》。此小说不见于《栩园丛稿·集外书目》[②]，现辑录如下：

旅窗扃愁，隐几寻梦，栩栩蝶魂，犹是江船一舸。载高髻美人，游小青墓畔时也。嗟予此身，若非我主，朝秦暮楚，名耶利耶？天役我于车尘马足之间，夫复可感？

濒行之日，时方苦雨，仆夫催攒行李。予痴立若不闻。顾念胸中，杳若无物，支颐对予而坐者，嬾云楼主。黯然不语，雨声浪浪然，益复凄烈。予不忍见嬾云之惨淡颜色，起而整衣，寓目窗外，则满阶芍药亦低头不忍见予。回顾镜屏，予之颜色，尤惨淡于嬾云。于是改容以对曰：“行矣，予必函汝，毋郁郁。”嬾云亦起，而改容应之。在彼旁观，以为予两人皆笑容也。然使彼时有爱克司透物镜在，必能见予两人之眶间頬里，皆酸泪耳。予行，予知嬾云之心偕予行。予止，予知嬾云之灵魂，亦止于予之左右前后。夜窗然〔燃〕烛，孤影摇壁，予以为嬾云也。呼之咄之，胡若不闻？嘻！予不自知为诞，而平头奴捧酒侍侧，已敛辅窃笑，不可忍俊。

予处此寂寞之境，固尔寂寞，犹可忍也，而邻寓复多扰人之

---

① 国魂报馆:《国魂丛编》,著易堂,清光绪至民国间铅印本,山东大学图书馆藏。

② 另外,樽本照雄的《新编增补清末民初小说目录》(齐鲁书社,2002年),也整理了陈栩的小说创作目录。笔者检阅其中,亦未见此篇小说。

物。村妪唠唠，牧雏哓哓，怪声枭象，虽使塞聪蔽明，不可回避，吁予惫矣。

予百思无可以排解之法，投袂出门，望望然去。时予之身，一若随风之絮，不知自主随之所之。洋场十里，春风风人，马龙车水，瞥过眼帘。惟觉粉白黛绿，口眼悉具，皆为人耳。路旁有瞠目延脖，愕然而木立者，予以为土偶也。予固非仇视春江人也。予以为春江直无人也，非无人也，以予心中目中意中之人固有也。

予心中目中意中之人，惟独有二：一曰才人，一曰美人。才人散天末，美人渺云端。眼前景物，惟有草木。大堤之柳，孤山之梅，不可得见。野草闲花，徒恼人意。一腔孤闷，直蓬蓬郁郁，化为顽石，嵌之胸中，时复作哽。予无奈何，亦惟空唤奈何而已。

送春之夜，灯室作懊，换衣置酒，作饯春词，将以寄嬾云。案头觅纸，得衍波三寸，已先有墨迹，列为上下两排，以为诗也，而孰知不然。其文曰："双红豆斋主、溪西渔隐、苏渔、饭牛、澹庐、东山后裔、冷泉伏民、雁雏、醉蝶，均在座。"咄！此何语也？彼诸人者，饭牛、苏渔、伏民，予固相识。其他，予知名，予未得见颜色，且复散处四方，未必同聚一室。予方谓才人散天末，或者平头奴闻之，故作《诗家一览表》，以助予之《著作林》者，顾予已早刊之，勿问，勿问，且以反面为予橐本。

及反面，予不禁哑然失笑。此衍波三寸，孰知果为诸才人所同致予者。予此时如觉醍醐灌顶，不复有别种思想。休灯扃门，登车去去，南平安金钟儿家。

华灯耀眼，花香刺鼻，玳筵双设，合席而坐，围三匝。内圈主座者，刘君烈臣，贵池人，工诗，诗界中别署曰"柔乡醉蝶"；其旁作雄谈者，为朱方吴红豆，工骈骊，佥以文豪目之。与红豆对坐者，长眉善笑，瘦而短者，状极潇洒，而人呼之曰"牛"，盖余姚戚饭牛，非真牛也。饭牛旁坐者，左为苏台渔隐王冠兰，右为溪西渔隐王恩甫。对坐为奚雁雏、胡剑藩、陈潜庵。独坐者东山后裔谢企石。予忝首座，游目一览，不禁辗然而笑。夫人生乐事，孰有过于此者？予素相望而不可即之诸才人，居然今日为众星之拱，孰谓浮萍之聚，为无因哉？醉蝶曰："然，浮一大白。"

才人天末，而居然倏聚一室。美人云端，又安得招致一堂？而居然绕诸才人之身，亦一匝者，皆美人也。金钟儿极饶温存态度，以较旁座之谢素秋，直有霄壤之判。其余，惟见珠光翠色，闪闪耀目，不复能辨其颜色。其外圈又绕诸美人一匝者，皆菁菁之叶也。弦管齐作，若恐不及。秦腔陕词，哗噪一房。主人停杯，惟事顾盼。众客默坐，侧耳左右，惟红豆、饭牛，尚与予高谈雄谈不止。主人叱曰："止止，罚金谷斗数。"饭牛作牛饮。

吁嗟嘘！予处此，予有所感。含忍既久，不禁发而为声，顾主人与众客曰："予夙谓才人与美人，为由来二十世纪不可多得之尤物，今而知才人犹不比美人也。席中固不少才人，而奈海上竟无美人何？"主人不答，回身笑指，有珊珊而至者，衣缟素，容光照人，望之俨然，居然大家闺秀。团酥作靥，捻脂点唇，一种文秀之气，直可餐以疗饥。主人笑曰："如何？"而顾谓彼妹，指予之侧，令入座。予不禁笑而颔之曰："是乃可儿，我见犹怜，翳胡人斯？"佥曰："南平安赵香玉。"予复端相久之，觉其眉宇间竟无些子风尘态度，酷似予前十年目中之一人，字为绿琴者，而娇小过之。予不禁俯首复有所思，然而心中固思何事？予当时亦并不自知，久而益忘之矣。香玉之生平，予未稔知。主人谓其尝冷冷也。予与香玉，固未素识，无所感情。独以其颜色之娇好，累予枨触。果如艳若桃李，冷若冰霜，予尤爱之甚矣。予好度曲，香玉若知予者。玉笛一声，珠喉百啭，《思凡》一曲，至借问灵山有十万八千之句，抑若情思不胜。予纵灰木，亦不禁蒂三指为之抑扬应节，默许者四。

悲夫！天之妒人，特甚矣哉！予当席屈指而数，凡此所谓才人与美人者，果谁得其真趣哉？好花当前，美酒盈尊，自表面观之，皆熙熙也。然而各人心中或各不免有所事事，即无事事，夫岂果有可足乐者在乎？他人，予或不知。若素识之饭牛、苏渔，夫岂果有可足乐者在乎？其所处郁郁之境，诚与我不少甚异，而徒为落拓之才人，与日月并为销铄。其与风尘中之美人，如香玉者，抑何少异？才人才人，吾愿焚弃笔墨，退为农夫。美人美人，吾愿毁卸容色，求为嫫母，则天之妒人者，亦将已欤。谓予不信，则试觇明日之夕，得亦如今日之良晏会欤？试觇明日之良晏会者，果能卜今日之才人美人，不增灭一人欤？予以嬾云故，为天所妒，致使我日奔走于车尘马足之间。予知忏，予且不及，诸君亦愿共忏之乎？惜今日者，伏民、澹庐，不与斯席。予将作《萍踪偶记》，更以此意质之彼两人者。主人与客皆曰："嘻！蝶仙魔矣。"予曰："嘻！予诚魔矣。"鱼更再跃，三匝围解。我醉欲眠，且去且去。旅窗寂寂，仍寻我梦。如有佳梦，明日之短篇小说，当有可续。

这篇小说近乎实录，它的文献价值，在于为我们展现了丽则吟社文人雅集的场景。丽则吟社是在1908年成立于上海的文社组织[①]，依托《国魂报》，进行征诗、征联、征画活动，其社友曾达千人以上。陈栩是丽则吟社的核心社员，位列"国魂九才子"之一。小说中众文人如双红豆斋主（吴眉孙）、溪西渔隐（王恩甫）、苏渔（王冠兰）、饭牛（戚牧）、澹庐（徐鋆）、东山后裔（谢企石）、冷泉伏民（许伏民）、雁雏（奚囊）、醉蝶（刘立人）等，都是陈栩在社中的好友。此次雅集，地点在"南平安金钟儿家"，同时参与的还有谢素秋、赵香玉以及诸多能歌善舞的女子。宴会之中，弦管齐作，才人喝酒，美人作歌，极具盛况。在此席间，许伏民、徐鋆两位友人未曾前来，陈栩产生了萍踪偶聚之感，于是写下了这篇小说。

三、《南社丛刻》刊误一则

《南社丛刻》是南社的社刊合集，当前有两个影印版本，即江苏广陵古籍刻印社影印的八卷本，以及由汪梦川等编、广陵书社影印出版的十五册本。据笔者考证，《南社丛刻》第九集中存在一处署名错误。

在1918年4月13日的《申报·自由谈》中，有一位自称"饮露餐英室主"者来函质问云："《掐花记月词》中，所刊《洞仙歌》五阕，与南社第九集所刊沈南雅《洞仙歌》五阕雷同，窃念二君均负盛名，断非互相剿

---

① 《国魂报》1908年4月创刊，这标志着丽则吟社的成立。《著作林》第十七期刊有《一粟园丛书》戊申年（1908）书目，收录《萍踪偶记》，可知其创作时间在1908年。

袭，究为何人之作，乞示以释下疑云。”[①]沈南雅即沈宗畸[②]，收函者即时任《自由谈》主笔的陈栩，二人同是南社社员。经笔者查阅，雷同的《洞仙歌》五首如下：

银房寂寞，锁嫩寒如水。不去寻芳耐憔悴。况日长似岁，夜永如年，那禁得、翠袖薰香孤睡。　晚来无气力，薄饮些些，半盏葡萄便沉醉。攲枕悄思量，小梦荒唐，还早被罡风吹坠。才记得分明又模糊，剩一树樱花，想伊柔媚。

湘帘放下，倩孤檠低照。一朵幽花向人笑。者相思滋味，懊恼情怀，怎生地、寄与那边知晓。　归期明日是，小婢搴帏，错问归来恁般早。鹦鹉忒多情，渴了文园，干底事呼将茶到。听窗外风吹雨潇潇，算坐看无聊，不如眠了。

薄衾单枕，向邯郸寻梦。花底回身抱么凤。被庭蕉打雨，帘蒜敲风，蓦惊起、更鼓谯楼声动。　醒来无觅处，床背银屏，返照兰釭嫩红冻。摸索堕钗痕，脂粉余馨，又嵌入愁人心缝。镇展转匡床不成眠，怕挨到天明，归期仍诳。

纱窗淡白，有一莺啼起。百鸟和鸣乱如沸。把银荷熄了，宝蒜匀将，悄思想、那处晓妆成未。　花梢迟日上，一树娇棠，辜负东风尚沉睡。墙角走钿车，一步还差，早门外乌龙先吠。争知道相逢又非他，镇立尽斜阳，樱桃帘底。

银瓶索酒，拚今宵依旧。独醉孤眠再消受。待明朝撤去，隔岁归来，也教你、禁着几番僝僽。　三更人静久，忽地华灯，

---

① 栩园：《词话》，《申报》1918年4月13日，第14版。

② 《栩园诗话》云：“十年前有甘溪瘦腰生刊《宣南看花记》两卷，诗都极佳，余爱其诗而未知其名。丙午，始通信，乃知即沈孝耕，名宗畸，原名宗畴，近号太侔，番禺人，客都中有年，公卿大夫颇重其名。往岁以‘蕊芬词史’适人，故忏情特深。两耳失聪，恒抑郁偃蹇不自适，尝自署名刺曰‘大清国六品冷京官’，见者为之一噱，可想见落拓之概。与潘兰史征君善，尤推许余，以故薄名亦得相与噪于辇下。”（见《著作林》第十二期）甘溪是浙江兰溪的一条河。据此可知沈宗畸祖籍浙江兰溪，寄迹于广东番禺。瘦腰，沈宗畸的别名之一。丙午是光绪三十二年，即1906年。十年前即1896年，当时18岁的陈栩看到了沈宗畸的《宣南看花记》，赞佩不已。他们互通声问是在1906年，中间人是潘兰史。潘兰史，名飞声，广东番禺人，长期寄迹于上海，与陈栩交厚。

簇拥鱼轩转屏后。小婢笑先迎，说道归来，怎挨到者般时候。尚一晌俄延卸严妆，浑不管纱窗，曙光将透。[①]

对此诘问，陈栩回复云：

按南雅系沈太侔君，别署太侔，与仆在十年前往来函札甚密，此词系仆乙巳年旧作，时内子方归宁也，与后列《忆秋娘》四首，即同一事，曾刊于十年前《著作林》杂志中。杨古韫曾和原韵五首，亦刊《著作林》中。其时太侔适刊《国学萃编》，彼此交换所刊，殆太侔尝以此词书之扇头或屏册中，未叙来历，致抄传者误认为太侔之作耳。大抵稍以声价自高者，必不屑自行录稿，寄投杂志乞刊。旁人抄传，因而致误，固不足奇。但细辨之，亦易分别。太侔系粤人，而仆为杭人，第一首押纸置韵，本极宽，而必以“水、悴、睡、醉、坠、媚”为协者，是杭人之方音使然，粤人固必不如是也。[②]

这五首词作刊载于《著作林》第五期《掐花记月词》中。据前所述，早在1905年《掐花记月词》就曾刊行于世，早于《南社丛刻》第一集（1910年）。另外，1914年《游戏杂志》第九期以及《栩园丛稿》均收有该词。杨古韫的和作收录于《著作林》第九期《雨花草堂词选》之中，其词有序云：“丙午（1906）仲秋，舟中阅《掐花记月词》有《洞仙歌》五阕，顽艳无比，因次其韵作《别意》五首。蝶仙（陈栩）词人见之，必谓萧娘虽老，犹是多情也。”这也是有力的旁证。1906年，陈栩即与沈宗畸通信相识，二人交往密切，且均是著涒吟社和丽则吟社的成员，同为“国魂九才子”，享有盛名，因此如回函所说，自矜名声，绝不存在抄袭可能。当时的报刊，存在许多讹误差错的地方。沈宗畸将陈栩的词作书之于扇面，传抄者未能辨识，以致造成署名错误。此外，陈栩还从“以音辨词”的角度进行了解释。综合以上，《南社丛刻》第九集署名沈宗畸的五首词，其

① 《南社丛刻》第九集，江苏广陵古籍刻印社，1996年，第1706—1708页。

② 栩园：《词话》，《申报》1918年4月13日，第14版。

作者应是陈栩。

四、陈栩游日经历考辨

有的学者认为陈栩在1903年左右曾去过日本①。但遍览陈栩作品集，并没有记述游日经历的诗词。经考证，陈栩实际上并没有去过日本。

1902年夏，陈栩作《壬寅夏五东行留别十五章》《余将东行颂花以素纨写梅箑见赠适触所感为书二十八字》。从诗题来看，陈栩确实有东行的打算。其中五首诗云：

骊歌何事不成腔，小鹿心头故故撞。此去若无才可恃，最伤体面在吾邦。

非因留学赋东徂，绝妙名称觚不觚。多谢故人休饯我，糇粮只用马蹄酥。

转瞬秋风去便回，名缰端要缚人来。庭前一树扶疏桂，有个人人盼早开。

东来个个说维新，到底维新赖若人。球面本同为一国，不堪潦倒有庚辛。

我于民物不相关，欧亚东西任往还。料取归来诗箧满，自敲铜钵当刀镮。②

“转瞬秋风去便回”，表明此次前去日本，时间较短，从夏至秋，只停

---

① 张永久在《摩登已成往事——鸳鸯蝴蝶派文人浮世绘》中认为：“（陈栩）早期另一部作品《胡雪岩外传》，完稿后托名为‘大桥式羽’，1903年在日本东京爱美社出版。这一年，陈蝶仙由杭州至沪，曾与四弟陈蓉轩一同游历日本。”（百花文艺出版社，2012年，第51页）。王旭烽在《走读西湖》（修订版）中认为：“据说他还曾东渡日本留学，手头没有详细资料，不知确否。说到东渡日本的可能，一是陈蝶仙的别号中有两个日本名字，一为‘大桥式羽’，另一为‘樱川三郎’。有人以为他之所以取日本式别号，正因为他去过日本，并从日本人学习过化学。另一个可能是1903年，已经是南社社员的陈蝶仙（按：南社成立于1909年，此系作者笔误），以大桥式羽之名，在东京爱美社出版了十二回小说《胡雪岩外传》。”（浙江摄影出版社，2006年，第203页）

② 陈栩：《栩园丛稿》初编卷二，香雪楼本，1930年，第96—97页。

留三四个月的时间。“非因留学赋东徂”“我于民物不相关”，表明不是去日本学习维新思想，他认为“维新”之类，并没有挽救时局，庚子、辛丑年间的国耻证明了这一点。

陈栩此行真正的目的，《游戏报》载庞树松的一篇赠序云：

> 蝶仙去矣，所不与蝶仙而俱去者，蝶仙之心也。蝶仙为浙水名下士。瓜山圣湖间，清灵明淑之气，代有闻人。蝶仙生其地，丁其时，故得其气独厚。年少才美，所著书已不下三十余种。山人读其诗，心仪其为人。去春为浙游，遂得与之订交。末时，与蝶仙及何颂花、华痴石泛舟于明湖。名花侑觞，游鱼笑客。酒既酣，共谭天下事，为之泣数行下。未几，山人游倦归矣。回想前尘，匆匆若有所失。呜呼！胜侣莫常，坠欢鲜拾，予怀遣卷至，亦何以堪耶？昨者忽以书来，述及应禾君聘，行将去国为东瀛之游。并谓生平知己，惟我二人为最。爰索一言，以壮行色。山人不才，重君谆雅，外感时局之变迁，内慨身世之侘傺，渊渊浪浪，曷以宣写！一旦长乐瓦飞，景阳钟堕，乐国何方，使予税驾哉？蝶仙之此行也，他日归来，定当有以慰山人者在。设或有幸，能得踵君以往，并辔游汉，吹箫入秦，假我以时，亦事之所未可知者也。舍弟绮庵曾赋诗一章，以赠其行。犹念庚子之春，永井侍郎之回日本也，山人及海上文社诸君子为诗送之。吾友南亭亭长厘得一集，署曰《淞水骊歌》。彼都士大夫，一时见者，叹为盛事。或有继《淞水骊歌》之盛者乎？山人深望之矣。时光绪辛丑夏五月，病红山人庞树松序。①

该篇赠序发表的时间是1902年7月，与前述陈栩有东行打算的时间基本吻合。但是，该序却写于1901年5月。那么早在1901年的5月，陈栩即有受邀前去日本的打算。绮庵，即庞树柏，同为南社社员，也曾有赠行诗。

“昨者忽以书来，述及应禾君聘，行将去国为东瀛之游”，根据赠序上下文的原意，禾君可以推测为永井禾原。1900年，禾原任满回国，曾有留

① 庞树松：《送陈蝶仙之日本序》，《游戏报》1902年7月7日，第1—2版。

别友人诗四首，而唱和者达37人，得诗156首，后由李伯元汇集为《淞水骊歌》，收入《来青阁集》。庞树松将陈栩东去前的送别情形，与永井禾原东回日本时文人唱和的盛况相比，足见陈栩此行有“以文会友”之意。陈栩诗中有言“此去若无才可恃，最伤体面在吾邦”“料取归来诗箧满”等句，出发前还担心诗才不够，为外人耻笑。

但可惜的是，陈栩没能东去，并未能再现类似《淞水骊歌》的盛况。“别有数首，为壬寅六月将赴东瀛，已领浙抚咨照启行，而复因病不果”[①]，“别有数首”即指《夏日卧病舍下东行以是未果书此解嘲即续前十五首韵》，其一云“云房香霭药炉烟，收拾行囊搁一边。不用愁侬长自病，天教消受此缠绵”[②]，陈栩因生病便搁置东行的决定。

《我生篇》云：“弱弟小三年，气质较柔懦。前岁游扶桑，今年入庠序。”[③]该诗作于乙巳年（1905），前岁即1904年，这个时候陈栩的弟弟陈寿同曾赴日游历。另外，《新疑雨集》收诗《舍弟蓉仙寿同由申奉咨游历日本作长句却寄以当临歧嘱别》：

> 白帆孕西风，送汝东海东。此行亦云壮，中心毋忡忡。夏日无巨浪，地气升于空。前之长崎岛，犹杭来吴淞。船中有细崽，白衣而青瞳。呼茶语不通，示以叫人钟。寒暖须自摄，肴馔伊尚丰……老母近卧床，病中时哝哝。念汝汝不知，将何慰龙钟。归期莫相忘，行见秋树红。

此诗为陈栩赠别之作，充满兄长对赴日游历的弟弟的叮咛嘱咐。出发时“夏日无巨浪”，归期即“行见秋树红”，游历的时间也在夏秋之间。所以，陈栩与四弟不可能同时出发前往日本，否则岂能再写赠诗？

陈栩虽然没能赴日，但对外来的事物充满兴趣。他曾邀请日本人作老师，主动学习化学知识，还先后创办《大观报》、萃利公司、石印局、饱目社和家庭工业社等，发展经济文化事业，可谓“为吾杭灌输欧西文化之

① 天虚我生：《消夏杂忆》，《紫罗兰》1926年第1卷第18期，第3页。

② 陈栩：《栩园丛稿》初编卷二，香雪楼本，1930年，第101页。

③ 陈栩：《栩园丛稿》初编卷三，香雪楼本，1930年，第70—72页。

最先导师”[①]。然而时人看来，陈栩“真成了洋鬼子了，尽把这种怪、力、乱、神的东西搬到我们杭州城里来。”[②]在当时比较封闭的舆论环境下，陈栩能够学习并力推近代科学知识，非常难能可贵。在1918年，他能够发明“蝴蝶牌”牙粉，就绝非偶然之事。

五、结语

围绕陈栩的著述，本文主要分析了《栩园丛稿》复杂的版本系统，兼及作品的辑佚和作者生平经历的考证。在梳理的过程中，许多文献的挖掘借助了“抗日战争与近代中日关系文献数据平台”“瀚堂近代报刊”“全国报刊索引”等数据库。在当时，报刊作为一种新兴媒介，能够迅速地传播作品。大量作家的作品，首先是通过报刊面向公众。《栩园丛稿》的成书，就是收集了部分发表在《著作林》《申报·自由谈》《文艺丛编》等报刊上的作品。再以陈栩的《拱宸桥竹枝词》为例，该书刊刻于清光绪二十六年（1900）。1915年《游戏杂志》第十七、十八期再刊《杭州拱宸桥杂咏一百首》并序云：“《游戏杂志》第十四期刊有长三堂子《即事》三十首，颇与仆曩作《拱宸桥杂咏》相似，爰录旧稿，加以新注，藉供读者一粲。”相比《拱宸桥竹枝词》，《拱宸桥杂咏一百首》多出“新注”部分，如《张大仙坟》一首：“灵迹昭然著水边，孤坟那肯化沧田。虫沙邱貉抛荒尽，独有铮铮张大仙。”“新注”云：“张大仙坟：张道士坟，掘者辄死，遂独留之，且建庙焉，香火极盛，不亚上海红庙。”“新注”的加入，有助于我们体味诗作的意蕴。报刊是研究晚清民国作家的一种重要文献资源。充分利用报刊资源，不仅有益于辑佚的工作，而且通过对勘报刊与单行本的差异，也能得到很多有用的学术信息。

作者通信地址：山东省济南市历城区山东大学中心校区。

责任编辑：吕若萌

① 陈蘧：《先府君年谱》，自修周刊社：《天虚我生纪念刊》，1940年，第2页。

② 陈定山：《春申旧闻续》，海豚出版社，2015年，第275页。

萧一山与《经世日报》

张克清*

摘　要： 萧一山是民国时期著名清史研究专家，是我国清史研究的奠基者之一，他大学时期出版《清代通史》，轰动学术界，逐渐形成经世思想。本文梳理萧一山经世思想的发展过程、创办《经世》系列报刊的实践及其从学术研究到从政的思想转变，考察其创办《经世日报》的过程，分析该报特点以及停办的原因，深化萧一山研究。

关键词： 萧一山；《经世日报》；《经世副刊》

萧一山是民国时期的清史研究专家，在北京大学求学期间出版我国第一部清史专著《清代通史》，轰动学术界，梁启超称“萧子之于史，非直识力精越，乃其技术亦罕见也”①。萧一山作为经世思想的倡导者和践行者，其学术研究具有强烈的现实色彩，他创办的《经世》系列刊物和《经世日报》，正是他经世思想的实践，值得深入研究。

前辈学者对萧一山的史学贡献有专门论述。江地《萧一山传略》介绍了萧一山的生平和主要学术成果②。顾颉刚在评论断代史研究的成绩时指出：“清史的研究，以孟森及萧一山先生的贡献为最大。”③汪效驷《论萧一山的史学成就与特色》较为全面地分析了《清代通史》，认为其学术价值在于搜集整理了太平天国史料和提倡“博”“约”“通”的史学方法论，进而总

*　张克清，男，汉族，国家图书馆副研究馆员，研究方向为图书馆参考咨询。

①　梁启超著、绿林书房辑校：《梁启超书话》，浙江人民出版社，1998年，第95页。

②　江地：《萧一山传略》，《社会科学战线》1987年第2期，第227—233页。

③　顾颉刚：《当代中国史学》，辽宁教育出版社，1998年，第86页。

结出萧一山史学研究的三大特色——文化理想、民族主义、经世之志①。王家范《萧一山与〈清代通史〉》梳理了《清代通史》创作的时代背景，介绍了萧一山学术思想的发展过程、学术交往，并谈及孙中山、梁启超、孟森等人对萧一山写作《清代通史》的影响，为研究者提供了很多有价值的线索②。李先成《萧一山的民族革命史观及其清史研究》梳理了萧一山史学思想中的民族革命史观及其影响下的清史研究③。田园《萧一山研究的学术史回顾与展望》全面梳理了史学界对萧一山生平、代表作及其史学成就、史学方法等方面的研究④。张光华《学人问政——萧一山的政治学理论与实践》一文认为萧一山的政治理论源于他的史学研究和经世思想⑤,《萧一山"经世学"的理论与实践》则梳理了萧一山的经世理论体系和一些实践⑥。这些研究成果以关注萧一山在史学领域的贡献及其思想体系为主，未对其创办的《经世日报》进行深入研究。目前，只有陈婷的博士学位论文《抗战语境下〈经世〉系列报刊的研究》在梳理萧一山等创办的《经世》系列报刊时零星提及《经世日报》，但也未进行专题研究⑦。《经世日报》不仅是萧一山经世思想的实践，还对研究萧一山学术思想以及抗战胜利后北平政治、文化发展有重要意义。有鉴于此，本文通过梳理萧一山经世思想的发展过程，考察他从学术研究到从政的思想变化，分析《经世日报》的特点，深化萧一山研究。

一、研究缘起：不应被忘却的《经世日报》

在中国现代报刊史上，《经世日报》鲜被提起，毕竟它从1946年7月

---

① 汪效驷:《论萧一山的史学成就与特色》,《史学史研究》2005年第1期,第51—55页。

② 王家范:《萧一山与〈清代通史〉》,《历史研究》2006年第2期,第151—170页。

③ 李先成:《萧一山的民族革命史观及其清史研究》,《历史教学问题》1997年第2期,第42—44页。

④ 田园:《萧一山研究的学术史回顾与展望》,《中国史研究动态》2010年第7期,第22—27页。

⑤ 张光华:《学人问政——萧一山的政治学理论与实践》,《阜阳师范学院学报(社会科学版)》2009年第1期,第147—150页。

⑥ 张光华:《萧一山"经世学"的理论与实践》,《史学史研究》2010年第3期,第34—40页。

⑦ 陈婷:《抗战语境下〈经世〉系列报刊的研究》,东北师范大学博士学位论文,2020年。

29日创办至1948年4月25日停办，只延续了不足1年零9个月。尽管延续时间不长，但它颇有影响。著名诗人邵燕祥曾写道："如我常读的《经世日报》副刊上，就有我认为是进步倾向的诗歌。"①邵燕祥少年时经常阅读《经世日报》，他最初创作的诗歌《长短句选录》曾被分三次发表于该报上。《经世日报》每期分四版，内容涵盖国际新闻、国内大事、体育文艺等。它的创办颇具传奇色彩。

一是发行人奇。该报创办者萧一山，被誉为"清史第一人"，他横跨政、学两界，是经世学社的创办者，与蒋介石、李宗仁、陈诚、关麟征、刘季洪等人均有私交，余协中曾称"一山兄一生实为学人而兼政治家"②。

二是背景奇。该报得到当时北平行营主任李宗仁的大力支持，李宗仁不仅担任报社的董事长，还批示道："报社要钱给钱，要纸给纸，要人就调人。"③每有重大消息也率先交《经世日报》报道，使其能"言人所不能言"。

三是编辑、作者团队奇。《经世日报》发刊时，社长是与蒋廷黻齐名的著名学者、外交家张忠绂，他曾任国民党军事委员会参事室参事，后任国民政府驻联合国代表团顾问。此外，该报各栏目的主编，如《文艺周刊》的主编杨振声、《禹贡周刊》的主编顾颉刚、《读书周刊》的主编郑天挺等都是著名学者，沈从文、袁可嘉、冯至、金隄等人也都参与该报的编辑，更有毛子水、汤用彤、胡适、陈垣、陈岱荪、林徽因、余嘉锡、周一良、齐白石、季羡林、穆旦、汪曾祺、吴小如等人为它撰稿，编辑和作者阵容相当豪华。《读书周刊》曾作为副刊于1935年6月在天津《益世报》创刊，后在《经世日报》复刊，先后发表过冯钟芸《读四书笔记》、季羡林《从比较文学的观点上看语言和通话》、任继愈《魏晋人的风度与品格》和《拟古哲人对话》（之一、之二）等大家的作品。

以上三点足以证明《经世日报》的历史虽短，但颇有影响，不应被忘却。

---

① 邵燕祥：《我死过，我幸存，我作证》，作家出版社，2016年，第61页。转引自孙郁：《闲话汪曾祺》，江苏人民出版社，2022年，第110页。

② 余协中：《悼一山兄——五十年关系的追忆》，《萧一山文集》，台北经世书局，1979年，第743页。转引自陈婷：《抗战语境下〈经世〉系列报刊的研究》，东北师范大学博士学位论文，2020年，第39页。

③ 赵蕙蓉：《萧一山与李宗仁的交往》，《民国春秋》1997年第4期，第38页。

二、学术思想体系：萧一山和他的经世之业

萧一山生于清光绪二十八年三月三十日（1902年5月7日），江苏铜山（今徐州市铜山区）人，本名桂森，号非宇，幼年跟随担任乡村塾师的父亲读私塾，打下了坚实的史学基础①。读中学时，萧一山看到国内清代史专著仅有日本学者稻叶君山《清朝全史》的译本，认为是学术界的耻辱，于是立志撰写清代史专著。萧一山1918年考入山西大学预科，开始着手收集清代史料。1920年，萧一山考入北京大学政治系。当时北京大学推行"选科制"，学生只要修满80学分就可以达到毕业标准，其中一半是必修课，一半是选修课。这种选科制度有利于学生培养自身兴趣，开阔学术视野，构建自己的知识结构。得益于北京大学这种自由的学术氛围，萧一山为了深入研究史学，广泛选修各种社会科学类课程，大学四年间，他选修了170学分的课程，超过学校规定两倍有余。他还师从时任北京大学图书馆主任的李大钊学习经济学和历史哲学知识，并邀请李大钊为他的《清代通史》撰写序言②。1922年，北京大学组织内阁大库档案整理会，在著名历史学家朱希祖、孟森的指导下，萧一山参与清代宫廷档案整理，大量阅读、摘录原始档案，为他的清史研究积累了珍贵的一手资料。1923年，《清代通史》上卷完成，引起轰动，梁启超、朱希祖等纷纷为其撰写序言，此时萧一山大学还没毕业。

1924年，萧一山毕业于北京大学，并留校任助教。第二年，在梁启超的推荐下，到清华大学讲授中国通史，1927年，仍回北京大学教书。在研究历史的同时，萧一山认为应该用所学知识为国家培养人才，推动国家、民族发展。1929年，萧一山得张荫梧（国民党陆军上将）支持，创办文史政治学院，从小学到大学连贯培养，以造就高级的社会科学人才，但因经费困难，不久停办。1931年，萧一山赴中央大学任教。蒋介石曾认真阅读过《清代通史》，对蔡元培和傅斯年多次称赞该书"为近数十年来最佳之著作"。得知萧一山到南京任教，蒋介石让中央大学校长朱家骅给萧

---

① 郝文勉：《萧一山》，张放涛主编：《群星灿烂：河南大学名人传》，河南大学出版社，1992年，第229页。

② 王家范：《萧一山与〈清代通史〉》，《历史研究》2006年第2期，第158页。

一山带话。朱家骅对萧说："委员长昨天谈到你，希望和你见面，特书请笺，托我邀你同去晚餐。"①蒋介石有意邀请萧一山从政，然被倾心学术研究的萧一山以无施政经验为由婉拒，便同意资助其出国考察研究。蒋介石在1931年7月19日的日记中记载，当日他邀请萧一山谈论治国之道，十分欣赏他的学术思想。1932年，在蒋介石的资助下，萧一山赴欧美考察两年，先后访问了英、法、德、意、奥、荷等国，并在剑桥从事了一年学术研究工作，收集了大量有关太平天国和天地会的文献，1934年回国后，将其编辑出版，为相关研究做出了巨大贡献。

1935年9月至1938年，在河南大学校长刘季洪的邀请下，萧一山任河南大学文学院院长兼教授。河南大学前身是1912年创办的河南留学欧美预备学校，是当时中国三大留学培训基地之一②，藏书多、设备好，师资力量雄厚。在河南大学任教期间，萧一山创办《经世》半月刊，倡导经世致用思想，宣传抗战救国。他组织范文澜、王捷三、余协中、王希和、杨兆龙、高亨等多名在河南大学任教的知名学者参与《经世》半月刊的创办和运营。《经世》出版后，得到学界认可。《大公报》称："《经世》半月刊系国内一部分专家所主编，其目的在以科学之态度，与创造之精神，讨论发挥经世致用之学。对于各种问题，主张以博大之眼光与冷静之头脑，谋彻底解决之方法，不尚空言，而重建设。"③

进入全面抗战以后，《经世》几经挫折但坚持发行，直到1945年5月15日抗战胜利前，才最终宣布停刊，坚持了8年零4个月，共出版74期，发表文章600余篇。《经世》半月刊社先改称经世社，再改称经世学社，会员曾发展到500多人，在南京、开封、汉口、重庆、成都、西安建有分社。《经世》半月刊在国内的影响很大，在推动抗战救亡运动中起到了很大作用。

《经世》系列刊物取得成功，主要源于以下两点。

---

① 萧一山：《总统蒋公之待人处事的原则》，《萧一山文集》（下册），台北经世书局，1979年，第474页。转引自陈婷：《抗战语境下〈经世〉系列报刊的研究》，东北师范大学博士学位论文，2020年，第43页。

② 另两校是1896年成立的上海南洋公学和1911年成立的清华学校。

③ 《〈经世〉半月刊创刊号十五日出版》，《大公报（天津）》1937年1月18日，第13版。

其一，萧一山与国民党高层关系密切。《经世》的广告不多，靠“私人捐助”，也能维持运转，“私人捐助”者中有方觉慧、李培基、商震等国民党高官，而在国民党机关中任职的经世学社中人，则有王捷三、冀朝鼎、陈逸云、梅汝璈、张忠绂、陈时等。《经世》半月刊在南京总经销处之一的正中书局是陈果夫创办的，隶属国民党中央。

其二，经世思想契合时代需要。经世思想强调专业性，力避立场纷争，不务空谈。在空前的民族危机下，各方都希望听到专业的声音，正如《独立评论》创刊号中所说：“期望各人都根据自己的知识，用公平的态度来研究中国当前的问题……根据事实的批评和讨论，我们把这刊物叫做《独立评论》。因为我们都希望永远保持一点独立的精神，不依傍任何党派，不迷信任何成见，用负责任的言论发表我们个人思考的结果。”①

随着学术研究的深入，萧一山逐渐形成了自己的学术思想体系，其核心就是经世思想。1929年，他在《北平文史政治学院缘起》中批评宋明理学脱离实际、赞扬颜元注重实用学风时，已经表明了他秉持的经世思想②。在《清史大纲》的引论中，他批评清代学者“士子相率钻研于故纸堆中，而考据训诂之小学遂风靡于一世，置明道救世之大学——经世学——而不敢讲，买椟还珠”，指出如果“学术不能利济苍生，使匹夫匹妇受其泽，只为少数人写意寄情的娱乐品”③，将会致使国家文盲遍地，遭受异族欺凌。萧一山继承了曾国藩的“礼学”思想，并将其引申发展为经世学。1937年，萧一山在《经世》半月刊创刊词《经世释义》一文中指出：“中国学术的本源，和儒家学说的真谛，只是‘经世’两个字。引而申之，可谓‘经世致用’之学。”④其核心内容是用学术指导社会，以明道救世。萧一山的经世思想形成于二十世纪二三十年代，当时我国频遭异国入侵，有亡国灭种的危险，因而，该思想具有较强的现实主义精神和救亡图存的时代意义。尤其是抗战时期，经过实践的考验，萧一山的

---

① 《引言》，《独立评论》1932年第1号，第2页。转引自陈婷：《抗战语境下〈经世〉系列报刊的研究》，东北师范大学博士学位论文，2020年，第34页。

② 萧一山：《北平文史政治学院缘起》，《非宇馆文存》卷三，台北文海出版社，1973年，第1—3页。

③ 萧一山：《清史大纲》，上海古籍出版社，2005年，引论第5—6页。

④ 萧一山：《经世释义》，《经世》1937年第1卷第1期，第1页。

经世思想进一步得到深化，不仅对抗战事业产生了积极影响，也为萧一山创办《经世日报》埋下了伏笔[①]。

三、践行学术理想：创办《经世日报》却遭难产

1944年，刘季洪被调到陕西城固，任西北大学校长，萧一山亦随同前往，担任文学院院长。当时，萧一山经同乡方先觉的介绍，与时任汉中行营主任的李宗仁相识。李宗仁当时正在寻求加强与北方文化界知名人士的联系，进而争取他们的支持，因此，他极为重视萧一山。据《李宗仁回忆录》记载，李宗仁出任汉中行营主任后与萧一山关系较密切，“凡有重要集会，他都被邀参加。一次在汉中军分校毕业典礼上经人介绍相识，遂一见如故。嗣后他曾来行营和我长谈竟夕，颇为投契。因此当我需要遴选一位秘书长时，便想到了萧君”[②]。抗战胜利后，李宗仁调任北平行营主任，遂托方先觉邀请萧一山出任秘书长。面对李宗仁的邀请，曾婉拒蒋介石从政邀请的萧一山犹豫不决，担心顾此失彼。当时萧一山的家还在北平，还有大量藏书，此时他也急于返回，但是汉中交通不便，没有火车，汽车也不多见，返回北平希望渺茫。李宗仁理解萧一山的忧虑之处，多次跟他解释并一再邀请他一同返回北平。因此，萧一山与李宗仁约定，在不脱离学术界的前提下，担任李宗仁北平行营的秘书长[③]。

其实，李宗仁坚持礼聘萧一山，是因为按国民党中央的组织章程，北平行营直辖两个战区（第十一、第十二），包括五省（河北、山东、察哈尔、绥远、热河）三市（北平、天津、青岛）。辖区内一切军、政、党的设施俱得听行营主任的命令行事，他的权力不可谓不大，但李宗仁知道，蒋介石不会给他实权，而是“要把我捧得高高在上，负华北全局安危之

---

① 陈其泰、田园：《抗战时期萧一山历史观的跃进》，《人文杂志》2010年第1期，第127—133页。

② 李宗仁口述、唐德刚撰写：《李宗仁回忆录（全二册）》，广西人民出版社，1980年，第854页。

③ 江地：《萧一山传略》，《社会科学战线》1987年第2期，第231页。

责，而无丝毫调兵遣将、控驭下属之权。主官无权，政出多门”①。务实无门，李宗仁转向务虚，试图在学者群体中产生影响力。经萧一山推荐，北平行营大量任用学者为官，如陕人王捷三任行营政务处处长兼华北文法学院院长，西北大学教授王文萱、蓝文澄出任北平行营参议②。每隔两周，李宗仁便与北平学者、教授聚会一次。李宗仁回忆说："会上，我分请他们对政府设施尽量批评与建议，不必隐讳。有些个性褊急的教授如费孝通等，竟乘机对政府痛加指摘，措辞的尖刻严峻，有时竟甚于共产党。他们不明政府内幕，误以为我掌有实权，因此对行营的批评也毫不放松。"③

萧一山回北平后，既在北平行营履行新职，同时还在北京大学任教，与学术界保持密切联系，他谢绝李宗仁给他安排的官邸，仍居住在自己的旧居。这说明他始终以学术研究为重，并未以从政标榜自己。同时，萧一山还设法践行他的经世思想，在李宗仁的支持下创办《经世日报》，试图让经世学社再上一层楼。

《经世日报》本想于1946年5月1日出版，在宣传广告中，该报提出了四大宗旨和两大志愿。四大宗旨是提倡经世学说、发扬民族文化、推进科学运动、建设现代国家，两大志愿是以新闻本位报道消息、以人民立场批评时事。每月报费是法币1800元，订户7折④。后因为调试设备、调整报纸内容等原因，《经世日报》决定暂缓出版⑤。7月29日，《经世日报》正式出版，但因货币贬值太快，售价已涨至每月法币3000元，订户享6折优惠。

四、经世之音终成绝响

在《经世日报》的发刊词中，萧一山提及办报的原因，认为新闻和历

① 李宗仁口述、唐德刚撰写：《李宗仁回忆录（全二册）》，广西人民出版社，1980年，第853—854页。

② 赵蕙蓉：《萧一山与李宗仁的交往》，《民国春秋》1997年第4期，第38页。

③ 李宗仁口述、唐德刚撰写：《李宗仁回忆录（全二册）》，广西人民出版社，1980年，第859页。

④ 《〈经世日报〉五月一日出版》，《大公报（天津）》1946年4月27日，第1张第4版。

⑤ 《〈经世日报〉启事》，《大公报（天津）》1946年5月1日，第1张第1版。

史只有时间性不同，实质都是经纬世事，宣传治理，明德济人，鉴古通今。他指出："经世之学……是我国文化精义之所在。因为我们对于中国文化的看法，是以'中庸之道'和'经世之学'当作它的两大基础。道是一种理则，学必兼乎致用，中庸是执两用中的意思，经世是明道救世的意思。"①萧一山将他的经世理论进一步升华，与传统文化中的中庸理论并立，认为学一定要济世致用。他认为要完成建国大业、改革政教积弊，必须倡导经世学说，培养人才。他回顾了自己创办北平文史政治学院、《经世》系列报刊以及丛书、经世学社等践行经世理论的历程，并提出"以一支秃笔，半张素纸，发最大的愿力，写报国的文章，潜消牛李之怨，散布和平之福，是是非非，善善恶恶，替人民造舆论，为国族争自由，这是我们多年的素志，也是作人治学的道理"②，宣示继续践行经世理论的决心。

《经世日报》的品质很高，市场反响却低于预期。一方面，它错过了抗战刚结束时报业迅猛发展的窗口期，作为后来者，与同类日报相比，亮点不多，不易后来居上；另一方面，该报经营状况堪忧。萧一山不擅长拉广告，运营《经世》时，经营上主要靠私人捐赠。研究指出："《经世》半月刊时期，为数不多的广告就只有后封面的中央储蓄会，从第六期开始的前内封面的中央银行、上海新亚药厂的广告，第二卷第一期有一次金城银行储蓄会广告，正文偶有四分之一版广告如第一卷第八期的五洲药房'人造自来血'广告。总体来看，《经世》承接广告很少，到战时特刊时期，则基本就没有广告。"③

《经世日报》还存在分栏广告少、医药广告多的弊端。如1946年7月29日第1版，31个广告中有18个是"花柳救星"之类；1947年10月9日第2版，16个广告中医药广告多达7个。《经世日报》经常整版无广告，而小医药广告收入低，且容易给报社带来负面影响。

创刊初期，《经世日报》每期4版，头版为启示、广告，二版为国内

---

① 《发刊词》，《经世日报》1946年7月29日，第2版。

② 《发刊词》，《经世日报》1946年7月29日，第2版。

③ 陈婷：《抗战语境下〈经世〉系列报刊的研究》，东北师范大学博士学位论文，2020年，第44页。

重大新闻，三版为国际新闻以及天气、物价等消息，四版为文教体育等内容。《经世日报》创办了众多栏目，其中比较重要的有以下几个。

《文艺周刊》由著名学者、作家杨振声主编，是《经世日报》栏目中影响较大的一个，该栏目的编辑除杨振声外还有沈从文、冯至等人，他们均属“京派”文学代表人物①。《经世日报》被视为“京派”阵地之一，影响力不断攀升。

1947年1月13日，王齐宣主编的《经济周刊》在《经世日报》第3版与读者见面。编者在创刊词中写道：“本刊地位狭小，力量微薄，不敢好高骛远，高谈深远之经济学理；然亦不敢妄自菲薄，以清高自负，愿本国家复兴经济建设之旨，脚踏实地，以大处着眼，从小处做去，在紊乱中求整齐，于郁积中求宣引。”②该栏目从经济名词解释到经济工作事务都有刊登。

1947年4月12日，由黎锦熙主编的《文献》周刊在《经世日报》上创刊。该刊小引中写道：“文献这个词儿，大家记得是孔子说出来的……发刊这个《文献》，所收并不尽像史料的面目，可是必求合于文献的旨趣。有些不进步的民族、不革新的社会，她们的文献也就是等于现实的描写。”③黎锦熙在该刊上发表了《方志今议续》《陕西省洛川县志序》等文章。

1947年5月8日，李郭德洁主编的《妇女》双周刊在《经世日报》上创刊。该刊的创办有三个期望：一是妇女应加强与统一意志，妇女问题和民族国家利害是一致的，“国家的需要即是妇女们的需要，国家的损失即是妇女的损失……只有意志的统一后，集团的力量才能加强，然后才能达到共同的目标。……妇女们必须亲切地拉起手，齐一步伐共同前进”；二是研讨妇女问题，“大之如参加建国事业问题，其次如妇女本身的职业及生活问题、妇女教育问题、社会风气问题，凡此种种都希望能有正确与有效的解答”；三是希望学术研究能够普遍化，使妇女们具备常识，能够进

---

① “京派”是周作人开创的现代文学流派，主张“为人生而艺术”，与“为艺术而艺术”“为革命而艺术”鼎足而三。

② 《创刊词》，《经世日报》1947年1月13日，第3版。

③ 《小引》，《经世日报》1947年4月12日，第3版。

一步从事精深的研究[①]。

1947年12月5日，由徐悲鸿题写刊名、刘铁华主编的《艺术》周刊创刊，当期刊有徐悲鸿的作品《马》和叶浅予的作品《贵州木市》。

除上述副刊外，《经世日报》先后办有《科学周刊》、《国民教育》双月刊、《戏剧与电影》周刊、《学习与生活》周刊等诸多副刊，但都相继停刊，唯有《经世副刊》从始至终伴随着《经世日报》。这与《经世副刊》录用稿件的要求比较严格有关，它要求内容充实、文字通俗，能提高读者的兴趣，反对低级趣味。《经世副刊》除了刊载文章外，还刊载诗歌、漫画等内容。

1947年冬，李宗仁决心参加副总统竞选，并于1948年3月22日带队飞往南京。北平行营撤销，萧一山不再担任秘书长，《经世日报》的经费供给因此中断。1948年4月25日，《经世日报》发行最后一期，其中刊发的启事宣称少数工友因待遇问题请假，致一时无法赶排，故而停刊。1948年冬，北平和平解放前夕，萧一山携家眷赴台。1948年12月30日，邓拓下令北平市委政策研究室接管多处“敌人机关”，景山后街16号的经世学社排在第六[②]。

除经费问题外，《经世日报》停刊还有其他原因。一是抗战胜利后，国民党加强了对新闻宣传媒介的控制，压缩报纸的生存空间，如1947年《文汇报》因刊登进步文章被停刊。二是国民党内部倾轧，且对新闻媒介的控制又加剧了这种内部倾轧。1946年5月29日，北平封闭了《解放》等77家报纸、杂志和通讯社，理由是这些媒体单位不遵守管理规定，边呈请边发行，此举被称为“文化大扫荡”。此后，甚至国民党党员办的《中华民报》，也因派系倾轧被禁5个月。三是社会环境发生了变化，抗战胜利后，民心思定，而国民党挑起内战，实行严格的新闻管控，激起全国人民的反对，作为桂系媒体代表的《经世日报》，即使秉持所谓“散布和平”的宗旨，也改变不了停办的命运。

---

① 《发刊词》，《经世日报》1947年5月8日，第3版。

② 邓拓：《邓拓关于中共北平市委政策研究室参加接管工作计划给叶剑英的信（一九四八年十二月三十日）》附件《市委政策研究室参加接管工作的计划》，北京市档案馆编：《北平解放》上卷，中国文史出版社，2017年，第27页。

五、结语

《经世日报》的持续时间不长，运营过程也历经波折，但其短暂的生命却反映了萧一山及同辈学人的文化追求与社会责任感。在萧一山的引领下，这份报纸不仅承载着深厚的学术底蕴，更体现了一种对国家未来的深切关怀与思考。

作者通信地址：北京市海淀区中关村南大街33号中国国家图书馆。

责任编辑：吕若萌

摄影图片的说谎术：民国时期儿童用品广告造假现象探析

——以《良友》画报的“婴孩自己药片”广告为例*

陈　莹**

摘　要：作为我国最早的综合性摄影画报之一，民国时期的《良友》画报（1926—1945）刊登了大量的儿童用品广告，其中包括不少儿童用品摄影广告。在这些广告中，韦廉士医生药局的“婴孩自己药片”广告出现最早，广告策略独树一帜。该广告利用摄影术“构成现实”的特性，刊登家长寄来的感谢信函与儿童肖像照片，使产品具有不可置疑的公信力。20世纪30年代，为应对南京国民政府卫生部颁布的《管理成药规则》与《医学周刊集》发起的针对广告骗术的调查，韦廉士医生药局改变广告策略，以抽象的绘图替代照片，大幅减少刊登家长感谢信函，使得其“圣药”光环大为削减。

关键词：医药广告；广告造假；《良友》画报；“婴孩自己药片”；摄影图片

二十世纪二三十年代，上海的城市商业发展迅速，商家们为了争夺市场、吸引消费者，展开激烈的商业角逐。近代报刊业的发展促使广告行业兴起，商业广告成为商家竞争的重要手段。商家纷纷斥资投放广告，大肆

---

*　本文系国家社科基金青年项目“中国国民党意识形态建构视域下的民国时期儿童电影研究（1918—1949）”（项目编号：21CZS047）的阶段性成果。

**　陈莹，女，汉族，博士，中共福建省委党校社会与文化学教研部副教授，同济大学艺术与传媒学院访问学者（2023—2024）。

宣传商品以吸引消费者，广告亦成为报刊经营的重要收入来源之一。传统的报刊广告，一般是文字与绘画两种，但自摄影术发展、照相制版技术成熟以来，摄影图片成为广告的新型表现方式，画报的风行更为商家展现商品形象提供了便利。

《良友》画报是我国最早的大型综合性摄影画报之一，是研究民国时期上海都市文化的代表性文献。该画报自创刊起，便创设儿童专栏，刊载儿童照片，并刊登大量儿童用品广告，韦廉士医生药局的“婴孩自己药片”广告便是其中的代表。本文立足于民国时期儿童用品产业兴起及上海地区报刊的商业竞争，以“婴孩自己药片”广告为例，探究商家如何利用“构成现实”的摄影技术炮制广告，迎合受众心理以开展商品营销，而广告骗术被揭露又如何影响商品广告的呈现方式，进而揭示媒介技艺与社会文化现象间复杂的互动关系。

目前，学界针对医药广告的研究成果颇丰，从企业家的商业经营活动、消费文化的建构、“卫生”和“摩登”等现代观念的传播、女性形象塑造、跨文化翻译及广告造假现象等多个角度展开探讨[①]。然而，现有的研究大多针对成人医药广告，鲜少论及民国时期盛行的儿童医药广告。此

---

① 目前关于晚清民国时期医药广告的研究，可参见Sherman Cochran，“Marketing Medicine and Advertising Dreams in China，1900−1950”，in Ych，Wcn−hsin ed，*Becoming Chinese: Passages to Modernity and Beyond*，Berkeley: University Of California Press，2000，pp.62−97；张仲民：《补脑的政治学：“艾罗补脑汁”与晚清消费文化的建构》，《学术月刊》2011年第9期；Juanjuan Peng，“Selling a Healthy Lifestyle in Late Qing Tianjin: Commercial Advertisements for Weisheng Products in the Dagong Bao，1902−1911”，*International Journal of Asian Studies*，Vol. 9，no. 2(2012)，pp.211−230；Tani Barlow，“Buying in: Advertising and the Sexy Modern Girl Icon in Shanghai in the 1920s and 1930s”，in Alsy Eve Weinbaum，et al.，eds.，*The Modern Girl Around the World: Consumption，Modernity，and Globalization*，Durham: Duke University Press，2008，pp. 288−316；Emily Baum，“Health by the Bottle: The Dr. Williams' Medicine Company and the Commodification of Well−being in Liangyou”，in Paul Pickowicz，Kuiyi Shen，and Yingjin Zhang，eds.，*Liangyou，Kaleidoscopic Modernity and the Shanghai Global Metropolis，1926-1945*，Leiden: Brill，2013，pp.71−94；吴方正：《二十世纪初中国医疗广告图像与身体描绘》，《艺术学研究》2009年第4期；黄克武：《广告与跨国文化翻译：20世纪初期〈申报〉医药广告的再思考》，王宏志主编：《翻译史研究》，复旦大学出版社，2012年，第130—154页；张仲民：《晚清上海药商的广告造假现象探析》，《“中央研究院”近代史研究所集刊》2014年第85期。

外，虽然不少研究关注到医药广告的呈现样式，但是大多集中在传统图画广告，对摄影广告关注较少[①]。至于媒介技术对消费心理的影响、广告呈现方式的变化及背后的社会文化动因等议题，在当前研究中较少体现。有鉴于此，本文聚焦民国时期《良友》画报刊载的“婴孩自己药片”广告，探讨摄影图片于“构成现实”效果之外的“说谎术”与广告呈现样式的变化过程及相关的社会文化现象，希望从以上几点进行突破。

一、在商业领域发现“儿童”:《良友》画报的儿童用品广告

“儿童”是人类进入现代社会以来，出于对人、个性、自我的尊重与解放，所创造出的一个概念，是被文化所建构出来的意识形态[②]。它产生于17世纪的西方社会，在中国，直至晚清时期才得到重视，与国人救亡图存与建立民族国家的努力相伴而生。

随着民国社会对儿童的普遍关注，儿童用品大量涌现，被时人认为具有“影响于儿童终身幸福，间接影响于我国整个民族的复兴、社会的进步、国家的强盛”[③]的社会价值。在强调儿童个体权利、关爱儿童生活的社会风气中，儿童用品广告自然成为当时商业广告的重要组成部分，以《申报》《良友》为代表的上海知名报刊几乎每期都刊登各类儿童用品广告，服饰、食品、保健品、文具等一应俱全。

以《申报》为例，根据刘媛的研究，《申报》刊登的儿童用品广告数量多、种类广，不论是商品信息、商品生产地，还是广告展现的儿童形象，都传达并塑造着理想的西方生活方式[④]。除了儿童保健品牌“鹧鸪菜”

---

① 参见张哲嘉:《〈妇女杂志〉中的药品广告图像》,王淑民、罗维前主编:《形象中医:中医历史图像研究》,人民卫生出版社,2007年,第111—116页;吴方正:《二十世纪初中国医疗广告图像与身体描绘》,《艺术学研究》2009年第4期。前者梳理《妇女杂志》上日本中将汤、德国阿司匹林、美国红色补丸三种药品广告,后者从接受史的角度,考察1905年4月起《申报》登载的“长命洋行的卫生电带”广告图像的传播现象及社会文化背景。

② 朱自强:《“儿童的发现”:周氏兄弟思想与文学的现代性》,《中国文学研究》2010年第1期。

③ 邵鸣九:《今日之儿童用品与玩具》,中国儿童文化协会编:《今日之儿童》,生活书店,1936年,第216—217页。

④ 刘媛:《1927—1937年〈申报〉儿童用品广告与上海儿童日常生活的建构》,《学前教育研究》2013年第1期。

采用儿童照片作宣传，《申报》的儿童用品广告均以纯文字或文字加绘画的样式出现，同其他成人导向的广告信息一起混杂于广告版面，整体呈现单一的黑白版式。相比之下，《良友》画报的儿童用品广告样式更为丰富，这与画报的自身定位密切相关。

《良友》画报创刊于上海，开国内影写版摄影画报之先河，其刊载的摄影图片涵盖都市生活、时事要闻、影坛资讯等多种主题。画报以“普及教育，发扬文化”为自身使命，希冀“以出版业保国育民，以印刷业富国强民”①，它用图像代替文字反映社会变迁，记录历史发展。画报曾登载告示招揽广告商，自认为《良友》具有信用卓著、销数最大、印刷精美、散布普遍、价值长久、收效极宏、定价公允的优点，“本报销路三万五千份，平均每册有五人看读，每期读者有十七万余人”②，以如此庞大的阅读量，商品拓宽销路自不必发愁。从画报的定位与不菲售价来看，《良友》画报是一份以中上层市民为最大受众群体的刊物。因受欧美画报创设儿童专栏、创刊者伍联德早年曾供职于儿童类画报的影响，《良友》画报格外关注儿童图像，自创刊起，画报就开辟“儿童乐园”等儿童专栏，登载儿童摄影图片。画报刊登的儿童形象绝大多数是符合上海都市想象的摩登儿童，现实生活中的流浪儿童、农村儿童极少出现。

《良友》画报的创刊旨趣、受众定位与审美偏好都影响了其刊登的儿童用品广告。据笔者统计，画报共刊登32种儿童用品广告，包括药品（14种）、日用品（8种）、食品（7种）、保健品（3种）。大部分广告仍沿用传统的文字与绘画样式，只有屈臣氏公司、牛栏牌肥儿代乳粉、司各脱乳白鳖鱼肝油、鹧鸪菜与韦廉士医生药局等少数商家刊登摄影广告。这些商家的特点在于都经营儿童奶粉、保健品、药品等，关注儿童的身体发育与健康状况，比如，鹧鸪菜宣称“包治儿童百病”，司各脱乳白鳖鱼肝油标榜“强身健体唯一补品”③。他们长期在画报上登载广告，药品的发行地遍布全

① 伍联德：《为良友发言》，《良友》1928年第25期，第7页。

② 《登广告于良友报得收奇效》，《良友》1930年第52期，第4页。

③ 据统计，《申报》儿童用品广告中，药品、保健品与奶粉类占到广告份额的50%。参见刘媛：《1927—1937年〈申报〉儿童用品广告与上海儿童日常生活的建构》，《学前教育研究》2013年第1期，第10页。

国乃至海外，这说明儿童养育得到商家与媒体的强烈关注。实际上，自晚清以来，身心稚弱、具有发展潜能的儿童被时人寄予强国保种的厚望，进入民国以后，上海高度发达的商品经济、激烈的社会竞争与科学育儿知识的传播，导致儿童养育观念转变，《良友》的儿童用品广告传达的正是社会中上阶层对于儿童身体素质的重视与焦虑。与之相关的是，儿童健康比赛自民国初年由基督教女青年会引入中国，经过奶粉商家的宣传，中华慈幼协会与国民政府的联合推广，逐渐风行于全国，并最终从社会中上阶层扩展到下层劳动阶级①。

其次，《良友》的儿童摄影广告很少呈现商品实物，而是以健康活泼的孩童作为传播重点。一方面，此举体现了商家看中摄影广告的纪实特性，着力于展现产品对儿童的功效；另一方面，《良友》画报注重介绍摄影知识，传播美感教育，恰如其儿童专栏登载的儿童照片一样，儿童用品广告也力图展现摄影技术的艺术价值，天真可爱的儿童姿态能够吸引更多读者，尤其是女性读者的目光，从而达到推销商品的目的。

在诸多儿童用品商家中，韦廉士医生药局不仅是最早在《良友》画报刊登摄影广告的商家，而且它设计的广告别出心裁，利用摄影术“构成现实”的特性，登载病愈儿童的照片，并附上家长寄来的感谢信函，文字与图像紧密配合，有力地增强了药品广告的可信度。然而事实证明，摄影术毋庸置疑的写实特性恰好给广告骗术以可乘之机，这让人们需要对媒介技术进行更深的反思。

二、现实还是幻术？韦廉士医生药局“婴孩自己药片”摄影广告

韦廉士医生药局是民国时期知名的药品公司，主要经营“去病强身无分男女”的红色补丸与为小儿特制的肠胃专药，此外还有治疗皮肤病的如意膏、治疗咳嗽伤风症状的韦廉士吸入止咳片与缓解疼痛的纽禄丰止痛片等，该药局的远东总发行处设在上海江西路60号。翻阅170期《良

---

① 卢淑樱：《科学、健康与母职：民国时期的儿童健康比赛（1919—1937）》，《华南师范大学学报（社会科学版）》2012年第5期。

友》画报，韦廉士医生药局一共刊登过20期“婴孩自己药片”广告，其中有9则广告采用摄影图片。最早的一则摄影广告《在南昌有伶俐之小孩》刊登在画报第3期（见图1），图片中两位小孩是“章敬恒君男女公子”，“曾患热症，服用婴孩自己药片得获治愈”[①]。照片应拍摄于照相馆，一高一矮两个孩子面对镜头站立。第5期的《观此小孩》（见图2）广告里，儿童的视觉形象更为生动，可爱的婴孩端坐在摇椅里，目光微抬，望向镜头外部，广告文字称：“此系北京肥美活泼之婴孩，曾患痰厥惊风，瘦弱非常，现已康壮安乐，乃是多数由婴孩自己药片得庆更生者之一份子也。”[②]

图1　韦廉士医生药局“婴孩自己药片”广告《在南昌有伶俐之小孩》（1926）

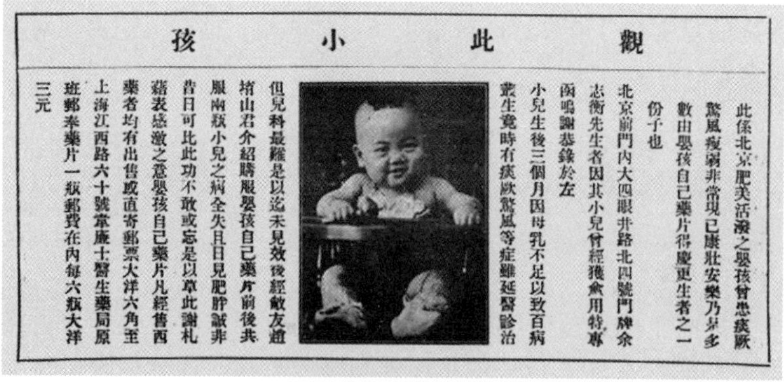

图2　韦廉士医生药局“婴孩自己药片”广告《观此小孩》（1926）

---

① 《在南昌有伶俐之小孩》，《良友》1926年第3期，第15页。原文无标点，断句为笔者所加，以下皆同。

② 《观此小孩》，《良友》1926年第5期，第21页。

“婴孩自己药片”广告的基本叙事方式是，家长以友好、亲切的口吻讲述儿童突患疾病，家长寻医问药未果，购得“婴孩自己药片”才除去病痛的故事，并附上婴孩照片表示谢意。广告布局上，儿童的照片居中摆放，四周环绕家长信函，文末附上商品购买方式。值得注意的是，广告中写明家长的姓名、居住地址，孩童的年龄、性别与名字，根据这些信息可以看出，患者遍布国内外，儿童年龄大约在两个月至九岁不等，信息言之凿凿，颇具说服力。

有论者认为，韦廉士医生药局广告策略的高明之处，在于不同于一贯图多文少的广告资讯，这些广告与《良友》刊登的新闻报道区别不大[①]。仔细观察这9幅广告，它们与画报的文字报道放置在同一版面，比如第5期《观此小孩》与《喷饭录》《国语字母给西洋字母的一封信》并置于一版，第6期《婴孩自己药片之奇效》广告旁是《英国最近之罢工大风潮》的报道，令读者不会产生阅读广告时先入为主的消极印象。其次，广告标题用陈述的口吻描述“客观”现象或问题，读者很难察觉报道之广告特性，内容夹杂家长谢函、药品奇效及购买方式，读来像是编者为解决婴孩病痛提供的友善建议。再次，广告强调儿童经历病痛后恢复健康活泼的状态，文中健康儿童的照片有效佐证了广告的说辞，“肥美活泼”“活泼喜乐”“康壮逾昔”等字样更增强了药品有神效的印象。最后，有些广告引用医生的来函，比如第7期列举四川万县（今重庆市万州区）红十字会第三医院“西医长”曹蓝田先生的例子，说明“中国各处医士开方，用婴孩自己药片，治愈其小孩病人者甚为众多，盖彼等亲自阅历，确知此药片之奇功，对于婴孩稚嫩体质，甚为和平”[②]。在第57期药品广告中，时任江苏省会公安局医官的曲修五医师大力赞扬红色补丸与“婴孩自己药片”的疗效好，自己经常使用，能够治愈多种儿童常见

---

① Emily Baum, “Health by the Bottle: The Dr. Williams' Medicine Company and the Commodification of Well-being in Liangyou”, in Paul Pickowicz, Kuiyi Shen, and Yingjin Zhang, eds., *Liangyou, Kaleidoscopic Modernity and the Shanghai Global Metropolis, 1926-1945*, Leiden: Brill, 2013, p.80.

② 《婴孩自己药片治愈彼之两位公子》,《良友》1926年第7期,第8页。

疾病，广告语环绕着医生的单人照片。广告还特意附加一则“特别警告”，提醒读者不要相信市面流传的红药丸“价贱而效相同”的谣言，下附手写体字迹说明“证据之确无过于资深望重之医界嘉评”[①]。明显地，来自具有专业医学背景的医生提供的证词及医生肖像照片，为韦廉士医生药局的广告增强了说服力。

比较而言，其他儿童用品摄影广告大多采用固定的儿童图像，比如强调最适宜儿童服用的司各脱乳白鳘鱼肝油，曾在《良友》画报上刊登过三组不同的、展现儿童日常形象的摄影广告（见图3）[②]，但与产品信息关联不大。还有的商家，如牛栏牌肥儿代乳粉广告（见图4），虽然明确表述“左图之婴儿，强壮、活泼、快乐，何等可爱，此为采用牛栏牌肥儿代乳粉之优美效果”[③]，但并未交代儿童的名字及住址。所以，儿童照片在这些广告里只是点缀而非确切的证据，读者能够轻易辨识广告场景与现实生活的区别。屈臣氏疳积花塔饼广告还采用一幅外国女孩的照片（见图5）[④]，配合产品行销中国及南洋各地。虽然屈臣氏广告契合《良友》画报追摹西方生活方式的出版导向，但相较于韦廉士医生药局广告刊登国内治愈儿童形象、援引家长证明信函的做法[⑤]，屈臣氏公司此举脱离中国社会的情境，反而降低了产品对普通读者的吸引力。

① 《曲修五医师介绍韦廉士红色补丸及婴孩自己药片与其病家》，《良友》1931年第57期，第36页。

② 从左至右分别是：《司各脱乳白鳘鱼肝油》，《良友》1935年第110期，第33页，此广告还出现在第113期；《小朋友说：司各脱乳白鳘鱼肝油是我们最爱吃的》，《良友》1935年第111期，第37页，此广告还出现在第113期；《司各脱乳白鳘鱼肝油》，《良友》1937年第126期，第47页，此广告还出现在第124期。

③ 《牛栏牌肥儿代乳粉》，《良友》1937年第130期，第55页。

④ 《屈臣氏疳积花塔饼》，《良友》1940年第161期，第33页，此广告还刊登在165期。

⑤ 包括韦廉士医生药局在内的国外成药公司的药品广告，在宣传中运用中国本地的习俗或语言，相关研究参见张哲嘉：《〈妇女杂志〉中的药品广告图像》，王淑民、罗维前主编：《形象中医：中医历史图像研究》，人民卫生出版社，2007年，第114—116页。

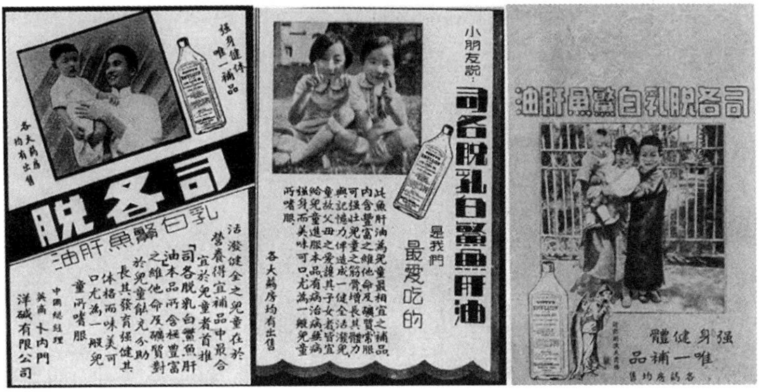

图3 司各脱乳白鳖鱼肝油广告三则

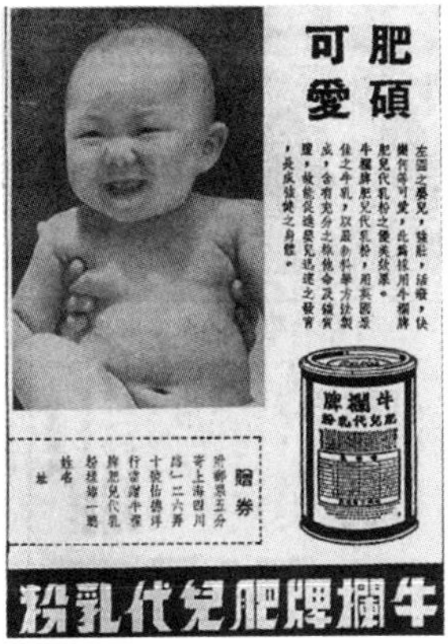

图4 牛栏牌肥儿代乳粉广告（1937）

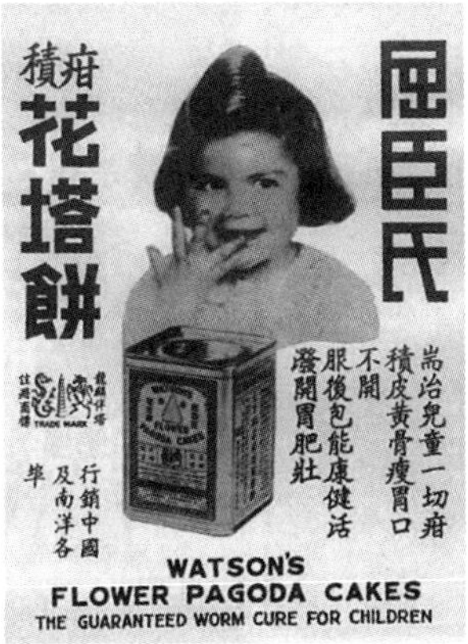

图5 屈臣氏疳积花塔饼广告（1940）

事实上，韦廉士医生药局广告与画报儿童专栏呈现极为相似的布局方式，符合读者对刊物的惯常印象与阅读心理。《良友》画报儿童专栏刊登的儿童照片，通常来源于家长投稿、照相馆收集与记者拍摄，一般会写明家长的名字、职业与居住地，儿童的年龄、性别及学籍信息。家长不是声名在外的社会名流，便是医生、银行从业者、教师等社会中上阶层，图中儿童的穿着打扮、衣食住行亦极力展现摩登样貌。摩登儿童与画报刊载的时尚女性、军政界人士一样，是构成民国都市现代性的组成部分。而购买“婴孩自己药片”的家长同样来自社会中上阶层，他们有经济能力购买西药，相信西药背后的科学话语，还能够摒弃摄影术“摄人魂魄”的陈旧观念，乐于展现自己孩子的照片，鼓励更多父母在竞争激烈的现代社会里关注并投资儿童健康。所以，“婴孩自己药片”摄影广告迎合了《良友》画报读者的审美需求与消费意识，对他们有更强的说服力。

同时，《良友》画报自身的信誉对韦廉士医生药局获取读者的信任有很大影响。根据画报第三任主编马国亮的回忆，《良友》画报刊登广告的数量不算多，既因为当时工商界对利用传媒推销产品的认识远不如今日，而且《良友》对刊登广告有严格的筛选标准，既不能虚假、名不副实，又应当内容健康、男女老幼咸宜，考虑到读者的利益，篇幅上不宜太大，否则编辑部有权拒绝刊登①。从画报的“广告刊例”来看，只有具有一定经营规模与实力的商业公司，才能够付得起高昂的广告费②。所以，韦廉士医生药局能够登上《良友》画报，说明其经济实力与商品信誉都获得了《良友》画报的肯定，才能进一步赢得读者的信赖。事实上，自1908年在上海开设商店以来，韦廉士医生药局很快成为中国东部地区最大的专利药品制造商，直到20世纪50年代初，其产品“红药丸”才从上海消失③。

因此，韦廉士医生药局采用摄影图片，登载包含家长与儿童个人信息的谢函，以具象的形式呈现药品消费者的社会身份，利用摄影图片构成现实的功能，以此增强广告的可信度。此外，《良友》画报广告的排版形式模糊了药品广告与新闻报道的界限，布局接近画报的儿童专栏，进一步缩短了药品消费者与画报读者的距离。而且，画报严格的广告准入标准与昂贵的广告费用，亦为韦廉士医生药局起到担保作用，吸引社会中上阶层的读者购买。

---

① 马国亮：《良友忆旧：一家画报与一个时代》，生活·读书·新知三联书店，2002年，第118—119页。

② “良友画报广告全面收费为国币三百六十元（平均每本不到一分），如登最小地位八分之一面收费不过国币六十元（平均每一分五厘可登十本）。”参见《良友图书杂志广告刊例》，《良友》1937年第126期，封底页。文后附有详细价目表。

③ Emily Baum, “Health by the Bottle: The Dr. Williams' Medicine Company and the Commodification of Well-being in Liangyou”, in Paul Pickowicz, Kuiyi Shen, and Yingjin Zhang, eds., *Liangyou, Kaleidoscopic Modernity and the Shanghai Global Metropolis, 1926-1945*, Leiden: Brill, 2013, p.72.

三、摄影图像的生与死：药品监管与行业监督作用下的韦廉士医生药局广告

然而，摄影广告宣称的真实性很快受到了政府相关法规的限制。1930年4月，南京国民政府卫生部颁布了《管理成药规则》，以应对医药广告泛滥且可信度低的问题。其中第十一条规定，成药之广告不得有“虚伪夸张及以他人名义保证效能，使人易生误解之记载”[①]，还不得有涉及猥亵或壮阳种子之文字及图画，不得暗示医疗之无效或含有讥谤医者之词意等，如果违反此条，处二百元以下之罚锾。同年6月国民政府卫生部发布《布告管理成药规则》，卫生部的训令谈到推行该规则的原因，一是应对少数奸商牟利的行为，“凭虚伪夸诞之广告，为推广销售之工具，甚称一药可以兼疗百病，诱人购服”，延误病人治疗；二是弥补了先前政府在成药管理方面的疏忽，“从前政府对于此项成药，向无专则管理，又无合法化验，故其制法是否适宜，原料是否精良，以及广告仿单有无夸诞之弊，均属无从考核，殊非慎重民命之道”[②]。

同时，韦廉士医生药局的广告自身也渐渐引发读者的怀疑。《良友》的一些读者抱怨他们的姓名和地址未经允许被刊登在韦廉士医生药局广告上，对此，《医学周刊集》发起了针对“韦廉士红色药丸”的调查，号召读者详述他们的亲身经历[③]。署名张国华的读者来信说，他接到调查韦廉士红色补丸证明书的消息，自己感到非常奇怪，“（从医以来）因鄙人并未出红色补丸有医人肾病特效之证明。至于小像一节，鄙人亦未赠其像片，想系其在华北卖药之人来双时，在双城照像馆自已花钱所洗者，故捏造此假证明如铁证焉”。《医学周刊集》接着评论道，“近来稍有声价的报纸已经不见有韦廉士红色补丸的广告了”，并相信随着中国新闻界的进步，借刊登广告以骗钱欺人的秘制药会自动被取缔，希望读者能够帮助他

① 《卫生消息：布告管理成药规则》，《首都市政公报》1930年第61期，“纪事”第15页。

② 《卫生消息：布告管理成药规则》，《首都市政公报》1930年第61期，“纪事”第13页。

③ Emily Baum, “Health by the Bottle: The Dr. Williams' Medicine Company and the Commodification of Well-being in Liangyou”, in Paul Pickowicz, Kuiyi Shen, and Yingjin Zhang, eds., *Liangyou, Kaleidoscopic Modernity and the Shanghai Global Metropolis, 1926-1945*, Leiden: Brill, 2013, p.86.

们揭露骗术[①]。

早在1929年，《医学周刊集》就曾披露秘制药证明书及宣传广告的骗局。在“照妖镜”一栏所刊文章中，有作者认为不论是药商投资广告宣传，还是作证病人受广告暗示，都足以说明证明书没有价值，他特别提到，实地调查可揭露证明书骗局。根据该刊对1927年8月到9月登载于北京《世界日报》韦廉士红色补丸广告的调查，其当事人石姓医生说其从未向韦廉士医生药局提供任何证明书：“径复者，余以公私猬集，对于各种报章向少浏览，因而韦廉士公司假余名张扬之举，余竟未曾觉察，实深抱歉。兹奉大函，业已与该公司直接交涉。俟有结果，必再奉闻。”[②]

实际上，这种利用购买者照片及自述宣扬产品效果的广告，以及其中可能隐藏的广告骗术，并非韦廉士医生药局首创。有论者指出，1900年以后，上海报纸广告开始刊发照片，“当时的广告照片基本为人物头像，声称是该广告产品的用户，效果极佳云云……其意在于强调本产品的效用是真实、有案可查的”[③]。晚清社会谴责小说《新上海》曾批判利用照片进行欺诈的广告骗术：“照片、信封都是真的，不过照片并不是登报这人的姓名，信封并不是寄给他们的……好在他只要这几个图章，用剪子轻轻地剪下，把薄浆糊糊裱好了，开过一个信面，叫照相馆一照，再刊上了铜版，哪个知道他是假的？”[④]

在卫生部药品监管与医药行业监督的双重压力下，《良友》画报分别在第58期、第59期、第61期和第63期的“婴孩自己药片”广告里，使用图画取代照片，并大幅减少刊登家长的感谢信函。比如，第58期广告（见图6）以三则连续漫画描绘夜晚时家中儿童突发疾病，丈夫外出购药却未果的危急处境，提醒父母应在家中提前准备“婴孩自己药片”。正如广告

① 张国华：《韦廉士红色补丸证明书之黑幕》，《医学周刊集》1931年第4卷，第302页。

② 猷先：《照妖镜：三、秘制药之证明书》，《医学周刊集》1929年第2卷，第265页。

③ 葛涛、石冬旭：《具像的历史：照相与清末民初上海社会生活》，上海辞书出版社，2011年，第43页。

④ 陆士谔著，章全标点：《新上海》，上海古籍出版社，1997年，第214页。转引自张仲民：《晚清上海药商的广告造假现象探析》，《“中央研究院”近代史研究所集刊》2014年第85期，第212—213页。

副标题所言，“请即购备一瓶，今天忘记今晚或将后悔”[①]。

图6 韦廉士医生药局“婴孩自己药片”广告《常备婴孩自己药片以防不测》（1931）

又比如，画报第59期的广告（见图7）[②]，文内保留了家长寄来的信函，感谢药片治愈患病小儿，使得孩子身体活泼强壮、能与其他儿童游玩。但由于画面并非特指信里的小孩，不似儿童摄影图片有“构成现实”的功效，广告的说服力相对受限。有趣的是，上述四期广告都展示了“婴孩自己药片”的产品标识，上有英文字样“baby's own tablets”与中文“婴己”字样，文字下方还绘有两个婴儿头像。

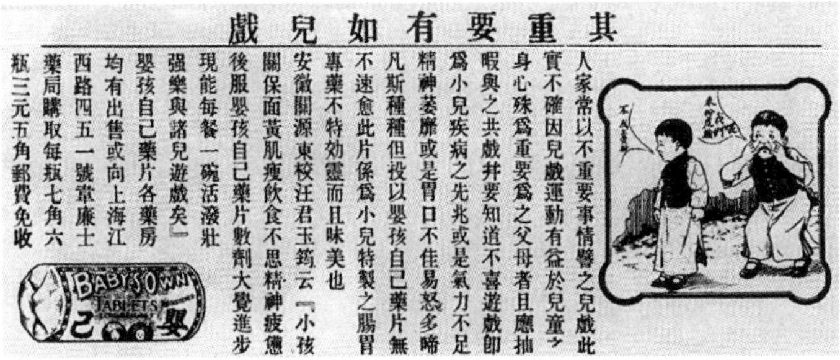

图7 韦廉士医生药局“婴孩自己药片”广告《其重要有如儿戏》（1931）

然而，不论是《管理成药规则》还是《医学周刊集》发起的调查，对药品广告的实际约束力仍然有待进一步考察。在画报第65期，“婴孩自己药片”摄影广告又卷土重来（见图8），左图端坐着的可爱孩童，印证广

① 《常备婴孩自己药片以防不测》，《良友》1931年第58期，第38页。

② 《其重要有如儿戏》，《良友》1931年第59期，第26页。

告信函里家长的溢美之词“婴孩自己药片者诚保赤之良药也”①。这则广告还新添了药品的产品商标，图画里一个活泼裸露的婴孩趴在仿真的商标之上，四周配有“婴孩自己药片，使我康强喜乐”的字样，整个药品的形象更为完整。事实上，据时人观察，国民政府出台的《管理成药规则》在很大程度上只是一纸空文，医药界的乱象并未得到彻底整治②。

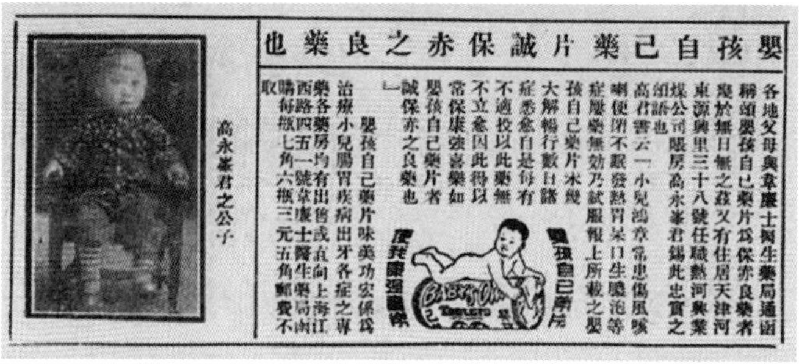

图8 韦廉士医生药局“婴孩自己药片”广告《婴孩自己药片诚保赤之良药也》(1932)

虽然《医学周刊集》关于韦廉士红色补丸广告声势大减的表述不免有夸张之嫌疑，但自《良友》画报第76期刊登“韦廉士止咳片”广告之后，该药局的广告确实销声匿迹，直到第145期才重新出现。1936年12月，《管理成药规则》再次修订公布，新颁布的法令要求成药必须在获得许可证后才能出售，要求商家填写成药查验的请求书，将样品及仿单等件呈请卫生署查验核准；同时，该规则对成药广告的管理增加了对迷信的禁令③。韦廉士红色补丸及“婴孩自己药片”在1936年8月取得了许可证④。

再次进入《良友》画报的“婴孩自己药片”广告，印有“国民政府卫生署许可证成字六二七号”的字样，商品不再刊登活泼婴孩或权威医者的

① 《婴孩自己药片诚保赤之良药也》，《良友》1932年第65期，第43页。

② “The Pharmaceutical Situation in China”, *Chinese Medical Journal* 47, no. 4 (April 1933), pp. 405; Sherman Cochran, “Marketing Medicine and Advertising Dreams in China, 1900–1950”, in Yeh, Wen-hsin ed, *Becoming Chinese: Passages to Modernity and Beyond*, Berkeley: University Of California Press, 2000, p.86.

③ 张在同、咸日金编：《民国医药卫生法规选编(1912—1948)》，山东大学出版社，1990年，第209—211页。

④ 《成药登记之办理》，《中国国民党指导下之政治成绩统计》1936年第8期，第15页。

照片，而是改为绘画样式，并且不再附有感谢信函。在画报第145期，“婴孩自己药片”广告的标题是《君之小孩嗜食瓜果乎》，介绍“婴孩自己药片”可以治疗儿童因食用瓜果不当引发的肠胃疾病。广告图画呈现静谧的夏日风光，母亲正在果农旁挑选瓜果，洋装打扮的卷发女孩望着母亲（见图9）。虽然广告不再采用照片与证明信函，渲染“婴孩自己药片”的神效，但广告语仍不忘夸耀产品的多种效能，“凡小儿腹痛、呕吐、泄泻、发热、食积、便秘、伤风、喉炎、蛔虫、出牙，各症均善治之”[①]。这一报道方式一直保持到《良友》最后一次刊登“婴孩自己药片”广告的第168期。

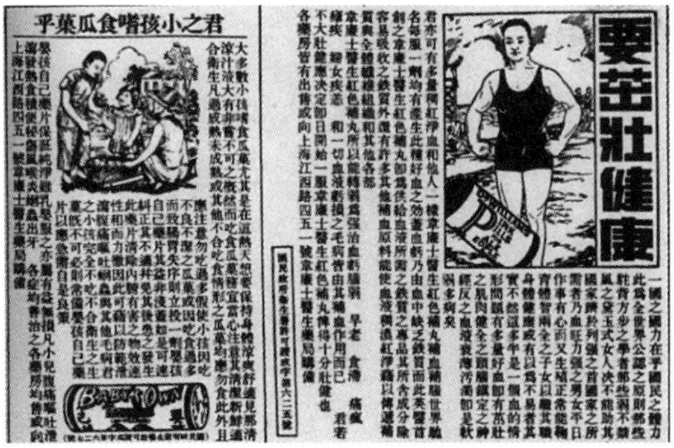

图9　韦廉士医生药局“婴孩自己药片”广告《君之小孩嗜食瓜果乎》（1939）

为了应对药品监管规则与行业监督，身陷信任风波的韦廉士医生药局调整了广告策略，将反映患者个人信息与疗效的摄影图片改换为抽象的图画，并较少出现家长寄来的感谢信函。经历一段时间的销声匿迹之后，重返《良友》画报的“婴孩自己药片”广告，全部采用绘图方式，还刊有符合新修订的《成药管理规则》要求的许可证。虽然广告仍坚持药品能够包治百病，但随着摄影图片的消失，商品广告区别于其他产品的真实性消失，“婴孩自己药片”的“圣药”光环因而大为削减。

四、结语

传入中国的摄影技术逐渐取代了传统的绘画，成为记录人物形貌的工

① 《韦廉士医生药局广告》，《良友》1939年第145期，目录页。

具，被视为真实与客观性的化身。韦廉士医生药局率先认识到摄影术的特性，在商品广告内刊载病愈儿童的个人照片，同时刊登家长的感谢信函相互印证，无疑让阅报读者得到强烈的心理暗示，对产品的效果深信不疑。在信息尚未充分流通的民国社会，人们无法快速辨识一则商品广告的真伪，只能依靠信用卓著的媒体代为判断，比如本文所论及的以纪实摄影图片取信于世人、拥有较大社会影响力的《良友》画报。摄影广告的说谎术与摄影画报的风行密不可分，正如曾担任《良友》画报编辑的赵家璧所言："图画杂志本来是一面最不欺人的镜子，他以最真确的事实，用镜头做媒介，赤裸裸地反映在读者的眼前，他比新闻纸的报导更真实可靠，他比文字书籍更能深入民间。"①

同时，在上海高度发达的商业氛围中，广告在商业竞争中所起的作用日渐重要，摄影广告因而获得商家的青睐，但摄影术的纪实性反倒给不法商家策划广告骗术以可乘之机。民国时期的摄影术发展与当时蓬勃发展的新闻画报、儿童用品产业、西方成药销售、商业广告竞争等社会文化现象相互交织，药商与媒体利用人们轻信照片的心理，编织美丽的广告骗术，炮制出"婴孩自己药片"的"圣药"光环。正如张仲民所揭示的，医药广告具有"真实效应"的现象，真正值得学者深思的，或许不仅仅在广告是否真实及产品的实际疗效，而是这一现象背后折射的集体心态、文化与社会行为的互动以及文本赖以形成的社会脉络②。从这一层面出发，"婴孩自己药片"广告的案例，有助于我们思考民国时期传媒技术与社会文化间复杂的互动关系。

作者通信地址：福建省福州市仓山区金山街道桔园三路39号中天金海岸领秀苑22-106。

责任编辑：陈卓

① 赵家璧：《良友十四年》，《良友》1939年第139期，第12页。

② 张仲民：《补脑的政治学："艾罗补脑汁"与晚清消费文化的建构》，《学术月刊》2011年第9期，第152—153页。

民国时期《三国演义》的文本定位及再生产

许佳越*

摘　要:《三国演义》自明清至今，不论在读书人还是普通民众中都广有受众，民国时亦然，且《三国演义》在民国这个古今、中外文化交汇的特殊时期，其传播呈现出许多此前和此后皆不曾有过的现象。首先是“三国”话题在谈论民国时期局势与时事中被广泛提及，这使得该时期的“三国热”较之前代尤甚；其次是在东西方文化的交流碰撞中，产生了比其他时期更为复杂的“文”与“史”关系纠纷，引发了它是否符合当时对“小说”这一文体的规定的讨论；再次是在它被重新编印刊行的过程中，新的出版者、编印者将自己对时代需要的判断，通过对原文本的标点分段、大幅节选、增加序言等方式融入新的文本之中，并进行广告宣传，使其传播意图大不同于前代。它的身份不仅是普通民众通俗易懂的文学作品，还更多地带上了“教科书”的色彩。

关键词:《三国演义》；历史小说；三国热；传播

关于《三国演义》的传播，当前绝大部分研究集中于《三国演义》的域外传播及翻译问题，而对于其在中国本土的传播研究较少，集中于民国时期的本土传播研究则更少。民国时期，人们对“小说”的认识受到“小说界革命”等风潮的影响，已大不同于前代，古典小说在这一时期的社会传播无疑具有特殊性。《三国演义》作为流传最广、受众最多的“历史小说”之一，其传播又呈现出其他古典小说所不具有的现象。首先，由于报刊等新媒体日渐发达，原先的街谈巷语得以进入公共视野，通俗文学以其

* 许佳越，女，汉族，兰州大学文学院硕士研究生（已毕业）。

与娱乐空间、社会新闻的共生性和同构性[①]，使我们得以从中一睹民国时与三国有关的社会讨论的盛况；其次，书局目录、图书馆目录这些新兴目录形式为我们探讨《三国演义》在当时的文化属性、体裁定义提供了线索；另外，为普及文化，许多经标点分段或删节改编的新《三国演义》文本广泛编印，我们可从中寻找《三国演义》能在当时被赋予教育国民之功能的原因。作为明代通俗章回小说的《三国演义》在民国时期被赋予了哪些新的文本意义？它在中西知识体系碰撞之际被划归于哪种文体类型？它此一阶段的文本再生产拥有什么样的特点？本文尝试对其进行逐一探讨。

一、作为“时局谈”的“三国热”

《三国演义》畅销的背后，首先是民间三国故事的盛行。三国故事一向被人津津乐道，而民国犹盛。《无锡日报》上的诙谐小故事《讲三国》，写一人乘船时舱中无余席，便对其他乘客言自己要讲三国故事，众人皆“大欢迎”，于是骗得座位；《益世报》(天津)一则《三国消遣》的新闻专讲某前陆军总长居家无聊，将当地说三国者请至家中说书，每日十银元，车接车送。当时各大报刊均喜登载三国笑话、三国戏评、三国琐谈等，短文小篇数不胜数。各书局争相刊印《三国演义》，常出现不同出版地的《三国演义》印刷排版一模一样的情形，可见盗印、缩印频出。另有诸多改写三国故事的著作和其他种类的衍生作品。会文堂书局《秘本盖三国奇缘》仅将《喻世明言》中以重释三国故事为主要内容的《闹阴司司马貌断案》改换叙述语句，就得以作为新书出版。《洪水》杂志1927年10月8日一篇名为《连环三国志》的短文介绍当时的三国连环画曰：“近世商战之术，层出而不穷，如世界书局新出之连环图画三国志，斯又商战之异军突起者也……虽妇女儿童，翻阅此书一遍，亦能懂得三国时候的奇人奇事……一脚踢翻宋版书，一拳打倒标点书……连环戏以后不可不有个连环书……新式标点潮以后，不可不有个连环图画潮。”[②]除连环画形式外，还有诸多利

① 参见林峥：《通俗小说、社会新闻与游艺园——民国北京城南的市民消费文化》，《文艺争鸣》2021年第3期。

② 牟珠：《连环三国志》，《洪水》1927年10月8日，第2版。

用《三国演义》主题作为促销手段的产品，如绘有三国故事的香烟画等[①]。

祝秀侠《三国人物新论》序言部分写“近来陪都谈论三国人物，忽成风尚”，陪都乃指重庆，作者以为盖因重庆乃“蜀汉之地”，人们景仰武侯[②]。可如果真的仅为地域缘故，怎么会近来才“忽成风尚”？实则民国“三国热”中，有一个特殊的现象——以时局比三国。

> 今之大局，虽非三国，而醞醢中实具雏形，请申其说。保曹之总统心热，观其举动，可谓必达目的而后已，是与乃祖阿瞒得天时何异？粤之孙盘踞岭南，外兵不入，又与乃祖仲谋得地利何异？至于黎氏，虽非刘备后人，而拥护之者大有人在，其与刘备得人和又何异……余但望中华民国不成鼎足相峙之势，否则起视关外，未必不有司马懿也。[③]

还有文章说道：

> 现在的中华民国，仿佛唐时的宋齐梁陈隋（按：原文作此），又好比后汉三国……管领长江五省的馨远先生，当然是东吴的孙权；国民军首领冯焕章，把段芝老捧上台去充了执政，活似挟天下以令诸侯的曹操；新近从湖北直取郑州的吴子玉，确的如刘备……[④]

不仅报刊评论热衷以时局比三国，长篇著作亦是如此。春秋小说社出版的雄辩士《三国还魂记》例言道：“本书演因果报应，以蜀汉时代之人物，论断民国时代之人物，使其人事历史互相对照，恩冤报应不爽厘毫……凡读过《三国演义》者，一读本书，其报应来由即了如指掌……虽

① 范梦圆：《民国时期香烟画的文化解读》，南昌大学硕士学位论文，2012年，第4页。

② 祝秀侠：《三国人物新论》，国际文化服务社，1947年，第4页。

③ 可庄：《新三国》，《申报》1923年9月7日，第21版。

④ 恨石：《新三国》，《新无锡》1926年3月8日，第4版。

属寓言演义，然皆当时实事。”[①]《申报》上有人专门介绍这本小说，并称其“深求事迹”、符合史实[②]。可见以当时时势改写《三国演义》的作品实有受众，合乎人心，“时事”与“三国”也被深度关联起来。

近代有识之士“欲新一国之民，不可不先新一国之小说，故欲新道德，必新小说”[③]的“新民”“救国”焦虑，表现于民国文学之中，普通民众不可能不受影响。普通民众的焦虑，或许不似学人精英那样明确，但仍旧需要纾解的窗口，通俗易懂、尽人皆知而又关乎家国兴亡的《三国演义》，正是很好的媒介。除了直接以《三国演义》联系时事，还有一些作品将时代的愿望寄托在对三国故事的改写之中。陆士谔《新三国》中三国时的诸人竟成立议会，大议“改良”，他们商定税务、建筑炮台、兴办学校、观测天文、破除迷信，甚至孔明还创制了飞艇[④]。作者将所期待的一切良好政治通过蜀国众人之口说出，借三国人物将想象中的完美先进国家实现于笔尖上。周大荒《反三国志演义》楔子中一反天下人对武侯的敬仰，认为诸葛亮以蔑视天下英雄的方式让英雄前来请自己下山，以成就自己“高人”“国父”的名声，实则坐拥山川良将，却不能尽用地利人和，失败咎由自取，无关天意。而“民国伟人，战略愈益无地恭维”[⑤]。作者欲以改变《三国演义》原先故事的做法，一展自己遣将调兵的能力，说来也无非是不满时势，借改写三国来表达自己的政治主张的愿望。

王大错《考证三国志演义》序中言：“一国国民之特性与夫爱国心，皆系乎历史观念之深浅，历史观念深者，其民强毅而多爱国心。”因而作者欲“提纲领，撷菁华，择其最起观感、最足兴起人信仰者之一时期，以普遍灌输之耳”[⑥]。在这里，历史观念被作为爱国心的源泉，而《三国演义》是受众最多的一种“历史”，所以谈三国，自然而然变得具有“救国家”的效用了。

人们爱《三国演义》、爱三国故事，谈时局就有了共同语言。而民族

---

① 雄辩士:《例言》,《三国还魂记》卷二,春秋小说社,1917年,第1—2页。

② 精进:《三国还魂记》,《申报》1939年1月20日,第3版。

③ 梁启超:《论小说与群治之关系》,《新小说》1902年第1号,第1页。

④ 参见陆士谔:《新三国》,上海改良小说社,1909年。

⑤ 周大荒:《反三国志演义》第一卷,卿云图书公司,1930年,第2—28页。

⑥ 王大错:《考证三国志演义》,百新图书公司,1928年,第1页。

危机空前加深的时代，人们欲谈时局，又反过来助长了讨论和改写三国、创作其衍生品的热潮。“时局谈”与“三国热”的紧密联系，是民国时期的特殊现象，它的背后，是“文学救国”的深深烙印。

二、文史混淆与文体不明

《三国演义》能作为谈时局、谈爱国心的话题，本质上基于其“历史小说”的文体。但“历史小说”的概念，本不是为《三国演义》等古典小说所造，况且民国时期对于该文体的界定，亦尚未成形。民国时出版的《三国演义》，很多时候题为“三国志”，如1924年群学书社发行的许啸天标点本以及1930年世界书局出版的李菊庐标点本封面标题均为《新式标点三国志》。当然，这个现象并非民国才出现，如明末即有《李卓吾先生批评三国志》；《三国演义》流传到日本，也多被日本读者称为“三国志”。与历史产生关联，本身就是中国古典小说为自身赋予“意义”的手段[①]，但这种小说与史书的文化记忆混淆，在民国呈现出与其他时期均不同的面貌，这就涉及“历史小说”文体的定义。

在民国年间，不仅报刊登载许多强调《三国演义》小说与历史的区别的文章，还有很多专门书籍讨论该问题，如郑逸梅《三国闲话》中不少考证便意图纠正那些由《三国演义》带来的不同于“史实”的印象，像“桃园结义非事实”[②]等。王大错《考证三国志演义》也从小说中挑出语句，引史料来注释——这些考证工作不用在历史研究中，却用来研究小说，就说明编写者乃有意向通俗小说读者群澄清这种文学与史学的分野。对于一个时代来讲，文章越是着重抨击什么现象，恰恰证明此现象正在盛行，如果它的热度早已消退，反不会有人频繁讨论。

要了解人们对“历史”与“文学”两个概念的区分，不妨从目录学与图书馆学着手，此二者都离不开图书分类的工作。从图书目录中，我们很容易看出工作者持有的区分逻辑与种属定义。考察杜定友《普通圕图书选目》“862.4 前代章回小说”部分，以当今眼光，我们本期待看到《三国演

---

① 王德威:《想象中国的方法:历史·小说·叙事》,百花文艺出版社,2016年,第299页。

② 郑逸梅:《三国闲话》,广益书局,1948年,第5页。

义》，但实际上该类虽有《水浒传》《西游记》《红楼梦》却唯独不见《三国演义》。继续翻阅，我们最终在“862.6 历史小说”中找到了亚东图书馆出版的汪原放标点本《三国演义》。将《三国演义》归入历史小说固然不错，但此处明显出现了可以“一书两入”的弊病。且该“历史小说”类下还有彻底颠覆历史、花样翻新的游戏之笔《反三国志演义》[①]及以讽喻与幻想为基调的《阿丽思中国游记》[②]，这多少不同于通常对“历史小说”的定义。如王德威所描述的，大部分读者所认为的历史小说侧重详细描述出历史时刻感知上的氛围，或中国“正统”历史小说，包括演义、家族英雄事迹、战争传奇等。如果说将《阿丽思中国游记》划归此类是因为它能够反映社会风俗与历史场景，那么《红楼梦》是不是也可以算作“历史小说”？恰巧，《天津江东书局图书目录》就将三种《绘图红楼梦》以及《吴友如精绘全图西游记》和两种《绘图西游记演义》归入“历史小说”[③]。这里的“历史小说”似乎是指“旧小说”，或曰“成为历史的小说”。这些都彰显着民国图书分类中“历史”的观念及“历史”与“文学”的区分与今日不同，亦与古代不同。

研究民国图书馆目录不能不提及商务印书馆的《万有文库》。而令我们惊讶的是，《万有文库》这样一部诞生于“图书馆运动”中，意图“以整个的普通图书馆用书贡献于社会”[④]的丛书，竟没有在小说部分收入《三国演义》这个在当时广受欢迎的文本。至于原因，我们暂未从已有文献中直接得知，但可以从他处进行推测，这极有可能也与“小说”与“历史”的关系以及“小说”自身在当时的文体概念有关。

今之学者试图为西方目录学的传入划分时期，将1937—1949年作为目录学研究的第三阶段，其特征是“中西目录学的交融”[⑤]。而实际上，“融合”可能远比这一时间早。例如在1932年出版的《世界书局图书目录》中，“修辞”与“文学”是并列的两类，“经史子集”则成为“文学”下之一

---

① 参见李晓东:《为〈三国演义〉结局翻案的小说》,《文史杂志》2007年第5期。

② 杜定友:《普通圕图书选目》,中华书局,1945年,第263页

③ 江东书局编:《天津江东书局图书目录》,天津江东书局,年份不详。

④ 王云五:《印行万有文库缘起》,《申报》1925年5月11日,第6版。

⑤ 朱静雯:《西方目录学的传入及其影响(1896—1949)》,《图书情报知识》1987年第4期,第31—32页。

类，“哲学类”下绝大多数为西方哲学，孔孟、老庄皆不在其中，而《中国哲学史》与《王阳明生活》却又属于此类[1]。这一混乱，实际上正是由于我国原有目录分类法试图与西方分类法融合导致的。西方分类法更可能是一经传入，就引起了我国目录学工作者对中西分类法融合的思考。《天津市立图书馆图书目录》中，《三国演义》被分在“特种文学”一类，究竟什么是“特种文学”？详究该分类下的书籍并比对前后分类便可大致理解。该目录在“语文部”下分为“八一〇 文学”（内容实为“文学概论”类）、“八二〇 中国文学”（实为“中国文学概论”类）、“八三〇 总集”、“八四〇 别集”、“八五〇 特种文学”等，其中“特种文学”包括戏曲、小说、公文、尺牍、野史等等，非常混杂，且中西并列（如在一众中国书目中唐突夹杂《福尔摩斯探案集》和《霍桑探案汇刊》）[2]。我们甚至可以想见这种分类方式背后的考量，这是一种为将“经史子集”向西方分类法靠拢而出现的混乱。集部必然是文学的，但是子部小说家显然也是文学的，史部之野史也可归入文学，散落于各部的尺牍也是。其结果就是，集部可以整个移入文学类，仍可叫作“总集”与“别集”，而上述其他从经、史、子中抽出来的部分又该如何归类？便叫“特种文学”了。其含混其词可想而知。这种混乱在民国目录，尤其是出版发行目录中，比比皆是。可见，因将中西分类法融合而带来的分类模糊是普遍的，不仅仅在小说中才有这种现象。也正是这些糅合产生的新分类标准，让《三国演义》在某些情况下，变得“无家可归”。

胡适在为汪原放标点本《三国演义》所作的序中讲，《三国演义》“只可算是一部很有势力的通俗历史讲义，不能算是一部有文学价值的书了”，原因是：“第一，三国演义拘守历史的故事太严，而想象力太少，创造力太薄弱……第二，《三国演义》的作者、修改者、最后写定者，都是平凡的陋儒，不是有天才的文学家，也不是高超的思想家。”[3]再参考鲁迅“据旧

---

① 《世界书局图书目录》，世界书局，1932年，第58—72页。

② 《天津市立图书馆图书目录》，天津市立图书馆，1934年，第418—422页。

③ 胡适：《三国志演义序》，（明）罗贯中著，汪原放标点：《三国演义》第一集，亚东图书馆，1930年，第9—10页。

史即难于抒写，杂虚辞复易滋混淆”[①]的说法，我们可以想见，在“小说界革命”意欲打破千百年来鄙薄小说的传统偏见之背景下，“小说”的地位，其实是伴随着强调其与正统文学的不同、强调去贵族化及创新性趣味性而上升的。那么此时，虽属被提倡之“俗文学”，却“七实三虚”、过多参照史书、企图模仿已被摒弃的旧典范的《三国演义》，就处在了一个非常尴尬的地位，恐怕早已不是能作国民榜样的“小说”了。纵观民国图书目录，往往意欲规定国民“应读”书目，各大书局的目录，更多都是具有“新民”作用的书目，如教育学、自然科学著作等。对于古典文学书目，通常只选其中最经典且“合适”给民众读的一小部分，凡选《三国演义》，也多选择的是新式标点本。所以，民国图书目录渗透着“新民”的选书标准，而不以广博为主要目的，《三国演义》因为不符合新的文体规范，而在图书分类时发生归属问题。

“小说家者流，盖出于稗官。街谈巷语，道听途说者之所造也”[②]，我国古代的小说，本身是从史学分化出来的，自然有意模仿史书，浦安迪称其“不断撷取‘官方’史学著作的各种形式及结构技巧（例如传记形式、多重叙述焦点、传统叙述话题及主题等），以及其对人类事件所具有的宽广视界及意义的整体感”[③]。许多书坊刊刻《三国演义》总要标榜“按鉴”，不少版本在目录前往往有“三国志宗僚”，大致抄录陈寿《三国志》的目录[④]，以此向“史”靠拢。可以说中国的“小说”这一文体，其产生源头就涉及文与史的复杂关系。近代“西学东渐”让这一问题愈发复杂，“小说界革命”后的“小说”概念，是翻译所带来的中西语义交互对应的产物，它仍保留着部分过去的意义，又不得不融汇新的内涵，“romance”“fiction”“novel”与“小说”“演义”，语义有交叉又有所不同。这些语词在翻译过程中的错位对应，最终使处在“历史小说”这一特殊的交会位置的《三国演义》，在中西剧烈碰撞的民国时期，难以被清晰界定。

---

① 鲁迅：《中国小说史略》，中国书籍出版社，2020年，第80页。

② （汉）班固撰，（唐）颜师古注：《汉书》，中华书局，1962年，第1745页。

③ Andrew H.Plaks, *Towards a critical theory of Chinese narrative*, Princeton:Princeton University Press, 1977, p.314，转引自王德威：《想象中国的方法：历史·小说·叙事》，百花文艺出版社，2016年，第298页。

④ 沈伯俊：《〈三国志宗僚〉考辨》，《文学遗产》1999年第5期，第94—96页。

三、文本的“教科书化”及内容的删节简化

要了解一个时代的人如何解读某一文本，研究新旧文本之间的差异无疑具有重要意义。新文本在旧文本上做的改动就是对文本重新阐释、重新创作的体现，新文本对旧文本做出的删选、重编等诸多调整，本身就是新的时代对本时期社会经济文化需要做出的思考。新的出版者、新的传播意图，都对文本的意义产生着影响。民国时文化传播与社会责任结合尤为紧密，新的文本更是折射着编印者对文化责任的考量。

民国时期有着迥异于其他时代的文本再生产方式，首先是分段与标点，出现了诸多的古典小说标点本，报刊广告常将“新式整理标点分段的小说”作为广告顶头或最醒目的位置上的文字。

当时不同书局新式标点本的标点形式并不完全相同，根据汪原放《回忆亚东图书馆》，1921年他专门和胡适探讨过标点排式的问题，开始共有三种排式的设想：

> 一种是标点符号排在字下，占一个字地位，缺点是遇到行头点不好办；另一种是排在字旁，也有个问题，就是有时候同字旁要排的专名号发生冲突；第三种是标点符号排在文字的一边，专名号排在另一边……再加上一条：每句空一格。[①]

亚东本《三国演义》最早用的是第三种排式，后来改用第一种排式。一些书局的标点本则与亚东本早期排式相同，如商务印书馆《小学生文库》本。另两种排式仍有其他书局的《三国演义》在使用，如启智书局1934年本（启智书局在1925年的标点本虽是标点占一个字位的形式，但不是新式标点，只有句读）和新文化书社何铭点校本采用的就是专名号在标点符号同侧的排式，这种排式会导致凡专名号与标点符号重合处，专名号被省略。群学书社许啸天标点本则采用第一种排式。此外，亦有不用专名号和书名号的标点本，如世界书局李菊庐标点本。

另外值得关注的是各书局标点本正文之前，有时人所作的各种“副文

---

① 汪原放:《回忆亚东图书馆》,学林出版社,1983年,第74页。

本”[①]，其中有对于当时《三国演义》新文本的刊行意义所作的说明。汪原放标点本《三国演义》正文前有胡适序、钱玄同序以及汪原放所写《标点符号说明》。胡序谓：“在几千年的通俗教育史上，没有一部书比得上他（《三国演义》）的魔力。五百年来，无数的失学国民从这部书里得着了无数的常识与智慧，从这部书里学会了看书、写信、作文的技能，从这部书里学得了做人与应世的本领，他们不求高超的见解，也不求文学的技能；他们只求一部趣味浓厚，看了使人不肯放手的教科书。”[②]胡适将《三国演义》定义为一本“教科书”，而汪原放《标点符号说明》则详细将每一种标点的用途进行了介绍。这些副文本都显示出，亚东图书馆新式标点本《三国演义》是被有意赋予了“教学文本”性质的——为旧的小说加上新式的标点符号这一做法，本身正具备一种“新式标点教学”的意味。新文化书社何铭点校本《三国演义》李逸侯序又称：“新文化书社经理樊春霖先生，为提倡白话文学，已经把《水浒》《红楼梦》两部最有价值的白话文学书，标点排印行世了，现在，又想到这部适应普通一般人须要的《三国演义》，访求善本，精心考校，加以标点，复行排印行世，以供给多数人的要求。”[③]《三国演义》对于传播白话文学虽不是“最有价值”，但是更多为民众所需要。“小说界革命”热潮下种种新小说的读者早已不再是“愚民百姓”，而转变为了知书知礼的士子[④]，但旧小说仍是争夺普通民众的场地。所以半文半白的《三国演义》，不论是从语言特征还是目标受众的角度讲，加入新式标点，显然对于“白话文运动”过程中文本从无标点向有标点转换的普及，具有较好的作用。

其次，除了被标点分段并赋予教学意义，民国时期新发行的《三国演

① “副文本”是热拉尔·热奈特在《副文本：阐释的门槛》中提出的概念，是书籍中为正文提供理解环境的周边文本，包括标题、序跋、献辞、图像、注释、附录、版权说明等等。文本的意义不仅取决于正文内容，还受文本外部因素影响，处在内与外之“门槛”上的副文本，可以看作是一种媒介和引入。

② 胡适：《三国志演义序》，（明）罗贯中著，汪原放标点：《三国演义》第一集，亚东图书馆，1930年，第11—12页。

③ 李逸侯：《三国演义新序》，（明）罗贯中著，何铭点校：《三国演义》，新文化书社，1930年，第7—8页。

④ 陈平原：《中国小说叙事模式的转变》，上海人民出版社，1988年，第20页。

义》文本受众也愈发明确化。我们注意到，民国时期的图书目录中出现越来越多按照读者对象的图书分类，如《北新书局目录》中排在所有大类之前的“教科书”大类主要包含“大中学主要参考书”“高级中学教科书”等细目；而书目内又有“儿童读物”“青年丛书”等①，这样分类，明确标出了书籍面向的读者群。该情况广泛出现于民国各书局目录中，大量具有“教育”性质的类目单独作为大类出现且地位往往与“文学”“艺术”“自然科学”等并列。

前边提到的商务印书馆，未将《三国演义》收录于《万有文库》，但我们却能在《小学生文库》中找到它。《民报》1933年10月10日刊登王云五《小学生文库缘起》一文提到《小学生文库》的“编印目的与《万有文库》相同”，乃为图书馆服务——因为小学亦需图书馆，“新式的学校中，除教科书外，还要采集各种补充资料，使各科内容更为丰富”，于是商务印书馆以合适方法排印所选书目，方便各小学购得。且“小学校改授语体文以来，旧有读物，辞藻较深，亦非儿童所能了解”，因而，古籍除原来极浅显者外，无不译为“语体文”②。我们可以想见，《三国演义》以其“极浅显”，而可以在不翻译为白话文的情况下，就作为小学的教学资料使用，这是它入选《小学生文库》的重要理由。对比其他标点本我们还会发现，《小学生文库》中的《三国演义》最为字大行稀，当是为适应儿童的阅读能力而做出的调整。

最后，民国时期《三国演义》新文本为了进一步扩大传播，还出现了前代不曾有过的大幅节选本。1948年周振甫叙订的《洁本小说三国演义》在导言第四部分说明该书对《三国演义》文字所做出的调整：首先，编选者视“却说”等套语为滥调而将之删去，认为“作者的口气”不应经常出现，叙述之间突然出现的议论也是多余的，应当只讲故事，让读者自己判断；其次，删去部分附注，如不重要的人物的身世介绍，认为这些有损“洁净的美”；第三，删去神怪内容、非三国时人所作的诗词、过于夸张不实或有违情理的情节、前后相似的情节、不够统筹的故事叙述等，且因情节改变，章回题目也要做出相应调整，改为六十回，每回赋四字题目；

---

① 参见北新书局编:《北新书局目录》,北新书局,1933年。

② 王云五:《小学生文库缘起》,《民报》1933年10月10日,第6版。

另外，人物语言中的引经据典亦被删去，编者认为这些典故不被民众了解，或者了解了又觉浅薄或不相关，因而无太大意义，诸如“昔楚怀王不听屈原之言”等典故均不再出现。导言中还提到，《三国演义》努尔哈赤时起便被女真人“翻译了当作军事政治学的教科书读”并能使人学到军事知识，至今“依旧不失为少年儿童的课外读物。然而它本身是瑕瑜互见的，并且篇幅也太多”[①]。

从中可见“洁”不仅仅是“简短”之意，更指去除某种“糟粕”。编者看待《三国演义》的眼光不是“现象式”的，而是“进化论式”的——《三国演义》作为说唱文学纸本化的结果，自然会带有说书人的声音；神怪内容无非为吸引听众；内容不够整齐乃是拼合史书与民间传说等不同来源文本所遗留的痕迹；人物身份介绍及从多人视角叙述事件而频出的“却说”，是古典小说模仿史书的结果。这些现象是值得保留以作研究的，而编者却不断强调文本的“小说”身份，认为“小说”就不该出现这些问题。可以说周振甫的《洁本小说三国演义》，无意保留原著的更多面貌，而是意在将《三国演义》作为媒介，将实已“西化”的小说文体概念普及给读者。编者删节文本，仅图一般读者可从一部足够有趣易懂的书籍中了解常识，并学到一个值得提倡的叙事文本的“标准结构”，此间当然还要极力避免其受到“滥调”“神怪”及不符合所谓“小说”标准的文字的影响。因此“洁本”之“洁”更是指只保留时代所需的、符合小说之要求的、适合于教育传播的以及民众易于了解的。

综上所述，《三国演义》在民国时期被赋予强烈的“教科书”色彩，成为普及新文化、普及白话文学与新式标点的绝佳载体。编者简化其内容，“洁”其文字，以进一步降低读者的阅读门槛，以使得文本传播的全部是符合新的编印者期望的信息。

四、结论

当传播形态不再仅限于过去的借阅、传抄、刻印、买卖、戏剧演出和

---

① 周振甫:《导言》,《洁本小说三国演义》,通俗文艺出版社,1948年,第4—8页。

说书活动等[①]，而是有了新的载体，接受亦由此获得新形态。此时读者可以通过在报刊发表言论来谈论自己对《三国演义》的理解，审美具有了“公共”属性。至于读者究竟从阅读中得到了什么样的感受，则与他们所生活的时代风貌关联巨大，正如姚斯所言：“文学的历史性并不在于一种事后建立的‘文学事实’的编组，而在于读者对文学作品的先在经验。”[②]在民族危机空前加深的民国时期，描写战争、关乎历史的《三国演义》受到极大的关注，通过“三国”指点江山，普通民众对于家国之事的焦虑，可以借着妇孺皆知的故事进行表达。《三国演义》在民国还有值得思考的特殊性：此一时代处于新旧交替、“断裂”发生之际，西方新事物有时令人无暇思考，中西交融呈现出一种尚未完全溶解的“浊液”状态，《三国演义》也因此存在文体混淆与文体不明的问题。而对于有识之士、文化生产者来说，《三国演义》受众广泛，非常适合于示范白话文学与新式标点，但《三国演义》中的许多内容成分又并不符合对小说文学的新要求，所以，文本的内容势必要进行调整。将读者反应与编者传播意图结合来看，“救国”与“新民”其实都已经包含在其中，这提醒我们注意，“小说界革命”不仅仅发生在“新小说”界，古典小说亦深受影响。研究民国文学，应关注古代小说在此时期的传播接受情况，而研究《三国演义》，也不应在明清与当代之外，遗漏了民国。

作者通信地址：陕西省西安市雁塔区保利天悦一期。

责任编辑：陈卓

① 郭英德：《元明的文学传播与文学接受》，《求是学刊》1999年第2期，第76—82页。

② ［德］H.R.姚斯、［美］R.C.霍拉勃著，周宁、金元浦译：《接受美学与接受理论》，辽宁人民出版社，1987年，第26页。

外示饥荒与政治博弈

——以甘肃大旱（1928—1929）为例的文本研究

戚娟娟*

摘　要：1928—1929年的大旱灾，几乎使甘肃成为“人间地狱”。面对灾情不断扩大，地方无力自救的现实，甘肃开始向世界呼救。然而在有关旱灾的报道和呼吁中，却出现了不同类型的饥荒文本，地方政府、中央政府以及西方基督教团体出于各自的利益、目的，借助事件、策略和隐喻相互博弈。本文拟通过对饥荒文本制造者身份的分析和文本语境的解析，以理解饥荒文本“形似”却“质异”的本质，揭示文本制造与权力争夺之间的共谋关系。

关键词：甘肃旱荒；事件；策略；隐喻

继1920年海原地震之后，民国十八年（1929）的大旱，几乎使甘肃成为“人间地狱”[①]。这场历史上的典型大旱灾于1928年2月爆发，以陕西为中心，遍及甘肃、山西、绥远、河北、察哈尔、热河、河南八省，并波及山东、江苏、安徽、湖北、湖南、四川、广西的一部或大部，形成一个面积广袤的大荒区，且旱情旷日持久[②]。据报载，“甘肃全省七十八县中受旱灾者六十五县，灾民总数达五百五十余万”[③]，死亡230万[④]。以往学界对此

---

* 戚娟娟，女，回族，兰州理工大学马克思主义学院讲师。

① 《人间地狱：为豫陕甘难民而作》，《社会》1929年第4期，第39页。

② 刘仰东、夏明方：《灾荒史话》，社会科学文献出版社，2011年，第177页。

③ 《甘肃灾民之惨状》，《申报》1929年5月26日，第14版。

④ 甘肃水旱灾害编委会编：《甘肃水旱灾害》，黄河水利出版社，1996年，第317页。

次甘肃旱灾的研究，多集中于自然原因以及旱灾的基本概况等方面，虽有涉及社会原因的分析，但鲜有从救灾文本出发，透视文本制造与政治博弈之间的关系，此方面尚有可待拓展的空间①。

与1920年海原地震死亡人数27万余②相比，此次旱荒对甘肃而言几乎是灭顶之灾。因此，当灾情发生、地方政府无力自救时，选择对外求助成为必然。同时，伴随着灾区面积的不断扩大以及灾情的加重，甘肃受灾的消息陆续为外界所知。其中除了地方政府的对外呼救外，还有中央政府的应对、报纸媒体的陆续报道，以及基督教团体的发声，由此便构成了有关此次旱荒的文本书写。但通过对各类文本的解读，笔者发现在基本的灾情介绍与呼吁背后，却隐藏着各方势力的博弈与竞争，以及企图借此实现各自目的的事实。总体而言，对于甘肃旱荒的发声除客观的描述外，更多的是声音背后主观的利益竞争。

一、作为事件与消息的旱荒文本

关于1928年到1929年的甘肃旱荒，现今看到的历史文本，其重点是对旱情本身进行描述。其中具有代表性的文本，例如现藏于甘肃省图书馆西北地方文献图书阅览室的手抄本《甘肃省民国十七年各县灾情一览表》，集中反映了1928年甘肃各县受灾情况，现以皋兰、榆中、洮沙、渭源四地为例（借以说明灾情之普遍），绘制成表，详情如下：

---

① 关于“民国十八年甘肃大旱”的研究以往多集中于旱灾的基本概况、特点的介绍，以及旱灾发生的自然原因。人为原因分析虽有涉及，但研究的数量和深度有限，可参见王玉辰：《关于民国十八年大旱》，《陕西气象》1980年第6期；刘立：《对民国十七至十九年甘肃特大旱灾的历史反思》，《社会纵横》2007年第10期；杨泽荣：《七十年前甘肃旱灾惨景的真实写照》，《档案》1999年第1期；赵艳林：《甘肃近代史上的几次特大旱灾及其严重影响》，《开发研究》1995年第4期；李卓仑、王乃昂、董春雨、吕晓东、赵力强：《1928年甘肃旱灾的时空差异及气候背景》，《灾害学》2010年第4期。

② 张钦：《专家：90年前的海原地震致27.34万人遇难》，《北方新报》2010年12月17日，第12版。该文指出：“23万余人的数据是基于宁夏、甘肃64个县的调查情况，没有包括陕西的受灾情况。实际上，海原大地震受灾范围包括陕甘宁77个县，共造成27.34万人遇难。”

表1 1928年甘肃皋兰、榆中、洮沙、渭源旱荒情况统计表

受灾地点	受灾情况	受灾人口
皋兰	山旱田地完全失种，沿河水田因河水低落水车不能流转，凿井灌溉，夏秋二禾亦收获无多	据民国十四年筹办自治调查，全县共一十四万零二百五十口，本年被灾人民计一十一万六千四百八十六口，总计约占全县人口百分之八十
榆中	全县人民多以耕田为业，山旱之地因未落雨，秋夏失种，寸草未生。县城附近虽有水地，但系无多。且引山水为渠，若逢旱年，即无水浇灌，与旱田无异。以故各乡灾民，年轻力壮者四散逃荒，年老幼弱者，乞面度日。甚至饥寒逼迫亡身自尽，到处皆有	据民国十四年调查全县共十万二千五百五十一口，本年被灾人民共八万二千五百四十八口，统计约占全县人口百分之八十
洮沙	自去岁冬雪未降，今年自春徂秋点雨未落。县属均为赤地，禾苗颗粒未收。秋未下种，晒枯尽净	中区五百一十人，东区三百八十五人，西区一千有奇，北区七百八十二人，南区六百八十人，合计待赈灾民共计三千三百余人
渭源	居民因匪患、年荒，年富力强者出外逃难，约占百分之二十。居住之人勉强得饱者百分之一十。其余灾民，老弱无衣无食又遭土匪屠戮，饿殍枕藉，道为之塞	据民国十四年筹办地方自治调查表，全县共四万一千一百二十三口，本年被灾人民除百分之十勉强得饱外，约占全县人口百分之九十

从上表统计可见，1928年，皋兰、榆中、洮沙、渭源所辖范围几乎全部受灾，且受灾人口多在80%以上，由此造成的饥荒和死亡，以及各类社会问题接踵而来。在皋兰一些较为偏僻的村庄，饥民抢掠时有所闻。榆中距城较远的各村饥民抢劫临近狄道（今临洮）的村庄，同时自己又受土匪骚扰，社会秩序失控。

1928年，甘肃78县中，90%以上普遍受灾。总体而言，发端于1928

年的这场旱灾，具有持续时间长、波及范围广、灾情重、损失大、影响深等特点。加之兵匪两患，致使甘肃民众“旧有积蓄，（被）搜索净尽，原有财产，半经损毁。于是老弱死于沟壑，壮者散之四方，妇孺鬻诸他省，……甘肃东西南各路，……村舍为墟，往往数十里不见一人。幸而存者留者，嗷嗷待哺，无法生活”①。

除地方旱荒文本的记录外，这一时期见诸报刊的文本，同样记录了灾情的严重。1929年6月19日《新闻报》报道：“甘肃全省七十八县中，受旱灾者六十五县，受匪灾者七十县。灾民总数，达五百五十余万，完全失自救能力。自民国十七年至本年二月，死于冻饿、瘟疫及被匪杀伤者，已数十万。现在每日饿死者在二千人以上。民国十七年，自春徂秋，未落点雨，收成全无。本年春耕之期，多数饥民无种可下。加以雨水愆期，（已下之种）霉烂土中，不能发芽，出土之苗亦多萎死。倘最近再不落透雨，本年收成，又无希望。”②1929年7月10日《字林西报》（*The North-China Daily News*）同样报道：“在周一召开的会议上，一名甘肃饥荒灾民代表告知当地慈善家，甘肃地区已有1000名灾民死亡，并且仍有600万灾民面临饥饿困境。”③

由上述内容可知，作为事件文本的甘肃旱灾，被介绍和交代的重点是灾情的基本描述，即把旱灾本身作为介绍对象，通过对旱灾的发生、发展过程和可能产生的后续影响作出真实的描述，达到对甘肃遭遇巨灾广而告之的目的，由此展开呼吁、募捐与赈济。质言之，以上内容即是作为事件与消息的旱荒文本。

二、作为各方策略的旱荒文本

除作为事件与消息的旱荒文本外，在对甘肃大旱的相关描述中，还有基于应对与策略的旱荒文本。以甘肃省政府为例，1928年8月10日，灾情

---

① 马鹤天：《西北开发必先解决西北人民的生活饥荒与知识饥荒》，《新亚细亚》1932年第4卷第5期，第9页。

② 《甘肃灾民代表之呼吁声》，《新闻报》1929年6月19日，第10版。

③ “From Day To Day”，*The North-China Daily News*，July 10，1929，p.10.

发生半年有余，甘肃省政府无力自救，时任甘肃省政府主席刘郁芬向南京国民政府发去求救电文。8月11日，《中央日报》以《甘肃亢旱成灾 刘郁芬通电乞赈》为题，并附全文通电：

> 郁芬等行能无似，上干天和，雨泽愆期，良滋愧悚。陇地高塞，河流湍急，自昨年亢旱异常，日烈风狂，泉竭井枯，被灾之广，及于全陇。灌溉失利，播种愆期，夏田则尽成槁苗，秋禾则难于入土，赤地千里，触目惊心。而况地本贫瘠，民鲜宿藏，交通不便，转运艰难，补救无方，流离载道。加以导河一带，伏莽潜伏，乘机而动，虽经派队剿办，次第芟除，而人民饥馑之余，均罹烧掠之惨。天灾人祸，纷至沓来，哀哀甘民，何以堪此。现在哀鸿遍野，待哺嗷嗷，虽经积极筹办急赈，惟一省之力有限，而群黎之待赈方殷，端赖贤豪，共襄斯举。素仰诸公恫瘝在抱，饥溺为怀，赈灾恤邻，谅所赞助。盼祈捐募赈款，嘉慰群黎，则感怀高义，共荷四方一家之仁，陇地苍生，群泣义粟仁浆之惠矣。临电惶恐，即希亮誉，伫望云霓，不胜盼祷。①

刘郁芬的电文，内容可概括为四方面：一，甘肃遭遇大旱，地方政府极力赈灾，但一省之力有限；二，甘肃旱荒发生，多与自然气候有关，旷日持久之下，灾情持续蔓延，加之地方贫困，民无余粮，灾情加重，灾况加剧；三，甘肃旱荒与导河一带土匪有关，省政府虽竭力铲除，但残余势力仍在祸害地方；四，甘肃旱荒，实为天灾人祸，省政府无力赈济，遂向外界求援，若能及时救助，则是外界诸公“恫瘝在抱，饥溺为怀，赈灾恤邻”的仁义之举，甘肃黎民感恩戴德。

从以上四方面内容可知，刘郁芬政府虽然承认甘肃发生巨大旱灾，并由旱致荒的基本事实，但认为除无法克服的自然因素外，政府不承担任何人祸的责任，并强调，无论是在镇压导河一带的地方匪患，还是赈济灾民方面，甘肃省政府都“积极”作为。但无奈的是，天灾范围广，持续时间长，非一省之力所能救济，遂不得不向外界求援。一言以蔽之，甘肃省政

① 《甘肃亢旱成灾 刘郁芬通电乞赈》，《中央日报》1928年8月11日，第1张第2版。

府在此次旱荒中已经竭尽全力。质言之，刘郁芬的这封电文，难免有推卸责任和借助呼吁救济旱荒从而避免被问责之嫌。

刘郁芬政府之所以选择以呼吁救济旱荒为应对问责的策略，主要原因在于，以刘郁芬为代表的国民军自进入甘肃以来，在起初阶段（1925—1927年）确有作为，不仅整顿地方吏治，而且积极开展城市建设等有益民生的事务。虽然其出发点在弘扬冯玉祥的“大西北主义”，为其后续经略新疆等地做准备，但实践的效果确实使甘肃的发展有所进步。不过从1927年下半年开始，当国民军在甘肃站稳脚跟后，其所作所为则远不如前，甚至给甘肃地方社会发展造成重大阻碍。以扩军备战为例，国民军进入甘肃的1925年，甘肃财政实际支出334万余元，其中军费支出177万余元，占总支出的53%；1926年，财政实际支出498万余元，军费支出347万余元，占总支出的70%；1927年，财政实际支出755万余元，军费支出521万余元，占总支出的69%[①]。由此可见，自国民军进入甘肃，军费开支数目呈上升趋势。但甘肃自1920年海原地震以来，经济状况本就捉襟见肘，如何应付如此巨大的军费开支？其解决策略之一，就是增加苛捐杂税。刘郁芬政府捐税种类包括教育附捐、善后附捐、剿匪附捐、军事附捐、营房附捐、赈灾附捐、借捐、富户捐、地亩捐、烟亩罚捐、懒捐、建设捐、警察捐、清乡捐、房屋捐、汽车捐、开垦捐、车辆捐、船筏捐、牲畜捐、筵席捐等[②]，仅1929年“全省捐税项目多达120余种”[③]。其统治甘肃四年，“各项苛捐杂税约在5000万元左右”[④]。如此庞大的数目，对地方经济的发展而言无疑是巨大的阻碍，更是加在老百姓身上的一座大山。甘肃当地有民谣唱道：“刘郁芬入甘，土匪遍山；刘郁芬一到，鸡犬不叫。”“国民军来催粮，先拉大姑娘，抓鸡又牵羊，全村一扫光。”[⑤]这都

① 参见杨思：《甘肃通志稿·财赋志》，1964年，甘肃省图书馆藏。

② 康天国：《西北最近十年来史料》，西北学会，1931年，第29—39页。

③ 甘肃省地方史志编纂委员会、甘肃省商业志编委会编纂：《甘肃省志·第四十九卷·商业志》，甘肃人民出版社，1993年，第35页。

④ 甘肃省地方史志编纂委员会编纂：《甘肃省志·第二卷·大事记》，甘肃人民出版社，1989年，第242页。

⑤ 篱君：《“留一分”》，甘肃省文史研究馆编：《陇原鸿迹》，上海书店，1994年，第187—188页。

是对刘郁芬政府后期统治的真实写照。

除此之外，1928年发生的河州事变[①]，不仅是以刘郁芬为代表的冯玉祥客军与以马仲英为首的甘肃本地军阀之间的战争，同时也是“国民军的横征暴敛导致的民穷财尽”[②]，进而引发的“甘宁青广大回汉人民反抗国民党新军阀统治的一场武装抗暴斗争”[③]。河州事变给当地人民带来巨大的灾难，并且导致战事从临夏、永靖、和政、广河一直蔓延至周边地区。这时期的甘肃军阀林立，各自为政，种植鸦片，扩充军队，穷兵黩武，致使地方贫困化程度加剧。而越是贫困，处于统治阶层的权势主力越是加紧搜刮，分割有限资源。故而，即便旱荒发生，地方政府也无力，更不可能将重心放在旱荒救济和干预食物危机上。因此，军阀混战是加剧甘肃旱荒的重要原因之一。据此，美国红十字会甚至“拒绝参与中国的饥荒救济，认为中国的饥荒是政治原因造成的，而不是自然原因造成的”[④]。同时，《申报》也在1928年1月29日发表《红会拒赈北方灾荒》一文，声言：“日内瓦万国红十字会与巴黎红会大联合，对于北京华洋义赈会请助赈款一百万元案，经严密考虑后，俱决定不拨，其理由以中国北方灾荒实非天灾，全由苛政所致，故红会不宜预闻。”[⑤]

刘郁芬政府有意借助“救济”旱荒来应对问责，但实际上，冯玉祥势力在南京国民政府也面临着挑战。早在北京政变之后，冯玉祥与皖系、奉系以及国民政府之关系就变得极其微妙，出走西北也是应对国民政府削减其权势的权宜之计。不过，冯玉祥在统治西北期间，态度并不消极，其终极目标是将甘肃逐渐经营成其角逐全国政权的后方基地。同时，冯玉祥在经营西北过程中另一重大举措就是将甘肃一省划分为甘肃、宁夏和青海三省，借此将势力向宁夏、青海渗透。此项提议最终获得国民政府批准。1928年10月22日，国民政府秘书处要求宁夏、青海设省，并就各自范围

---

① 《1928年河州事变》，临夏县志编纂委员会编：《临夏县志》，兰州大学出版社，1995年，第477页。

② 刘进：《中心与边缘：国民党政权与甘宁青社会》，天津古籍出版社，2004年，第43页。

③ 吴忠礼、刘钦斌主编：《西北五马》，河南人民出版社，1993年，第150页。

④ [美]费正清主编：《剑桥中华民国史：1912—1949》上卷，中国社会科学出版社，2007年，第312页。

⑤ 《红会拒赈北方灾荒》，《申报》1928年1月29日，第4版。

进行规定[①]，至此国民军在中国政局中的地位更加举足轻重。冯玉祥个人势力的逐渐扩大对南京国民政府而言，势必造成威胁。所以，甘肃旱荒发生以后，国民党中央借助旱荒问责也成为削弱冯玉祥势力和影响力的有效策略与手段。关于旱荒原因，《新闻报》在1929年5月27日发表的国民党中央宣传部《宣布冯玉祥残民罪状》一文中指出：

> 各报馆鉴。冯玉祥假仁假义，天天说救国顺民，实际上他是断送领土的国贼，屠杀民众的刽子手。……冯玉祥断绝国民的生路，这一年中有两件大事，轰传于全国的。一件便是禁烟，一件便是赈灾。这两件事和我们西北同胞，有莫大的生死关系。但是西北同胞们，你们可知道现在烟土流毒和西北灾荒，都是冯玉祥一手造成的吗？……就是因为有了这个种销烟土的西北总司令，才造成了西北的灾荒。因为他只是尽量教西北人民种烟，诱之以利，迫之以威，却不晓得西北各省田地种了鸦片，就不能种五谷，不种五谷，当然就没有粮食，没有粮食，哪能不发生灾荒呢？……所以陕甘……人民饿死的灾情完全是冯逆一手造成的。[②]

国民党中央认为西北旱荒是“冯逆一手造成的”，指责冯玉祥迫使西北百姓种植鸦片，致使耕地被大量占用，庄稼种植面积减少，粮食减产甚至失收，天灾发生无余粮补给，遂酿成饥荒。同时，国民党中宣部发表的这篇文章的后半段，还再次强调，西北灾荒发生时，冯玉祥不仅不自己赈灾，还到处呼吁“捐款捐粮”，“如果他把款捐得来，散给穷民，把粮捐得来，散给饥民，亡羊补牢，犹为未晚。谁知道这阴毒险诈的冯玉祥，竟出人意外，丧尽天良，将赈款扣留，向外国去买军械，把赈粮吞蚀，改为军粮”[③]。该文还指出，“对比之下”，国民政府在得知西北发生灾荒，西北人

---

① 《国民政府秘书处函为奉国府令以甘肃省旧西宁道属各县与青海形势毗连应即划入青海省并定西宁为青海省治，又旧宁夏道属各县地方辽阔应即设置宁夏省以宁夏为省治等因函达查照由》，《司法公报》1928年第19期，第235页。

② 《宣布冯玉祥残民罪状》，《新闻报》1929年5月27日，第6版。

③ 《宣布冯玉祥残民罪状》，《新闻报》1929年5月27日，第6版。

民嗷嗷待哺的消息后，及时明令赈灾，不仅大量拨款，而且全体官员捐俸一月，“这是民国成立以来没有哪一个政府能够如此出力救民的一件可纪事实”[①]。

此后，1929年11月14日，《中央日报》以《甘肃灾童之血泪语》为题，更以“冯系军阀祸甘之实录”予以强调，对甘肃旱荒再次进行报道。该报道的内容是上海中国红十字会收容甘肃300余名受灾儿童，“该灾童中十人九病，脸上满呈悲惨之色，据较大之灾童声称：甘省灾民之死亡者，均葬于住室之地中，既不敢啼哭，更不敢外葬，不然一经人知，即必被抢而生食”[②]。

由以上旱荒文本可以窥见，此时的旱荒书写已经超出其本来的客观事实，而成为以刘郁芬为代表的冯玉祥部与以国民党中宣部为代表的南京国民政府之间的一场博弈，双方都在抢占对甘肃或西北旱荒的话语解释权，而解释权背后隐含着一方想要推卸责任或彰显其“好人政府”的形象，而另一方则将旱荒的成因完全扣在对方头上，损坏对方形象的同时，极力标榜自身。总体而言，此类旱荒文本，变成了利益相关方施展策略、博取民心和声望的重要工具。

除甘肃省地方政府以及国民党中央借助旱荒文本施展各自策略外，甘肃旱荒发生后，宗教团体对于旱荒的救济与呼吁也显得很积极。其中，尤以基督教及其传教士团体最为积极，其出发点同样兼有利益取舍。

甘肃旱荒发生后，基督教及其传教士团体及时向外界发布消息，积极呼吁救灾。其旱荒文本的书写，同样具有特色。以神召会《为甘肃省灾民呼吁》文本为例，其言：

> 此外还有一件也是很重要的事，就是甘肃省因为许久没有雨水降下，田地旱得龟坼似的，粮食都失了收，人民要拿草根树皮作食……敬请推爱主的情，慷慨解囊救济，俾嗷嗷待哺者，不至饥寒待毙——活命之恩，实拜仁浆义粟之赐了。兹将他们来函择录一二，列位看了当知其惨，而代祷与救助。

① 《宣布冯玉祥残民罪状》，《新闻报》1929年5月27日，第6版。

② 《甘肃灾童之血泪语》，《中央日报》1929年11月14日，第2张第1版。

（一）天旱饥荒 今年久不下雨，农作物失收，粮食比较去年昂贵百分之九十，平民没处谋生，已有拿树皮草根充饥的。

（二）匪祸 ……人民流离四方，无家可归的不胜枚举。狄道、河州，和西半省一带各县，赤地千里，惨无人烟。杀人、放火、掳掠等事，无日无之。人民好像俎上之肉，任由他们宰割。

（三）瘟疫 现在好几县发生瘟疫，日渐蔓延。

以上所列举的天灾人祸，已令人惨不忍卒读；列位若亲眼看见，或亲历其境，将作什么感想呢？

惠款请寄甘肃岷县神召会新普送牧师收入转发便可。[①]

从以上神召会《为甘肃省灾民呼吁》的文本可见，其文本书写极具宗教色彩，其呼吁对象为“爱主的弟兄”即基督教受教群体，且运用“移情”或“了解之同情”策略，呼吁救灾，并认为救灾乃是“推爱主的情”。同时，文本强调“匪祸”是甘肃省旱荒加剧的原因之一。

除此之外，《时兆月报》在一篇名为《为甘肃灾民代求》的文章中，分别用孟子说、中山先生说论证恻隐之心和博爱之心，最后引出“使徒保罗说”，呼吁对灾民进行物质上的救济，并阐发基督教“救人且救灵”及“推己及人”的观点，引用《圣经》著名篇章和耶稣话语强化宗教解释，将救灾目的明确化，即“或者上帝要利用这机会，使甘肃的灾民转向于他”[②]。

三、作为隐喻的旱荒文本

在对甘肃大旱进行事实描述和介绍的过程中，无论是甘肃省政府、南京国民政府还是基督教团体，都提到了一种饥荒现象，即“人相食”，而“‘人吃人’的恐怖图像也根据它所被植入的符号体系呈现了多样性的意义”[③]。大多数被报道或公布的“人相食”的充满恐怖色彩的饥荒叙事中，

① 《为甘肃省灾民呼吁》，《神召》1928年第3卷第7—8期，第89页。

② 《为甘肃灾民代求》，《时兆月报》1931年第26卷第4期，第6页。

③ ［美］艾志端著，曹曦译：《铁泪图：19世纪中国对于饥馑的文化反应》，江苏人民出版社，2011年，第244页。

其场景设置往往是由陌生人到近亲，由死人到活人的发展过程，一方面呈现灾荒的严重性，一方面说明社会秩序的失范与失控。除此之外，还有更多“书不尽言”与“言不尽意”的隐喻。

以《中央日报》1929年3月21日的新闻《一幅甘肃灾荒图》为例，该文指出：

> 洮西苏家集附近，因匪患、饥寒而绝户者，几达八九百家。一家数口，自度难以生存，全家仰药而死。如迫于饥饿，竟将襁褓之子，供作食品。乞食数日，难谋一饱，度无生路，投河投井。乞丐杀食同类，小孩惨哭之声，惊心动目。其他服毒而死者，弃小儿于山野者，延颈待毙而自缢者，种种惨状，不可胜纪。①

另，《民国日报》1929年5月26日的新闻《甘肃灾民之惨状》，其中言及：

> 少数灾民恒以人肉充饥，初仅割食无名死尸，后虽家人父子之肉亦能下咽。近则隐僻地方，往往捕食生人，儿童独自出门最为危险。伏羌、通渭、武山等县，竟有宰食亲生儿女者。②

以上两则新闻，虽然都是对甘肃旱荒严重性的描述，但明显第二则的描述程度更甚于第一则，尤其是“人相食”的恐怖图像和场景描述程度更为严重。第一则消息中，还有人在严重饥荒场景中的挣扎与无奈，以及迫不得已的相关描述，第二则消息则已经抛弃了相关书写与叙事，直接构建“人相食”的场景。但是不得不承认，作为报纸消息尤其是赈灾呼吁类新闻，这样借用大量的“人相食”图像或“食人主义”语境来表达旱荒的残酷性的描写手法确实显得必要。因为通过阅读，即使原本无动于衷的读者也可能因此落泪或予以捐助。故而，这是一种典型的激发行动类的叙事模式，是一种呼吁赈灾的动员手段。当然，在这样的新闻中，“人相食”是

---

① 《一幅甘肃灾荒图》，《中央日报》1929年3月21日，第2张第4版。

② 《甘肃灾民之惨状》，《民国日报》1929年5月26日，第3张第2版。

一种现实存在。这样的文本除隐喻地方秩序的失控之外，还有儒家文化在严重旱荒中的被冲击，以及传统和谐社会与家庭的被瓦解。"人吃人"，吃掉的不仅是具象的人这一活体或死亡生物，更是抽象的儒家文化和道德准则。质言之，由此会引发社会秩序崩溃、社会危机加深。而呼吁救灾，不仅是救助甘肃处于旱荒中的民众，更是减轻社会危机、重建社会秩序的实际行动。

在基督教团体描述的有关此类现象的饥荒文本中，则隐藏着另一重寓意，即"文明的西方"与"未开化的中国"之间存在漫长的距离，以及"甘肃是远方的黑暗之地"，需要"基督教福音的救赎"。如《上海泰晤士报》(*The Shanghai Times*)的报道《调查员发现同类相食现象——甘肃饥荒灾民吃人肉》指出，据华洋义赈会调查员安献令(George Findlay Andrew)调查发现，甘肃"正宁附近有匪三十五人被杀，部分尸体为饥民所食"①。这些夸张的文本书写背后，是对甘肃旱荒情况的夸大和当地环境险恶程度的无限放大，更是对地方稳定和秩序的解构。

同样,《中央日报》也以《甘肃人相食》为题发表了以安献令为代表的华洋义赈会调查员的甘肃灾情调查报告，其副标题为"分犬一杯羹以人肉充饥，耕期已过今年播种无望"。报道称，据安献令调查：

> 该省饥民相食之说并非虚构，惟非杀人而食之，系人死后一时无人埋葬，因饥不可耐，遂取其肉而食之也。有某县县长一日得报告谓县境内有食人肉者，当将其人捕获，本拟从严惩办以警效尤，及询其知否犯法，答曰，明知犯法，但我仅分犬之一杯羹耳。该县长闻之亦只得付之一叹而已。②

上述调查报告，不仅再次强化了甘肃旱情严重的事实，同时描绘了一幅新的灾荒受难图，更加揭示了旱荒中存在的人与动物争食现象，其隐喻即人不如犬。

---

① Reuter, "Investigator Finds Cannibalism——Famine Suffers Eat Human Flesh In Kansu Province", *The Shanghai Times*, May 22,1929, p.2.

② 《甘肃人相食》,《中央日报》1929年8月8日,第2张第1版。

此外，安献令在1930年11月于天津英租界耶稣教公会堂所宣讲的甘肃1929至1930年灾况，虽然没有再次提及“人相食”的话题，但仅从其宣讲的内容，即“饥荒困境”“交通不便”“调查灾况”“土匪甚众”“人迹罕至”“发现瘟疫”“械斗事件”“爬行代步”“选择灾民”“以工代赈”“遇匪无损”和“汇寄无由”等12个方面，亦可发现甘肃在以安献令为代表的基督教传教士心目中的形象——一个遥远的、充满“黑暗”“恐惧”和需要“救赎”的地方。

同时，此次宣讲中，安献令更将范围扩大至整个中国，声称：“甘灾既如此严重，而美国红十字会派遣委员调查中国旱灾，拟定报告，谓中国灾情虽重，然救济恐亦无济于事，盖救济结果，终只助长中国内乱而已”，并且“时中国路政甚恶劣，即由西安赴兰州，尚须五十余日”①。而对于时局混乱的甘肃或者中国，作为基督教传教士代表的安献令则尽力争取救援，通过呼吁以及以工代赈等形式积极帮助灾区民众。结果，虽然路遇土匪，但“盖政府及土匪均知余等之善意，故遇匪无损，或能加以援助”②。由此可见，安献令虽对甘肃灾情多有夸张描述，但其本人也确实对救助甘肃灾民贡献不少。不过必须承认，通过宣讲灾情和呼吁救灾，达到“甘肃归主”或“中华归主”才是其最终目的。毕竟连“土匪”都知道传教士的“善意”，更何况亟须被救济的处于死亡边缘的广大灾民！

四、余论

文本作为记录历史的基本载体，是一切历史研究的基础。但客观而论，任何文本书写都有其利益选择和立场站位。因此，分析并明确文本背后的语境，尽最大努力去解释文本，是历史研究者必须尽到的义务和肩负的使命与责任。故而，在关注文本的时空属性时，必须了解作者。作者作为文本的制造者，不可能完全没有目的性。抛弃作者的“作者已死”论，是对文本解读的一种误导，可能因此招致读者或研究者走向偏离文本本来含义的泥潭或者误区。

---

① 《甘肃灾况谈》,《中央日报》1930年11月25日,第1张第2版。

② 《甘肃灾况谈》,《中央日报》1930年11月25日,第1张第2版。

甘肃大旱（1928—1929），作为已经过去的历史，在其初次发生的当时当刻，即存在各种“形似”但“质异”的文本书写与选择，各方企图借此达到对事件的解释和形象的塑造。甘肃省政府通过它，打造自己的“好人政府”形象，推卸自己在灾荒发生时所应承担的责任，减轻来自社会的谴责；南京国民政府利用它，达到宣传国民党中央致力救灾，贬低冯玉祥及冯系势力社会形象的目的；外文报纸和基督教传教士则借助文本，宣扬中西方差距，企图达到“救赎甘肃”，进而“救赎中国”，实现“中华归主”之目的。

当然，必须承认，无论是代表冯玉祥的刘郁芬，还是南京国民政府，抑或基督教传教士团体，虽然其救灾的目的不一，但确实都促进了救灾工作的开展。1928年冯玉祥为救济甘灾，从安徽购买粮食运往甘肃灾区[①]。为帮助灾民恢复生产，发展农业，甘肃省政府于1928年4月颁布命令，规定：各地筹设合于实用之农业学校及农务局各一所……各县政府及建设局注意改良农具及交换作物种子，以增加生产；并于该年7月在省政府举行农工出品展览会，以交换知识[②]。甘肃省政府特别颁布《奖励凿井章程》，指出：“凿井防旱尽人皆知，然各处无凿井习惯，往往明知而不为，一遇旱荒则赤地千里，及目睹槁饿载道，始为杯水车薪之赈济，所救几何？”[③]并特别要求各地帮助小农户学习凿井知识与办法，鼓励小农户相互合作，共同开凿，以渡难关，对有积极贡献者予以奖励。此外，甘肃省政府特别发布“不论菜牛耕牛一体禁宰运以重农业而裕民生”的训令，指出“耕牛为农事所需，关系民食至重且大，残杀耕牛即无异戕贼民生”[④]，民众应保护耕牛，以助农业生产。1929年以刘郁芬政府为代表的甘肃省赈务会，拨

---

① 《冯玉祥购皖粮赈甘灾》，《新闻报》1928年10月22日，第7版。

② 《甘肃省政府训令：令民政厅、财政厅、建设厅、各区行政长、各县县长，为令行事案查前奉冯总司令电开查农业工业为建国根本亟应积极改进》，《甘肃省政府公报》1928年第39期，第34—35页。

③ 《甘肃省政府训令：令建设厅，为令行事案奉国民革命军第二集团军总司令部民字第一五五号训令》，《甘肃省政府公报》1928年第58期，第55页。

④ 《省政府训令：准农矿部函请不论菜牛耕牛一体禁宰禁运以重农业而裕民生饬属遵照认真严密查禁文》，《甘肃民政月刊》1928年第15期，第11页。

给榆中救济款大洋1.6万元[①]。同时，甘肃省民政厅命令各县县长“劝令富户将所存粮食，公平出粜，或借给贫民”[②]。鉴于灾荒发生，人民流离失所、牲畜死亡过半、耕种多无办法、田地荒芜等问题，刘郁芬强调，春耕勿失其时，特令军队协助农民工作，并要求军队所有骡马帮助农民耕种，解决农民困难[③]。因受灾情影响，民众缺衣少粮，很多地方的植被被灾民用于充饥。为恢复植被，涵养水源，保持水土，甘肃省建设厅于1929年10月向省内各县发布训令，要求各县植树造林，设圃育苗[④]。

1929年3月24日，国民政府赈灾委员会呈请国民政府中央划拨甘肃赈灾款110万元，获批[⑤]。救灾期间，“国民政府财政部拨给甘肃‘十八年赈灾公债’119万元”[⑥]，并将国民政府治下各机关文武官员所得税征捐办法适时调整，“薪俸在百元以下的免捐，在百元以上二百元以下的捐百分之二十，在二百元以上四百元以下的捐半个月，在四百元以上的捐一个月，分四个月平均征收，由财政机关按月扣付”[⑦]。而基督教神召会仅在甘肃岷县县城和宕昌就办起了两所“贫儿院”，“先后收养邻近各县数以千计之灾童，不但管衣食住，而且还开办了半工半读，学习制鞋、织地毯等手工艺……既解决了灾童生活问题，又为地方培育了手工艺人才”[⑧]。在凉州，传教士卜存仁（W.Malprus Belcher）夫妇每天都要救援数百灾民，卜存仁还因为救护灾民而染上风寒，于1929年6月24日去世[⑨]。在徽县，内地会女传教士贾兰珍（Annie Garland）及其同事借用一个旅店的骆驼场，按照优先级——

---

① 张文玲主编:《榆中史话》,甘肃文化出版社,2005年,第36页。

② 《甘肃省政府民政厅训令》,《甘肃省政府公报》1929年第85期,第29页。

③ 《军马助民耕,刘郁芬令各部队》,《京报》(北平)1929年3月31日,第3版。

④ 《甘肃省政府建设厅训令:令定西县县长林钟毓,为令行事查各县设立苗圃》,《甘肃省政府公报》1929年第114期,第77页。

⑤ 《赈灾委员全体会议 呈请政府举办海关二五附加税赈灾,请政府年提五百万列入预算备荒》,《民国日报》1929年3月25日,第2张第2版。

⑥ 张文玲主编:《榆中史话》,甘肃文化出版社,2005年,第35页。

⑦ 我:《陕甘赈灾捐与所得税》,《无线电》1929年4月4日,第3版。

⑧ 周文浩:《岷县基督教概述》,中国人民政治协商会议岷县委员会文史资料委员会编:《岷县文史资料选辑》第4辑,1997年,第179页。

⑨ 《卜存仁(W.Malprus Belcher):在甘肃凉州宣教40年的英国宣教士》,http://bdcconline.net/zh-hans/stories/bu-cunren,访问日期:2022年11月22日。

先儿童、妇女，后男人的顺序，每天为灾民发放面包[①]。在三个多月的救灾过程中，贾兰珍等人累计接收病人1000余人，并为安葬死难者组织安葬委员会，在收割时节为灾民购置镰刀。因灾民中多有病患，导致贾兰珍感染伤寒，于1929年12月27日不幸离世[②]。就以上事实论，各方在甘肃旱荒救灾方面，其行为确实值得称道。

同时必须说明的是，各方势力在借助旱荒文本的制造与书写进行博弈与竞争的过程中各有得失。其中，以刘郁芬为代表的国民军并未因呼吁救灾而减轻其统治压力，反而是救灾话语权的争夺使得冯玉祥与南京国民政府之间的对峙更加白热化。而刘郁芬及其亲信赵席聘在旱荒中对河州事变的态度及处理方式，尤其是枪杀八名请愿代表以及将河州八坊付之一炬的事实[③]，无疑加剧了当地百姓对统治者的憎恶。虽然在这之后冯玉祥曾有意缓和与地方的矛盾，提出对普通民众实行“招徕、宣抚、赈恤、减税”[④]等方法，但此前国民军的种种行为，已然有失民心。中原大战之后，冯玉祥败北，国民军也退出甘肃。南京国民政府则借助旱荒与河州事变，对冯玉祥及其国民军展开舆论攻势，使其“腹背受敌”，并乘机渐次向甘肃实行政权渗透，其日后对“青马”“宁马”的羁縻政策或从此时开始逐渐发展并最终成型。而基督教则在整个中国“非基督教运动”的挑战下，逐渐由其显性的“中华归主”的传教策略转变为隐性的以教育、医疗、救灾为主的“慈善”传教模式，并最终完成“中外合作建制”，实现了基督教在中国的本土化发展。

回到文本本身，对于研究者而言，如果不能明确甘肃大旱（1928—1929）饥荒文本背后的作者身份及书写目的，即“谁（Who）在书写”以及“为何（Why）书写”，就不能解释相似文本背后不同的表达方式和强调与弱化的内容及其原因。正如罗志田所言：“很多时候，我们正是通过立言者的著述来理解其所欲言。然而立说之人既有主动的书不尽言、言不

---

① "A lady Famine-Worker in Kansu", *The North-China Herald and Supreme Court & Consular Gazette(1870-1941)*, July 9, 1929, p.9.

② 《贾兰珍（Annie Garland）：在甘肃宣教39年，最终为甘肃百姓献上自己生命的澳大利亚宣教士》，http://bdcconline.net/zh-hans/stories/jia-lanzhen，访问日期：2022年11月22日。

③ 《甘肃回民叛变之因果》，《申报》1928年8月17日，第11版。

④ 《二集团军戡平甘乱记》，《申报》1928年10月13日，第10版。

尽意，也可能不得不欲语还休，还有很多有意无意间的言而不书。"[①]故而，历史研究中，解读文本应首先回归"人"，即对"作者"本身进行了解和研究，在此基础上实现对文本强有力的解释，通过释读文本产生的语境和目的，揭示文本制造与权力争夺之间的共谋关系。

作者通信地址：甘肃省兰州市七里河区兰州理工大学马克思主义学院。

责任编辑：陈卓

① 罗志田：《知人论世：回归以人为主体的历史》，《读书》2019年第11期，第42—43页。

抗战诗集出版史料综观（1931—1949）

薛雅心* 王泽龙**

摘　要：1931年至1945年抗战期间，全国出版抗战诗集多达500余部。全面抗战初期诗集出版以上海、武汉地区为中心，随着战争的持续，诗集出版中心转向西部地区。重庆中国诗艺社、成都海星诗社、桂林文化供应社、昆明救亡诗歌社等成为西部地区新诗创作的重要群体。抗战胜利后诗歌活动重新回归上海，同时东北、西北、港台地区也出版了不少抗战诗集。抗战诗选整体呈现出多样的文体特征，包括自由体诗、现代旧体诗、儿童诗、民间歌谣、朗诵诗、街头诗、报告体诗、通信体诗、戏剧体诗、歌曲等。抗战歌谣是最具民间特征的诗歌形式，它一方面以通俗读物类出版社为基础面向大众读者，一方面又受政府关注，以政府机构为出版主体，军队宣传机构、政府教育机构、战地服务团、民间教育组织等都出版了大量抗战歌谣集。抗战歌曲是抗战诗歌中跨界的门类，是诗人与音乐家的联合、新诗与歌曲的汇通，不少诗人同时创作歌词，自觉成为推动新诗与文艺走向大众、走向民间、走向前线的文化战士。

关键词：抗战诗集；出版史料；抗战诗选；抗战歌谣；抗战歌曲

从1931年9月至1945年8月，中国人民经历了14年漫长的抗战历程。中国诗歌与中华民族生死与共，在炮火连天的岁月中不屈地生长。1931年至1949年，沦陷区、解放区、国统区共出版抗战诗集多达500余部，其中包括个人抗战诗集230余部，抗战诗选20余部，抗战歌谣130余部，抗战

---

*　薛雅心，女，汉族，华中师范大学文学院现代文学专业博士研究生。

**　王泽龙，男，汉族，华中师范大学文学院教授。

歌曲120余部①。抗战诗歌是中国人民在二十世纪三四十年代创作的以抗战为主题、以书写战争中人民的苦难为主要内容的诗歌。个人抗战诗集以单独作者的抗战诗歌为主体，诗歌由作者自选，由出版社或自印出版；抗战诗选集由特定编选者筛选抗战诗歌，结集成册，既有文体繁杂的抗战诗选，也有自由体抗战新诗选；抗战歌谣集是包含民谣、山歌、小调、鼓书等民间抗战歌谣的集子，含有较多民间音乐元素，通过民间采集或诗人创作而成，多由通俗读物类出版社出版；抗战歌曲集是由专业音乐人作词、谱曲的抗战曲集，它吸收了西方作曲技艺，借鉴流行音乐风格，多附有曲谱。本文主要通过资料索引、文献集成类书籍对这些诗集进行整理，并经由数据库、图书馆对原版文献进行核实，确认诗集内容符合上述各类标准，再将其列入抗战诗集出版史料之内②。

一、个人抗战诗集的出版（上）

20世纪30年代，上海作为中国主要的文化中心，引领出版风气。抗战诗歌出版的最重要推手是中国诗歌会。1932年9月中国诗歌会在上海成立，次年3月会刊《新诗歌》在上海创刊。蒲风、王亚平是中国诗歌会的中坚力量。1934年夏《新诗歌》被查封，蒲风前往日本，王亚平在青岛组建专门的诗歌出版社。1936年夏，蒲风回国，在上海参与“诗歌出版社丛书”的策划。1936年10月，蒲风成为国防诗歌创作的主要发起人。他在诗集《钢铁的歌唱》后所附的《怎样写“国防诗歌”》一文中认为：“当我们了解了我们的国家的处境，我们的民族确将陷于灭亡的危机”，“我们觉得即使是在文学上也负了如是的最有意义的任务，而在诗歌上也特别需求‘国防诗歌’，这是在诗人的职责上，在诗人本身的存亡（个人离不了整体）上，为天公地当的主张。”③

---

① 此处统计的诗集为目前在国内图书馆中有藏、数据库平台中已收录的文献。

② 在抗战诗集的各种类型中，个人抗战诗集与诗选集书目收录较为全面；抗战歌谣集包含的民间文学类型较多，且散佚各地，歌谣类书目索引文献较少，这类书目收录仍有补充空间；抗战歌曲集在抗战时期以爆发趋势大量出版，但有些仅见题名，未见原著，无法确定是否出版及内容是否为抗战歌曲，有待进一步搜寻和考证。

③ 蒲风：《怎样写“国防诗歌”》，《钢铁的歌唱》，诗歌出版社，1936年，第70—71页。

“诗歌出版社丛书”以上海为主要出版地，出版图书数量多达27种，其中包含的抗战诗集，除蒲风《钢铁的歌唱》外，有王亚平《都市的冬》（1935年）、温流《最后的吼声》（1937年）、蒲风《抗战三部曲》（1937年）、雷石榆《国际纵队》（1937年）、克锋《赴战壮歌》（1937年）、青鸟《奴隶的歌》（1938年）、蒲风《黑陋的角落里》（1938年）、黄宁婴《九月的太阳》（1938年）、克锋《战士的歌》（1938年）、雷石榆《1937/7/7—1938/1/1》（1938年）、芦荻《驰驱集》（1939年）。丛书之外，诗歌出版社出版的抗战诗集还有沈旭《死亡线外》（1936年）、雷石榆《新生的中国》（1938年）、克锋与青鸟合著《解放集》（1938年）、张清水《一只手》（1938年）、蒲风《真理的光泽》（1938年）、蒲风《在我们的旗帜下》（1938年）、胡危舟《奴隶的活力》（1939年）、艾烽《祖国进行曲》（1940年）、殷红《远征行》（1940年）、宋寒衣《昨日的行脚》（1941年）。诗歌出版社成为抗战诗集出版的重镇，诗集前大都有蒲风或王亚平的序言，蒲风、王亚平成为抗战前期引领抗战诗潮的领袖。

国防诗歌运动中，诗歌出版社于1937年出版了“国防诗歌丛书”，包括穆木天《流亡者之歌》、任钧《战歌》、杨骚《乡曲》、柳倩《自己的歌》四部。蒲风1937年到厦门，帮助童晴岚等人成立革命诗歌团体——厦门诗歌会，该会出版童晴岚《中华轰炸机》（1938年）。中国诗歌会成员1937年在广州成立诗场社，主要成员有黄宁婴、芦荻等，该社出版“诗场丛书”，其中抗战诗集包括黄宁婴《九月的太阳》（1938年，该书同时列入“诗歌出版社丛书”）、胡危舟《投枪集》（1941年）。中国诗歌会诗人在全面抗战初期成为诗歌抗战的先锋力量。

上海其他出版社和社团也纷纷加入出版抗战诗集的行列。生活书店出版关露《太平洋上的歌声》（1936年）、郑振铎《战号》（1937年）。其他还有林重映《出哨》（1932年，星光书店）、陈梦家《铁马集》（1934年，开明书店）、老舍《老舍幽默诗文集》（1934年，时代图书公司）、王逊《谢了的紫丁香》（1936年，黄流文艺社）、田间《中国牧歌》（1936年，诗人出版社）、朱仲琴《狮吼》（1937年，民风社）、陈洪海《海之歌》（1937年，青春社）、孙钿《击退敌人去》（1937年，未名社）、萧剑青《战歌》（1937年，青年作家协会）、邹荻帆《尘土集》（1939年，文化生活出版社）等。

1937年8月13日淞沪会战爆发，11月中国军队撤出上海，各地文艺工作者陆续撤至武汉，武汉成为全国文艺活动中心。1938年3月27日，中华全国文艺界抗敌协会（以下简称“文协”）在武汉汉口宣告成立。“文协”成立后举办了多次诗歌座谈会。1938年，武汉诗歌朗诵运动蓬勃发展，《时调》期刊与《大公报》副刊《战线》等刊载了大量以抗战为主题的朗诵诗，同时出版了抗战朗诵诗集，如高兰《高兰朗诵诗集》（1938年，大路书店）、刘丹《我们的进行曲》（1938年，大路书店）。高兰的朗诵诗由汉口广播电台进行广播，有的被谱曲歌唱。1940年长沙商务印书馆以《朗诵诗集》之名进行翻印，1942年成都越新书局又以《高兰朗诵诗》之名翻印，重庆建中出版社在《高兰朗诵诗集》基础上加入高兰近作，出版《新辑高兰朗诵诗》，分为两集，分别于1943年、1944年出版。高兰的抗战朗诵诗在抗战时期广为流行，成为抗战时期朗诵诗的典范。

上海沦陷后，当地部分出版机构迁至武汉，如生活书店、上海杂志公司等。1937年9月，生活书店总店迁往武汉，至1938年10月武汉沦陷，在武汉开办了一年，同时在全国设置多个发行处，如广州、重庆、上海、西安、长沙、桂林、成都、香港，其间发行的抗战诗集有臧克家《从军行》（1938年）、安娥《燕赵儿女》（1938年）。此外，生活书店还出版了与抗战相关的丛书，如丁玲主编的“西北战地服务团丛书”①，其中抗战诗集有田间的《呈在大风砂里奔走的岗卫们》（1938年，丛书之八），讲述田间在山西临汾参加西北战地服务团的战地生活，丁玲为其作序。上海杂志公司总店也迁到武汉，并在重庆、长沙、桂林等地开办分店。该社在汉口出版有安娥的诗剧《高粱红了》（1938年）。冯玉祥1938年3月在汉口创立三户图书印刷社②，主要出版宣传抗日的书籍，在汉口期间出版冯玉祥的《抗战诗歌集》（1938年），此后该书第二至五集在桂林出版。1938年，三户图书

① 该丛书最初出版于汉口，其后随着生活书店的转移，在重庆等地继续出版，丛书中与抗战诗歌相关、在汉口出版的有：田间《呈在大风砂里奔走的岗卫们》（1938年），张可、史轮、醒知合著《杂技》（1938年），劫夫、田间、史轮合著《战地歌声（第一集）》（1938年）；在重庆等地出版的有：张可、醒知、东篱合著《杂耍》（1938年），劫夫、田间、史轮合著《战地歌声（第二集）》（1940年）。

② 其名称源自《史记》“楚虽三户，亡秦必楚”之典，其后也称“三户图书社”，1938年7月迁至桂林。以“三户”为名，除“三户图书社”外，还有顾颉刚等人1933年在北平创立的“三户书社”。

印刷社出版《冯玉祥诗歌近作集》。除诗集外，该社还在武汉出版老向的抗战歌谣《抗日三字经》（1938年）。

文化生活出版社一边继续在上海进行出版活动，一边在汉口等地设立发行处。1935年9月，巴金担任文化生活出版社总编辑，编辑“文学丛刊”，丛书从1935年11月出版第一本至1949年6月出版最后一本，15年间共出10集，每集16册，共160册，其中诗集14册，抗战诗集有王统照《江南曲》（1940年，第6集，发行处为上海）、杜运燮《诗四十首》（1946年，第7集，发行处为上海、重庆、汉口）、穆旦《旗》（1948年，第10集，发行处为上海、重庆、汉口、成都）。将汉口设为发行处的还有烽火社，1938年烽火社编辑“烽火小丛书”，发行处为上海、汉口、广州、重庆，其中抗战诗集有王健先的《横吹集》（1938年）、邹荻帆的《在天门》（1938年），此外靳以《我们的血》（1938年）和巴金《控诉》（1939年）两部诗文集中也有抗战诗歌。通俗读物编刊社、大众文化丛书社、新知书店等出版社都曾迁往武汉，出版抗战歌谣集、抗战歌曲集、抗战诗歌选本。武汉成为全面抗战初期抗战诗集出版的中心和推动全国文艺抗战运动的重要力量。

二、个人抗战诗集的出版（中）

1938年10月武汉失守，全国文化部门转移至西南地区，各大出版机构也纷纷迁移，诗人也加入西迁的流动大军，重庆、成都、桂林、昆明等地陆续成为文化中心。

（一）重庆

武汉沦陷后，上海杂志公司迁到重庆，1939年出版郑伯奇主编的“每月文库”，发行处除重庆外，还有昆明、柳州、桂林等。“每月文库”陆续出版的抗战诗集有：艾青《他死在第二次》（1939年）、臧克家《淮上吟》（1940年）、任钧《后方小唱》（1941年）。《淮上吟》书前有郑伯奇作《每日文库总序》，他说：“动员精神的工作，若要开展、要深入，文艺各部门的活动，比较其他方面需要得也许更迫切一点。因为文艺是精神的产物，同时却也有使精神振作或颓丧、高扬或堕落的力量。……年轻的中国文学，保持着二十多年的奋斗传统，再加上二十几个月的抗战经验，一定可以完成这宣传方面的重要任务，同时也可以达到艺术方面的最高成就。”[①]郑伯奇1942年主编“创作丛书”，由文座出版社出版，其中有穆木天的抗战诗集《新的旅途》（1942年）。郑伯奇在“创作丛书”序言中回忆编辑“每月文库”的情况：“因为战局的影响，出版者遭受了经济上的意外的打击，‘每月文库’的计划不得不暂告中止。”同时指出编辑的责任：“对于作家、出版者和读者，编辑是一个重要的连锁，一个无名的新作家更需要通过编辑的介绍，才可以得到出版的机会，而使自己的作品和读者相见。”[②]1938年10月广州沦陷后，烽火社在桂林、重庆、成都等地设立办事处，1941年出版靳以主编的“烽火文丛”，其中有艾青的抗战长诗《火把》（1941年，初版于重庆），该书后被收录于巴金主编的“文季丛书”，1946年在上海出版。

由上海、汉口、长沙等地迁入重庆的还有读书生活出版社、生活书店、商务印书馆。读书生活出版社在桂林等地开办分社，出版柯仲平的长诗《平汉路工人破坏大队的产生》（1940年），作为“大众艺术丛书”之一，他的另一部长诗《边区自卫军》（1938年）由读书生活出版社总经售。1938年8月生活书店总管理处迁至重庆，在此期间出版了臧克家《泥淖集》（1939年）、陈迩冬《最初的失败》（1940年）。1941年前后，生活书店、新知书店、读书生活出版社三家曾联合经售，林山《战斗之歌》（1941年）即由三家书店共同经售。1941年商务印书馆总管理处迁至重庆，出版王亚平《红蔷薇》（1940年，“大时代文艺丛书”之一）、罗家伦《疾风》（1943年）[③]、程铮《憧憬集》（1945年）等。此外商务印书馆还出版了一些包括抗战诗歌的诗文集，如李金发《异国情调》（1942年）、王平陵《副产品：诗，散文，杂文》（1945年）等。

1941年，徐仲年在重庆主编“中国诗艺社丛书”，由以“抗战建国”为使命的独立出版社出版。中国诗艺社的发起人有力扬、孙望、常任侠、吕亮耕等，常任侠、孙望原为南京“土星笔会”的成员。“中国诗艺社丛书”中的抗战诗集有李白凤《南行小草》（1939年）、绛燕《微波辞》

---

① 郑伯奇：《每日文库总序》，臧克家：《淮上吟》，上海杂志公司，1940年，第2页。

② 穆木天：《新的旅途》，文座出版社，1942年，第1—2页。

③ 罗家伦《疾风》中第三辑为“笳声集”，收抗战诗歌10首。

（1940年）、吕亮耕《金筑集》（1940年）、孙望《小春集》（1942年）、齐扬《黎明的号角》（1942年）、程铮《风铃集》（1943年）等。从这些诗集中可以看到中国诗艺社成员的转变，他们的诗歌内容由原来的田园风格、都市忧郁情绪转向战争书写，“可贵的是，他们的介入始终坚守着艺术的独立性和诗性方式的前提，很少去直接描写现实，而是审美地把握对象，以内视性的‘我’之角度去折射外部世界”①。独立出版社还出版中国文艺社主编的“抗战文艺丛书”，其中有王亚平的《中国兵的画像》（1938年）。

此外，抗战期间的重庆出版过大量丛书，其中许多都收录了抗战诗集。1942年，老舍的《剑北篇》被列为“抗战文艺丛书第一种”，由中央文艺奖助金管理委员会发行。张道藩主编的“现代文艺丛书”由正中书局出版，其中收孙望《煤矿夫》（1943年）、臧克家《十年诗选》（1944年）。田仲济、臧克家、叶以群合编的“东方文艺丛书”收臧克家《古树的花朵》（1942年），由东方书社出版。建国书店出版“文艺新集”，收邹荻帆《青空与林》（1942年）。“文协”常务理事王平陵主编的“大时代文艺丛书”由商务印书馆出版，收臧云远《静默的雪山》（1944年）。新群出版社出版“新群诗丛”，收艾青《雪里钻》（1944年）、袁水拍《沸腾的岁月》（1947年）。邹荻帆、姚奔主编“诗垦地丛书”由时与潮书店出版，收姚奔《痛苦的十字》（1944年）。华美书屋出版“华美诗歌新辑”，收任钧《战争颂》（1945年）。任钧这时期出版的抗战诗集还有《为胜利而歌》（1943年，国民图书出版社）。在重庆单独出版的抗战诗集还有袁水拍《向日葵》（1943年，美学出版社）、臧克家《感情的野马》（1943年，当今出版社）、柳无忌《抛砖集》（1943年，建文书店）②、汪树棠主编《生活七歌》（1944年，永川战时儿童保育会第二保育院）、李冰若《假如我是一个女人》（1944年，渝友书店）等。

（二）成都

抗战时期成都的诗歌活动主体是大量奔赴成都的诗人社团组织。牧丁

---

① 罗振亚:《不该被历史遗忘的先锋群落——1940年代“中国诗艺社”论》,《北方论丛》2014年第6期,第33页。

② 该集第三辑“无韵诗”多为抗战诗歌。

等人1935年在成都成立海星诗社，成员有牧丁、蒂克、影痕、谷风、冯振乾、贺敬之等。1940年牧丁主编“海星诗丛”，其中的两部抗战诗集为牧丁《未穗集》(1940年，海星诗社)、蒂克《小兰花》(1942年，莽原出版社)。海星诗社还出版了“诗长征丛书”，其中有影痕1941年出版的两部抗战诗集《五月的农村》《水车》。成都还有西部文艺社，该社主编“西部文艺丛书”，收斯因的抗战长诗《伊兰布伦》(1940年)及其抗战诗集《祖国的吼声》(1940年)。孙俍工在《伊兰布伦》的序言中称赞该长诗“实在是融合了四万万五千万同胞的杀敌的心志而写成的作品，说是个人而兼具有民族性的叙事诗，真是至当之论哩!”[①]

成都出版的抗战诗集较多由四川籍诗人创作。张泽厚(四川岳池人)著《扑灭倭寇》(1939年，成都跋涉书店)，该诗集为“群众朗诵剧”。张泽厚还著有长篇叙事诗《花与果实》(1942年，重庆新艺书店)、抗战史诗《昆仑关》(1943年，岳池新三书店)。在成都出版的抗战诗集还有郭秋白(四川荣昌人)的《秋白诗集》(1941年，成都普益图书公司)、陈汀(四川成都人)的《血的故事》(1941年，新新新闻印刷部)、罗润滋(四川金堂人)的《倭祸》(1939年，成都诚达印书馆)。除成都之外，四川的内江、泸县也出版过抗战诗集。梅英(四川内江人)在内江出版诗剧《天明了》(1938年，血光周刊社)、长诗《北国招魂曲》(1938年，民新书局)。秦光银(四川泸县人)在泸县出版《三年》(1941年，星期日周报)、《凯旋》(1943年，青年文化促进社)、《抗战小调》(1938年，重庆新生命书局)。“文协”成都分会也出版有臧克家《国旗飘在雅雀尖》(1943年，中西书局)，为“文协成都分会创作丛书”之一。

(三)桂林

1938年冬，武汉、广州相继沦陷，两地文化艺术界人士撤到桂林、重庆等地开展抗敌活动。《救亡日报》从广州迁到桂林，“文协”桂林分会成立，政治部第三厅部分工作人员从衡阳撤退到桂林，香港部分文艺界人士来到桂林，桂林成为“文化城”。“文协”桂林分会1939年10月成立，理事之一的胡愈之在桂林创办“文化供应社”，该社出版了一些丛书，如

---

① 孙俍工:《序》,斯因:《伊兰布伦》,西部文艺社,1940年,第3页。

“文学创作丛刊”“少年文库”。“文学创作丛刊”收录艾青的抗战诗集《黎明的通知》（1943年）。“少年文库”收雷石榆的《小蛮牛》（1943年），编者在《少年文库刊行旨趣》一文中表明：“抗战发生以后，我们的文化工作，有了长足的进步，但也正因为大家的眼光都集中到动员，注视到抗战上面，对于少年们精神食粮的供给，反而忽略了，以致使我们的少年群，长期的陷于精神食粮的恐慌和饥馑之中。”[①]“文协”桂林分会成员积极推动抗战诗集出版，白薇、欧阳予倩曾为诗集出版贡献力量。刘雯卿在桂林出版了三部抗战诗集：《血潮》（1939年，生路书店）[②]、《战地诗歌》（1942年，春秋出版社）、《火光中的影子》（1943年，暂不知出版单位）。“文协”桂林分会理事之一李文钊创办“诗创作社”，该社邀请胡危舟主编“诗创作丛书”[③]，由三户图书社总经售，收征军《红萝卜》（1942年）、彭燕郊《春天——大地的诱惑》（1942年）。

在桂林以丛书形式出版的抗战诗集还有许多。1937年9月，胡风在上海创办《七月》周刊，10月在汉口改为半月刊，次年7月迁渝。通过《七月》，胡风团结一大批作家，在此基础上编“七月诗丛”。1939年12月，上海联华书店出版胡风的《为祖国而歌》与庄涌的《突围令》，1940年这两本诗集又由海燕书店出版，分别编为“七月诗丛”第1、2号，6月，海燕书店在香港出版艾青的《向太阳》，编为诗丛第3号。1942年至1943年间，“七月诗丛”再版《为祖国而歌》与《向太阳》，并增添10本新诗集，删去《突围令》。增添的抗战诗集中，孙钿的《旗》（1942年）、田间的《给战斗者》（1943年）、亦门的《无弦琴》（1942年）、冀汸的《跃动的夜》（1942年）几部皆由桂林南天出版社出版。“七月诗丛”中还有艾青的《北方》、胡适编的抗战诗选《我是初来的》，《北方》最初因武汉沦陷未能出版，后到桂林自印出版。其他丛书有孙陵主编的“创作小丛刊”，收臧克家的《呜咽的云烟》（1940年，创作出版社）。黎丁创办今日文艺社，主编“今日文艺丛书”，收严杰人的《今之普罗蜜修士》（1941年）、林绥的《黑夜的呼喊》（1942年）。1939年冬，何嘉、王亚平、李桦、温涛等人创立“诗与木

① 《少年文库刊行旨趣》，雷石榆：《小蛮牛》，文化供应社，1943年，第3页。

② 《血潮》由白薇校正、欧阳予倩作序。

③ 该丛书所收抗战诗集除已列出的两种之外，还有其他诗集，目前资料不足，有待补充。

刻社”，郑家弘编“诗与木刻丛书”，收何嘉的《战斗季》(1941年，南窗书屋)。开明书店编“开明文学新刊”，收马君玠的《北望集》(1943年)，这套丛书1935年在上海开始印行，1941年起转至桂林、重庆等地出版，《北望集》于桂林出版，有朱自清序和叶绍钧跋。

桂林的书店也在20世纪40年代开办起来。1938年冯玉祥将三户图书社迁至桂林，1940年与生活书店进行合作经营，出版臧克家的《向祖国》(1942年)。1941年胡希明在桂林创办白虹书店，出版徐迟的《最强音》(1941年)。1943年彭燕郊与谢成昆在桂林合办水平书店，出版“现代诗文学丛书”，收彭燕郊的《战斗的江南季节》(1943年)。此外，在桂林出版的抗战诗集还有：力扬《枷锁与自由》(1939年)[①]、韩北屏《人民之歌》(1940年，前线出版社)、冯至《十四行集》(1942年，明日社)、方敬《声音》(1943年，工作社)、鸥外鸥《鸥外诗集》(1944年，新大地出版社)等。

（四）昆明

1937年9月，昆明成立云南文艺工作者抗敌座谈会，1938年5月改组为“文协”云南分会，后又改为昆明分会。云南人徐嘉瑞、楚图南、冯素陶、罗铁鹰、雷溅波、马子华等积极发起或参与“文协”昆明分会。1938年6月，罗铁鹰、雷溅波、徐嘉瑞等人通过与广州诗坛社的雷石榆、黄宁婴、陈残云等联系，并得到穆木天等人的支持，在昆明组建“救亡诗歌社”。罗、雷、徐皆曾为“文协”昆明分会理事或候补理事。救亡诗歌社出版“战歌丛书”[②]：雷溅波《战火》(1938年，之一)、罗铁鹰《原野之歌》(1939年，之二)、徐嘉瑞《无声的炸弹》(1939年，之三)、彭桂萼《澜沧江畔的歌声》(1942年，之四)、穆木天《号角》(之五)、雷石榆《在战争中歌唱》(之六)、罗铁鹰《火之歌》(1943年，之七)。穆木天曾为《战火》《原野之歌》《澜沧江畔的歌声》作序。雷溅波还著有《群众的队伍》(1940年，暂不知出版单位)、《前进！中国兵》(1945年，华南书店)。“文协”昆明分会成员彭桂萼(云南临沧人)还主编“警钟丛书”，由警钟社

---

① 该集无出版地、出版单位，力扬1938年底到达桂林，1939年4月出版《枷锁与自由》。

② 其中雷溅波《战火》、穆木天《号角》、雷石榆《在战争中歌唱》三集暂未见到。

出版，收彭桂萼《边塞的军笳》（1941年），书前有雷石榆之序。

在昆明出版的包含抗战诗集的丛书还有“文聚丛书”“诗文学丛书”“百合文艺丛书”。1941年西南联大成立文聚社，出版“文聚丛书”，收穆旦《探险队》（1945年）。1944年邱晓崧（云南建水人）、魏荒弩等人在重庆筹组诗文学社，出版“诗文学丛书”，收力扬《我的竖琴》（1944年）、何其芳《夜歌》（1945年），抗战胜利后，因人员分散，丛书未能继续出版。《我的竖琴》版权页注明出版者为昆明、重庆两地的诗文学社，《夜歌》版权页注为重庆诗文学社出版。1944年包白痕与常任侠、魏荒弩等人在昆明组成“百合诗社”，出版“百合文艺丛书”，收包白痕《无花果》（1944年）。

三、个人抗战诗集的出版（下）

全面抗战期间，除重庆、成都、桂林、昆明等地外，其他地区也有大量抗战诗集出版。东部地区主要有上海、广东、福建、浙江。1938年蒋锡金抵沪，创建上海诗歌座谈会，主要人员有白曙、石灵、关露、许幸之、朱维基等，次年上海诗歌座谈会部分成员合出诗集《我歌唱》①，1940年《行列》创刊，同时该会改名为“行列社”。行列社成员许幸之出版三部抗战诗集：《诗歌时代》②（1941年，海石书店）、《万里长城》（1945年，联合出版社）、《扬子江》（1945年，联合出版社）。这期间在上海出版的抗战诗集还有洛雨的《壁字》（1941，文原出版社）。广东地区多地也有抗战诗集出版，1937年7月，郭沫若从日本回国参加抗战工作，次年1月，其诗集《战声》由广州战时出版社出版，后该集被收入《蜩螗集（附：〈战声集〉）》（1948年，群益出版社）。广州沦陷后，曲江成为华南地区抗战文化中心之一，1941年李金发与卢森在曲江创办《文坛》月刊，该刊由“文协”曲江分会出版，同时卢森的《疗》1941年7月由曲江诗时代出版社出版，由李金发作序。此外，卢森还著有抗战诗集《倦鸟之歌》（1943年，曲江文海出版社）。广东梅县也出版有抗战诗集，文侃的诗集《告别南洋》

① 该集暂不知出版单位。

② 《诗歌时代》后两辑《大板井》《中国的母亲》为抗战诗歌。

1939年由梅县新中华书局出版，封面注明为“国防诗歌集”。文侃当时为梅县中学的一名学生，书前有校长杨卓谦之序。

福建籍诗人在福建出版抗战诗集，吴秋山（福建诏安人）的《游击者之夜歌》1938年由福建连城建国出版社出版。此外，1944年李满红的诗集《红灯》由南平国民出版社出版，该集收于靳以编“文学丛书”之中。李满红为辽宁人，该诗集出版之时，他已去世两年，当时靳以在福建师范专科学校任教，编辑“文学丛书”，为其出版诗集。浙江杭州、金华、温州等地出版有抗战诗集。吕漠野的诗集《燕子》1939年由杭州正中书局出版，为“战时中学生小丛书”之一。1938年覃子豪、孙用等在武汉发起“诗时代社”，之后覃子豪到浙江任《扫荡简报》编辑，1939年诗时代社于浙江金华出版覃子豪的《自由的旗》。之后覃子豪辗转重庆、桂林、永安等地，于1945年由福建漳州南风出版社出版其诗集《永安劫后》。诗时代社出版的诗集还有欧阳天岚的《见习吹号手》（1941年），该集由诗时代社、诗歌与木刻社共同出版。另外，浙江温州的海燕诗歌社出版莫洛等著的《叛乱的法西斯》（1939年），由新知书店经售，为“海燕诗歌丛书第一种”。

除上述地区外，这时期还有少量抗战诗集在陕西、山东、湖南、香港等地出版。陕西西安有江宁《难民行》（1940年，流火出版社）；陕西延安有艾青《反法西斯》（1943年，陕甘宁边区华北书店）。山东有夏烘秋《大地呼声》（1943年，日华文艺研究会）。长沙有王亚平《祖国的血》（1939年，民众书店）、方家达《松花江上的歌声》（1942年，大众出版社）。香港有卞之琳《慰劳信集》[①]（1940年，明日社）、艾青《土地集》（1940年，微光出版社）[②]、刘火子《不死的荣誉》（1940年，微光出版社）、袁水拍《人民》（1940年，新诗社）。

抗战胜利后，文化中心重回上海，东北、西部、港台等地新诗出版兴起。这时期出版的抗战诗歌，一部分是创作于抗战时期书写战争的诗歌，另一部分是战争结束之后，人们对战争生活的回忆、对胜利的欢呼、对美好生活的期盼。1945年抗战结束之后，曹辛之、陈羽等在上海创建星群出

---

① 该集由香港明日社出版，挂名在昆明，参见卞之琳著，江弱水、青乔编：《卞之琳文集》上卷，安徽教育出版社，2002年，第5页。

② 参见陈子善：《不日记二集》，山东画报出版社，2015年，第47—49页。

版社。该社1947年10月出版臧克家编的“创造诗丛”，所收抗战诗集有青勃的《号角在哭泣》、黎先耀的《夜路》。1948年星群出版社因内部成员意见不同产生分裂，曹辛之、辛笛、陈敬容等另组建森林社，同年5月，森林社编“森林诗丛”（版权页上仍为星群出版社出版），出版的抗战诗集有方敬的《受难者的短曲》、辛劳的《捧血者》、杭约赫的《火烧的城》。除这两套丛书外，星群出版社还出版戴望舒的《灾难的岁月》（1948年）、任钧的《发光的年代》（1948年）。1949年杭约赫的《复活的土地》由森林出版社出版。胡风编“七月文丛”在上海出版，其中收录的抗战诗集有鲁藜的《锻炼》（1947年，海燕书店）、田间的《她也要杀人》（1947年，海燕书店）、绿原的《又是一个起点》（1948年，青林诗社）。上海出版的其他丛书中收录的抗战诗集还有：王亚平《中国，母亲的土地呵！》（1947年，新丰出版公司，“新丰文丛”）、卢冠六《胜利之歌》（1946年，三民图书公司，“新时代儿童诗歌集”）、程边《小萝卜》（1948年，文通书局，“文通少年丛书”）、任钧《任钧诗选》（1946年，永祥印书馆，“文学新刊”）。此外还有祝闻逵《凯归》（1946年，真善美图书公司）亦在上海出版。

重庆在战后一段时间内仍有抗战诗集出版。1942年王亚平、臧云远、臧克家、柳倩等在重庆创办春草诗社①，于1945年出版“春草诗丛”，其中的抗战诗集有：王亚平《火雾》（1945年）、徐放《起程的人》（1945年）、夏渌《钟声》（1947年）。此外，田野的诗集《中国兵》1946年在四川万县（今重庆市万州区）出版。抗战结束后，港台地区出版的诗集增多。1947年黄宁婴、新波、黄秋耘、洪遒等在香港创办人间书屋，黄宁婴编印“人间诗丛”，其中的抗战诗集有：萧野（林莽中）的《战斗的韩江》（1947年）、黄宁婴的《溃退》（1948年）、金帆的《野火集》（1948年），其中《野火集》由郭沫若作序。在香港出版的还有黄药眠《桂林底撤退》（1947年，群力书店）。在台湾出版的有雷石榆《八年诗选集》（1946年，高雄市粤光印务公司）。

此外，全国其他地区诗集出版也逐步恢复，其中不乏抗战诗集。雷歌

① 春草诗社1942年创办“诗家丛刊”，共出三辑：《诗家》（1942年，戏剧文学出版社）、《诗人》（1943年，群益出版社）、《不凋的花》（1944年，联营书店）。1945年春草诗社又出诗刊“春草诗辑”，第一种为《星群》（1945年，联营书店），后该辑未再出。

的《午夜小唱》1946年由南宁天山书屋经售，林风的《青春旅歌》1947年由桂林启明书局发行，魏晋的《黄花集》1947年由江西赣县收获出版社出版，焰滔（关照禧）的《走出了梦之谷》1947年由广东海流出版社出版。李放的《太阳与旗》1948年由南京正风图书公司出版，该集为胡牧主编"诗主流丛刊"之一。东北地区有方冰的《柴堡》（1947年，大连光华书店）、夏葵的《饮马河之歌》（1948年，吉林大众印刷厂）、穆旦的《穆旦诗集：1939—1945》（1947年，自印于沈阳）。北方其他地区有郭铁的《乡村的烽火》（1946年，西安文艺社）、力夫《灰色圈内》（1945年，北京慈成印刷厂）。此外还有一些诗集的出版情况不明，如奥耶《在葱色的山群》（1946年）。

四、抗战诗选的出版

目前可见的抗战诗歌选本有20多部[①]。与个人诗集不同的是，诗选在诗人与读者之间引入编者视角，编选目的决定了何种文体、何种内容可以收入其中，编选条件影响了参选材料的来源。初期的抗战诗歌选本在文体的安排上较为丰富，不仅选取新诗，也选择现代旧体诗词、歌谣、戏曲、歌曲等形式，直至1938年左右才出现了比较纯粹的抗战新诗选本。

（一）初期文体繁杂的抗战诗选

20世纪30年代初，抗日救国会兴起，这类组织曾编印抗战诗选。1932年1月江苏省会民众反日救国会编印的《浩然之音（国难诗歌词曲集）》出版，该书不仅是较早出现的抗战诗歌选本，也是较早出现的抗战新诗集。诗选分为四辑：第一辑皆为新诗；第二辑有歌谣、词、律诗、乐府诗等体裁；第三辑皆为歌曲，有词与曲谱；第四辑有较多戏曲唱段。编者充分意识到诗歌的作用，在序文中说道："诗歌是一个时代最不可错误的声音……由此我们听出民族精神的充实抑空虚，华贵抑卑琐，旺盛抑消沉"，所以在选择的时候，"雅至诗词律绝，俗至时令小调，只要她是这个时代

① 以诗集形式出版的诗刊不列入在内，如诗歌丛刊社编《开拓者》（1937年，上海诗歌丛刊社）。

的声音，都在采集在这册子里。”[①]这册诗选中，新诗仅为其中一辑，一方面是由于在这册诗选出版之前，还没有比较完整的抗战新诗集出版，国难诗歌更多是刊载在期刊上，诗人们还没有进行大规模的抗战诗歌写作，所以编者能接触到的材料较少；另一方面，民众反日救国会目的是要将反日意识广泛传播，其传播对象包括底层民众，因此较多收入民间戏曲、歌曲。

抗战诗选收录的作品形式较为多样，以上海、南京为主要出版地。1932年10月履朴编《国难吟咏汇编》由南京书店出版，他将诗选按主题分为六类：国难杂吟、醒民歌、催征曲、咏马占山、咏十九路军、吊殉烈，体裁上也是新旧体诗、歌谣皆有，内容多选自《申报》《时事新报》《新闻报》《大公报》等报刊。抗战诗选编选者尤其重视诗歌之于时代的重要性，履朴在《编者引言》中指出“编者的目的，是要在诗中留下这个时代的‘民族史’史料”[②]。1933年6月王皎我编《抗日救国诗歌集》由上海大东书局出版，分为“抗日救国诗歌集”（现代旧体诗词、新诗皆有）、“誓死杀敌的战歌”、“民众的抗日救国歌”（多为歌谣）、“有谱的抗日救国歌及其他”4辑。1937年11月上海五洲书报社出版《抗战颂》，收郭沫若、冯玉祥、王统照、田汉、巴金、臧克家等人的诗作，体裁有新诗、旧体诗、大鼓词等，所选诗歌多从报刊选入，如《光明·战时号外》《抵抗》《烽火》《文学》等。1937年广州战时出版社刊行《战时诗歌选》，为“战时小丛刊”之十八，此选本内容与五洲书报社版《抗战颂》有较多重合。

1938年，当时未沦陷的武汉，以及“孤岛”上海均有抗战诗选出版。1938年1月，教育短波社编辑部编的《抗战诗选》在武汉出版，为“战时补充教材丛书”，收冯玉祥、何香凝、叶圣陶、柳倩、王亚平、苏金伞等人的诗作，分为“旧诗词”与“新体诗”两种。教育短波社是平津地区热心社会教育的大学师生，及各地乡村教育、小学教育、实验场所的工作人员共同组织的教育工作团体，抗战开始后，该社迁往南京、武

---

① 《序文》，江苏省会民众反日救国会编：《浩然之音（国难诗歌词曲集）》，江苏省会民众反日救国会，1932年，第1—2页。

② 《编者引言》，履朴编：《国难吟咏汇编》，南京书店，1932年，第2页。

汉等地[①]。编者在序言中称，该诗选“可用作民众教育教材，亦可用作小学教材”，“是此次民族解放战争中之英勇惨烈的纪录，是民族之血，是民族之花！”[②]同时该社还出版《抗战曲选》（1938年），收赵景深、穆木天、王亚平等人所作的大鼓词、山歌、戏曲等。1938年2月金重子编的《抗战诗选》由汉口战时文化出版社出版，为“战时文化丛书”之四。集中收新诗与旧体诗，前有茅盾所作的序——《这时代的诗歌》，其中写道：“就文艺的各部门而言，诗歌最能深入广大的民众。”[③]1938年4月，钱城编选《战事诗歌》，由上海文萃书局出版，收作品170余首，作者包括任钧、冯玉祥、郭沫若、王亚平、艾青、王统照、沈尹默等，体裁有旧体诗词、新诗、歌谣等类型。1938年5月，张银涛编的《抗战诗歌集》由上海潮声文艺社印行，为“国防文学丛书”之一，收“古诗”“近诗”“乐府”“词调”“新诗”“译诗”“歌曲”“歌谣”等八种体裁的作品。书前有张银涛作《抗战文学论》一文，对抗战文学的定义、内容等进行了系统性说明。

（二）自由体抗战新诗选

全面抗战开始之后，出现了文体统一的自由体抗战新诗选，上海在“孤岛”时期仍有抗战诗选出版。1938年9月谊社编诗文选《第一年》，由上海谊社出版部出版，集中收录郑振铎、任钧、穆木天、王统照、胡风等人的抗战新诗40余首。野风在《序》中写道：“上海自成为‘孤岛’以来，文化中心内移。报摊上充斥着麻醉性的读物，文化街上到处都是廉价的旧书。尽管内地出版界怎样热闹，上海却无缘接触。为了提供一种新鲜的、有味的食粮，我们不得不毅然负起这一介绍的任务。”[④]1940年10月谊社选编诗文选《第二年》，假托“香港未名书店”名义，在上海出版[⑤]，选穆木

① 参见何兹全、丁岚生、万永光编：《一位诚实爱国的山东学者》，北京出版社，1996年，第234页。

② 《序》，教育短波社编辑部编：《抗战诗选》，教育短波社，1938年，第1页。

③ 茅盾：《这时代的诗歌》，金重子编：《抗战诗选》，战时文化出版社，1938年，第2页。

④ 野风：《序》，谊社：《第一年》，谊社出版部，1938年，第1页。

⑤ 参见俞荻：《上海孤岛时期的“中教联谊社”》，中国人民政治协商会议上海市静安区委员会文史资料工作组编：《上海市静安区文史资料选辑》（第1辑），中国人民政治协商会议上海市静安区委员会文史资料工作组，1985年，第76页。

天、臧克家、蒋必舞、石灵等诗人的抗战新诗20余首。谊社成立于上海，全称为“中教联谊社”，该社成员多为学校师生，来自麦伦中学、西侨中学、中华女中、爱国女中、培成女中、文化中学、粤东中学等，其成员主要有俞荻、白曙、野风、近仁、石灵等。1941年文化中学搬迁，中教联谊社解散。白曙、石灵等还著有诗文集《松涛集》（1939年，上海世界书局），集中诗歌皆为新诗，收白曙、石灵、宗珏、武桂芳等8人的作品，他们皆为留居“孤岛”的作家，“此八家，于抗战爆发后，其以文字报祖国者较活跃，辑为一集，自亦有其意义”[①]。

更多抗战诗选的出版集中于中西部地区。1940年11月15日，房崇岭选辑的《抗战新诗选辑》由教育部战区中小学教师第七服务团编审室出版，甘肃天水香山寺第一印刷生产合作社印刷，为“进修小丛书第二种”，收老舍、臧克家、高兰、覃子豪、王亚平、沙蕾等人的诗歌50余首，全部为自由体新诗。1937年教育部战区中小学教师第七服务团到甘肃天水，支持天水教育工作，该服务团编选抗战新诗选进行抗战宣传。尹彤墀在序言中肯定了新诗：“我们现在的新诗，不但在内容方面是广泛而丰富的，并且在技巧方面也已经达到了相当高的水准。”[②]1941年2月，魏冰心编选的《抗战诗歌选》由重庆正中书局出版，收高兰、任钧、曾今可、欧阳予倩、老舍、穆木天、老向等人的诗100首。魏冰心在《卷头语》中详细记述其编选过程：“为了‘笔工’职业的需要，看报、剪报、抄报、贴报，为日常的公余工作……把五百多首诗歌一首一首地吟唱，一首一首地选择，一首一首地修改，一首一首地抄写。”[③]1943年10月，胡风编选《我是初来的》，由重庆读书出版社出版，为“七月诗丛”之一，全书收14位诗人的诗歌，这些诗人多在《七月》上发表过诗作。此外广东梅县也出版有抗战诗选集，如1945年艾黎选编《歌，唱在田野》由梅县科学书店出版，集中选诗不多，只有艾黎、林紫、黄遗、雷石榆、野芒、桦林的诗

---

① 白曙、石灵等:《松涛集》,世界书局,1939年,第425页。

② 尹彤墀:《序》,房崇岭选辑:《抗战新诗选辑》,教育部战区中小学教师第七服务团编审室,1940年,第1页。

③ 《卷头语》,魏冰心编选:《抗战诗歌选》,正中书局,1941年,第1—3页。

10余首。香港也出版了抗战诗选，1941年6月，诗选《怒》由香港堡垒书店出版，为“现阶段文艺丛书”之五，未标明编者，仅署著作者为“老舍等”，收有老舍、穆木天、臧克家、王统照、石灵、邹荻帆、卞之琳、艾青、徐讦等人的诗。

抗战胜利后，中华全国文艺协会编选抗战诗歌选，“作为新的前程的鼓励和启发”[①]。1946年中华全国文艺协会山东分会、山东省文化协会编“抗战文艺选集·诗集”丛书，由山东临沂新华书店出版。该丛书包括三部抗战诗选，目前仅见两部：遇明等著《杨清法》与良平等著《在山的这边》。《杨清法》收遇明、江明、白刃、余人的4首长诗，《在山的这边》收冠西、谢青、方曙、良平、白刃等人的10余首诗歌。这两册诗选所选诗人并非文学史上赫赫有名的人物，当时编者身处山东临沂，诗选具备明显的地域特点，所选创作由于地域限制没有在其他地区广泛传播。如遇明，即燕遇明，山东泰安人，抗战期间主要在山东进行文化工作，其作品主要在山东传播。

与此相似的还有华北新华书店编辑部编“晋冀鲁豫边区文艺创作小丛书”，丛书1947年由山西华北新华书店出版，其中包含的抗战诗选有袁勃等著《不死的枪》、冈夫等著《人民大翻身颂》。该丛书在山西出版，收录了许多在山西创作、传播的诗作。如袁勃抗战期间主要在晋东南抗日根据地工作，冈夫为山西人，在晋东南参加抗日工作。这些诗歌得益于各处设立的政府发行机构，被选入诗选，获得出版的机会，为抗日战争中千千万万不被注意的战斗者留下了历史的见证。

抗战诗选同抗战个人诗集一样，其出版地随全国文化中心转移而变迁，但诗选有其独特之处。诗选内容相较个人诗集，文体、风格、题材都有更灵活、丰富的选择性，集众家之长。就普遍情况而言，诗选经历了期刊、诗集的筛选，所选诗歌质量较一般诗集有所提升。诗选为我们提供了回到历史现场中研究诗歌之阅读、筛选、再传播的可能，是从传播学视角研究抗战诗歌的一种路径。

---

① 《编后》，遇明等：《杨清法》，东北书店，1947年，第58页。

五、抗战歌谣的出版

歌谣在中国民间有悠久的历史，与民间音乐密不可分。中国民间音乐在明清时期得到极大发展，形成了较为完整的民间音乐类型体系，主要包括：戏曲音乐、说唱音乐、民间歌曲、歌舞音乐、综合性音乐等。民间歌曲按照歌唱场合和艺术特点，可以分为劳动号子、山歌、小调、长歌等。歌舞音乐是伴随着民间舞蹈、歌唱和器乐演奏的，其种类繁多，如秧歌、花鼓、花灯等。说唱音乐是集说、唱、表演于一体的艺术，有鼓曲、弹词、牌子曲等。戏曲音乐有从民间歌舞基础上发展而来的剧种，如北方的秧歌体系，也有从民间说唱音乐发展而来的，如明清俗曲腔系。我们这里综述的抗战歌谣即包括这些民间音乐，一是强调其作为音乐作品，具备可“歌”的旋律，“心之忧矣，我歌且谣”；二是强调其作为文学作品，具备可“读”的文字，也就是“诗”的内容；三是强调作为“民间”艺术作品，其语言具备民间歌谣的体式特征，例如鼓曲、弹词、花鼓、信天游等都属于歌谣研究范畴。除“民歌”之外，本文也将文人所作的抗战歌谣列入考察范围。

20世纪30年代初，抗战歌谣较为集中地出现于选本之中，1932年1月江苏省会民众反日救国会编印的《浩然之音（国难诗歌词曲集）》中收录了与抗战相关的童谣、鼓词。1932年10月履朴编新旧体诗合集《国难吟咏汇编》、1933年6月王皎我编《抗日救国诗歌集》中皆含有许多抗战歌谣。1933年7月广东民众救国大会兴宁县分会编印的《抗日歌谣》，收歌谣26首，是较早出现的抗战歌谣选集。佩蘅在《编后余谈》中称出版歌谣选的目的为：“将此浅白之歌谣，唤醒乡曲之民众，庶民力可以养成，国耻可以湔雪也。”[①]歌谣最初与旧体诗词、新诗共同出现在抗战诗歌选本中，1937年后大规模出现抗战歌谣集。

（一）以通俗类读物出版社为基础的出版物

整体来看，抗战歌谣的出版是在全面抗战开始后才大规模进行的，它

---

① 佩蘅：《编后余谈》，广东民众救国大会兴宁县分会编：《抗日歌谣》，广东民众救国大会兴宁县分会，1933年，第48页。

主要由民间通俗类读物出版社出版，如通俗读物编刊社、大众文化丛书社、老百姓编刊社、国民图书出版社等。通俗读物类出版社主要在北平、汉口、西安等地开展业务，多出版丛书，其中所收抗战歌谣集的数量较多。

1933年初，顾颉刚等在北平创办三户书社，同年10月更名为“通俗读物编刊社”[①]，七七事变后，该社辗转迁往太原、西安，又迁至武汉、重庆，1940年因各种原因解散。据《通俗读物编刊社简章》，该社“以担负民众教育一部分之责任，编纂下层民众读物，借以唤起下层民众之民族意识，鼓励抵抗之精神，激发向上之意志，灌输现代之常识为宗旨”[②]。三户书社1934年4月出版了一些抗战大鼓词，包括《翠红姑娘殉难记》《义军女将姚瑞芳》《杜泉死守杜家峪》《五百大刀队战死喜峰口》等12册[③]。《东南日报》曾刊载评价通俗读物编刊社的文章，认为“通俗读物编刊社本是国难的产物，所以他的最主要目的便在宣传救国，促进国家意识，同时对新道德和新知识，都相当注重。该社目前主要工作，在利用通俗鼓词、戏本等旧方法、旧形式，以新意识、新内容，纂成新书，或就陈本改编，寓以新意，一方面仍要迁就通俗读者的低级趣味，一方面却要以全新的理想灌入读者脑中。该社已经印发的鼓词、剧本、图画、少年丛书等，已经有许多种”[④]。

通俗读物编刊社1936年开始出版“乙种丛书”，内分史地、社会、教育、国耻、时事、自然等类别，多用鼓词写成，其中社会类、时事类、国耻类皆有抗战鼓词。1938年，通俗读物编刊社又在武昌出版“新刊抗战鼓词”，其中有些是已出“乙种丛书”的再版，有些为新收入的，共二十余

---

① 通俗读物编刊社的发起人还有朱自清、沈兼士、何定生、范文澜、俞平伯、胡适、徐炳昶、郭绍虞、刘复、刘文典、蒋梦麟、蒋廷黻、郑振铎、钱穆、谢冰心、魏建功、严既澄等85人。参见《通俗读物编刊社简章》，吴永贵编：《民国时期出版史料汇编》（第12册），国家图书馆出版社，2013年，第87—88页。

② 《通俗读物编刊社宣言及简章》，吴永贵编：《民国时期出版史料汇编》（第12册），国家图书馆出版社，2013年，第81页。

③ 其他书目有《汉奸报》《宋哲元大战喜峰口》《二十九军男儿汉》《南北英雄》《李晓英爱国从军》《林中会》《醒醒醒》《胡阿毛开车入黄浦》，这几本暂未见到。书目参见吴永贵编：《民国时期出版史料续编》（第15册），国家图书馆出版社，2016年，第535—536页。

④ 《增加救国的原动力》，《东南日报》1934年7月23日，第5版。

种[①]，此外还有“乙种丛书新刊十一种”。1938年，该社出版“战时通俗读物甲种丛书”[②]，由王真、向林冰、方白、杨茬莆主编，收抗战通俗读物20种左右，由各地生活书店印行。这些抗战通俗读物多为民间说唱音乐，以抗战故事为主要内容，讲究韵律，意在通过呈现生动的故事，激起民众的抗战热情。通俗读物编刊社出版的鼓词还曾在电台中进行广播，在民众中演唱[③]。

大众文化丛书社1937年出版“大众读物”丛书，由江凌主编，生活书店总经售。其中与歌谣相关的有赵景深《八百好汉死守闸北》、荣千祥《张老儿投军》、冯玉祥《开步走》、胡兰畦《大战东林寺》、江敉《抗战时令歌谣》（上下册）、朱泽普《张阿妹逃难》、伊明《梨膏糖》等。该集最初由上海生活书店出版，后来随生活书店转移，出版地逐步移至汉口、广州、重庆、香港等地。书前《编者按》称：“我们编这部大众读物，希望能做到：大众能看，大众能懂，大众能从这里获得一些滋养。因此，每本书出版前，是费着相当的考究的。不只是在形式的配置上，要切合大众的习惯，在内容的取材上，要增进大众的胃口，而且在写作上，除了写作前根据实际经验来动笔外，写好后，还要当众试验（试读及试唱），请一般大众及实生活经验者来评判，评判后经过修正，然后才付印。”[④]这套丛书有较多插图，每本页数在20页左右，适合民众阅读。

通俗读物编刊社与大众文化丛书社出版的通俗读物还被选入抗战通俗

---

① 包括《血战卢沟桥》《战平郊》《飞将军空中大战》《阳明堡火烧飞机场》《郝梦龄抗敌殉国》《活捉白坚武》《抗战歌谣》《抗日十杯茶》《新式小调》《大战平型关》《国难十二月》《丁方上前线》《新花鼓》《张仰贤大战百灵庙》《张千躲飞机》《王大鼻子闹戏园》《抗日英雄苗可秀》《火烧石头寨》《张子青诱敌》《大闹王家庄》《枪毙韩复榘》等，此外还有《大战天津卫》《好洋鬼子》《窦尔敦破案》《蒋委员长告国民》《新马寡妇开店》几种未见原书。

② “战时通俗读物甲种丛书”有石开等著《东洋鬼子怀鬼胎》、尚达《周县长守滕县》、穆木天《马秀才训子》、石鸣《李必蕃死守菏泽》、刘念渠《赵母买枪打游击》、朱正《千人针》、石开《杨秀琳游击队》、石鸣《赵老义全家抗战》、林舒《取涿州》、穆木天《闹东京》、布丁《飞将军万里东征》、石鸣《慕新亚反正》、王真《土肥原义三剖腹》、刘念渠《李长胜重上前线》等十余种歌谣。还有《海上人头案》《清关断》等尚未见到原书。

③ 参见《新鼓词演奏》，《华北日报》1937年5月1日，第9版。

④ 《编者按》，赵景深编：《八百好汉死守闸北》，大众文化丛书社，1937年，第1页。

读物选本。金华国民出版社1940年出版通俗宣传唱词选本《金鸡岭》，由梦甘编辑，收穆木天、老舍、赵景深、老白、王真等人所作的唱词。其中穆木天的《马秀才训子》为通俗读物编刊社“战时通俗读物甲种丛书”之一，赵景深的《八百壮士守闸北》（原书名为“八百好汉死守闸北”）为大众文化丛书社编“大众读物”之一。编者在《前言》中探讨通俗唱词与新诗的关系，认为“目下民间流行的鼓词、宝卷之类，它对于未来的、新的诗歌的帮助，将远在拜伦、雪莱、波特莱尔、普希金诸人的作品之上，因此编者对于‘诗歌的民族形式’这一口号的提出，完全同意。”他随后又谈论新诗中叙事诗的发展，认为“在抗战的进程中，许多可歌可泣的故事，更将在这穷极而变的中国诗歌园地里长出无数的新苗”①。因此该选集多选“民间故事诗”。同样在金华出版的还有老潘著《抗战民歌》，该集1940年10月由金华通俗读物研究社出版。

1937年李敷仁等人在西安成立老百姓编刊社，同年11月12日主编《老百姓》报。1938年老百姓编刊社开始编印“老百姓编刊社丛书”，李敷仁著《中华民族革命歌》书前有《开场白》：“近来敌人的飞机，时常来轰炸西安，差不多天天照顾一两次！……总想把这敌机的轰炸声，变成中华民族的怒吼声！……抗敌救国，是天大的事体，根本就不是少数人能做得成的，四万万五千万人，要一齐下手才成，可是大多数的老百姓，都不懂国事，戏本子、善书，是他平常爱看的东西，所以装了满肚子的‘二姐娃害病’‘男寡妇上坟’‘变驴还债’‘韩湘子成仙’等等故事。拿这知识来救国，离的太远了，简直有十万八千里！所以我把咱中华民族革命的百年大事，勉强的作成歌子（可唱秦腔、可歌小曲、可当善书讲），原为给大家介绍一点国事知识。”②抱着此种目标，“老百姓编刊社丛书”收录的歌谣有《中华民族革命歌》《抗战歌谣（第一辑）》。李敷仁在《抗战歌谣（第一辑）》中谈到出版事宜时称，他们先于《老百姓》报上征集作品，再将其编为歌谣集。“老百姓编刊社丛书”在出版过程中还使用过其他名称，如“老百姓丛书”“老百姓四分丛书”，这三套异名丛书的书目相差不大，除上述两部外，其余歌谣集内容较少，仅十页左右。丛书中涉及歌谣的有：

① 梦甘编：《金鸡岭》，国民出版社，1940年，第1页。

② 李敷仁：《开场白》，《中华民族革命歌》，老百姓编刊社，1938年，第5页。

李敷仁编《抗战建国纲领曲》、李敷仁著《保甲长三字经》、护人著《委员下乡歌》、韩虎等著《书来宝》、杨瘦鹤著《陕西冷娃和江北老儿》、志学等编《王二爷当兵 投贼营报仇雪耻》、李敷仁著《外蒙古三字经 大炮轰出新中国》等。

西安复兴出版社1939年出版韩一青编的“抗战小丛书”，由大东书局印行和经售。该丛书中收有较多歌谣，如《抗战小儿语》《改良三字经》《抗战新青年》《抗战虎啸歌曲》《抗战妇女三字镜》《共赴国难》《抗战小武经》《爱尔兰王》等10本左右。韩一青在《抗战虎啸歌曲》自序中写道：“特不揣浅陋，撰为是编，以期唤醒军民同仇敌忾的精神，驱逐倭奴，还我河山。”[①]在《改良三字经》中他也明确指出：“宣传的力量，世人称他是‘纸弹’。”[②]说明抗战歌谣在西安已被作为重要宣传手段。此外，冯玉祥创办的三户图书社也在汉口出版抗日歌谣，如老向《抗日三字经》（1938年）、冯玉祥《冯玉祥诗歌近作集》（1938年），出版社转移至桂林后，出版《抗日军官须知歌》（1940年）。

（二）以政府机构为主导的出版物

政府机构在抗战歌谣的出版传播过程中占主要地位，这是抗战歌谣集相较其他抗战诗集的特殊之处。政府宣传机构注重培养军人与普通民众的抗战意识，因此各种战地服务团、政府教育机构、军队宣传机构等专门出版通俗读物，如军事委员会政治部、四川省军管区国民军训处、第十八集团军西北战地服务团、中央陆军军官学校、中华平民教育促进会、福建省政府教育厅、成都市民教馆等。

抗战歌谣在军人、军队中的作用尤其突出，作为军队政治动员与宣传工作的最高机构，国民政府军事委员会政治部在抗战时期出版了许多通俗文艺作品，用以鼓舞军队士气、提高民众抗敌热情。军事委员会政治部1939年左右编印“抗战小丛书”，该丛书收录体裁较广泛，有小说、故事、歌谣、曲艺等类，其中涉及歌谣的有：军事委员会政治部编《胜败分明》（第一集）、老向《周营长收复济南城》（第六集）、田汉《骂汪》（第八集，

---

① 韩一青:《抗战虎啸歌曲》,大东书局,1939年,第2页。

② 韩一青:《改良三字经》,大东书局,1939年,第1页。

新皮簧)、效厂《张子开全家殉国》(第十一集)、佚名《伤兵之友》(第十二集)、冯玉祥《抗日歌》(第十二集)[①]等。军事委员会政治部1939年翻印"抗敌金钱板词"6辑,四川省第三区行政督察专员沈鹏1939年1月8日在《题辞》中表明"抗战金钱板词"的出版目的:"第以原演辞意义渊博,虽一般知识阶级不难领会,而广泛民众文化水准过低,殊未能彻底了解,关系于抗战前途洵非浅鲜。鹏特嘱本署职员周君敬承,按照原文大意,编为金钱板词,实行演唱,普遍宣传,先从城厢茶馆酒肆、街头巷尾着手,渐达于穷乡僻壤,务使家喻户晓,发扬复仇雪耻之同情,共达抗战必胜之目的。"[②]此外,军事委员会政治部还出版《新送郎歌》、《老妈辞活》、冯玉祥《抗倭军官须知歌》等与歌谣相关的通俗作品[③]。军事委员会政治部第三厅印行老舍的《二期抗战鼓词》[④]。军事委员会后方勤务部政治部编印"注音符号丛书"[⑤]20种左右,收《抗战诗歌》《送出征勇士歌》等,丛书全文以汉语注音符号印行。

除军事委员会之外,军校、战地服务团也很重视抗战歌谣的创作与宣传。1939年中央陆军军官学校编印《抗战歌曲特辑:建军专号》,由黄埔出版社出版,为"黄埔小丛书"第29种。该集名为"歌曲",但收录的多为歌谣,有老向、杨声佛、罗豫章、楚客等人的作品。1937年8月第十八集团军西北战地服务团成立于西安,出版丁玲主编的"西北战地服务团丛书",其中与抗战歌谣相关的有:张可、史轮、醒知合著《杂技》("西北战地服务团丛书之三",1938年,出版于武汉),张可、醒知、东篱合著《杂耍》("西北战地服务团丛书之七",1938年,出版于重庆)。两集皆收录大鼓词、快板、相声等民间曲艺。戈矛《我们的杂耍》一文中谈到这种旧形式新内容的作用:"我们认为旧瓶是可以灌进新酒的,但却并非毫无选择,而是批判地接受。在抗日的现阶段,无论那种形式,只要能够增进

---

① "抗战小丛书"中有多集皆标"第十二集"。

② 《抗敌金钱板词》(第一集),军事委员会政治部,1939年,第2页。

③ 《新送郎歌》《老妈辞活》暂不知作者、出版时间,冯玉祥《抗倭军官须知歌》暂不知出版时间。

④ 暂不知出版时间。

⑤ 暂不知出版时间。

一分抗日的力量，毫无疑问地我们就要采取它、利用它。”①

省政府宣传机关、教育机关也出版了一些抗战歌谣。重庆国民图书出版社编印“国民常识通俗小丛书”，该丛书体量较大，有故事、歌谣、曲艺、小说、话剧等类型，1941年至1945年间出版。当时有报道称：“中宣部主办之书刊供应处于去年起在重庆、西安、上饶、衡阳四地举办，以国民图书出版社名义印行各种单行本，以供军用民需。一部分后方出版物系打纸版后就地印刷，廉价分发战地，甚受战区军民欢迎。闻最近将印行通俗丛书六十种，已约请作家写作中云。”②可见国民图书出版社为中央宣传部主办，印行通俗丛书进行抗战宣传。丛书中的抗战歌谣有：教育部民众读物编审委员会编《新五更劝夫》（1941年）、李从心著《从军乐》（1942年）、严恩纹著《陈怀民肉弹击敌》（1942年）、羊驹编《抗战小曲》（1942年）、杨昌溪著《大家齐来打日本》（1942年）、张祖英编著《抗战建国三字经》（1942年）、汪继章编著《战时歌谣》（1943年）、汪继章著《抗战歌谣》（1945年）、庄文著《新闺十二月》（1945年）等。该丛书中还有较多鼓词曲艺，如王冰洋编《血战湘阴城》（1943年）、王冰洋著《杏儿山尽忠》（1942年）、王冰洋著《铁路疯》（1942年）、王冰洋编著《梁镇球助军歼敌》（1943年）、维特著《江家村挖战壕》（1942年）等，还有些未标明编著者，如《宝珍杀敌》（1943年）、《渔夫巧计杀敌》（1943年）。

党政机关如中国国民党福建省党务指导委员会宣传部、中国国民党南京特别市执行委员会、中国国民党浙江省党部等，都编印了同名抗战歌谣《抗日救国歌曲集》③。教育机关如教育部民众读物编审委员会出版《抗战歌谣（连环图画）》④，福建省政府教育厅1940年出版徐君梅的《抗战诗歌十九首》、《抗战歌谣选》（三集），湖南省教育厅翻印《抗战鼓词》（1940年）。其他文化教育机构，如山东省文协编“抗战文艺选集”，其中杨星华创作的抗战歌谣《大战岱崮山》1946年由山东新华书店出版。

除政府机构之外，民间教育机构也为抗战歌谣出版贡献了力量，如成

---

① 戈矛：《我们的杂耍》，张可、史轮、醒知合著：《杂技》，生活书店，1938年，第1页。

② 《书刊供应处将印行通俗丛书》，《大公报》（重庆版）1942年5月3日，第3版。

③ 三部《抗日救国歌曲集》均未见版权页，故出版时间不明。

④ 暂不知出版时间。

都市民教馆1940年出版《抗战漫画歌谣集》。中华平民教育促进会1937年于长沙出版“农民抗战丛书”百种，该会以晏阳初为首，集结了五百多名知识分子。“农民抗战丛书”中有剧本、歌谣等，其中抗战歌谣有席征庸编著的《流亡曲》，鼓词有席征庸编著的《伟大的中华》《死守宝山城》等。中国文化服务社福建分社出版何励生的《抗战鼓吹》，集中《精神动员》一章为抗战歌谣。其他零星出版的抗战歌谣还有穆木天《抗战大鼓词》（1938年），该书由汉口、广州两地新知书店出版。周嘉志编著《抗战民歌唱和集》，1944年12月出版，至1945年10月增订至第四版，由广西郁林德昌印务馆印行。1946年12月刘兆吉编的《西南采风录》由商务印书馆出版，歌谣分类中包含“抗战歌谣”，书中写道：“抗战的呼声，动荡到了全国的每个角落。就是万山重叠、交通阻塞的西南各省的民众，也感到了敌人的可恨。因之成于心而形于言，他们那抗日的情绪，吟成了不少的抗战歌曲。”[①]此外还有一些诗人创作歌谣体新诗或通俗诗歌，如洛沙的《三千万》（1937年，通俗诗歌社）属于通俗诗歌；温流的《最后的吼声》（1937年，诗歌出版社）中有歌谣；冯玉祥曾出版过多部抗战诗集，多为歌谣体新诗，如《冯玉祥抗战诗歌选》（1938年，上海怒吼出版社）、《抗战长歌》（1939年，抗战画刊社）。

相较于诗人创作的抗战诗歌，抗战歌谣更具备民间特质，它的受众包含广大下层民众，因此在形式上更具中国传统民间艺术特征，是集各种民间音乐于一体的通俗文学样式。比较关注抗战歌谣的是通俗读物类出版社与政府机构，他们要将抗战意识通过歌谣形式传播给民众，从而获得全民抗战的宣传动员效果。抗战政治宣传也开拓了文学场域，从歌谣与新诗的关系上来看，歌谣的韵律化、通俗化、平民性也为抗战新诗提供了一种民间形式的参考。

六、抗战歌曲的出版

抗战歌曲是抗战文学中重要的一部分，中国流行音乐在20世纪初发展起来之后，迎着抗战之声，吹起了音乐号角，涌现出众多作词家、作曲

① 刘兆吉编：《西南采风录》，商务印书馆，1946年，第147页。

家。将抗战歌曲归于抗战诗歌中进行研究，一方面肯定了众多诗歌被谱曲进行传唱的史实，有利于探究诗歌与音乐融合进行抗战的方式；另一方面可以探索音乐如何影响抗战诗歌形式，例如歌曲节奏与诗歌节奏相互协调的问题。歌与乐不可分，抗战歌曲以其鲜明的音乐性，将诗歌、歌曲、战争三者关联起来，形成文学、音乐、政治的奏鸣曲。萧友梅曾指出："热心提倡新诗的诗人——指肯贡献他的歌词于音乐界的——对于音乐，尤其是音节方面，稍为注意，将来作成的诗歌，必定容易入谱。"①以这种视角来看待作词者创作的诗歌，是研究新诗的一种方式。

（一）音乐社团引领抗战歌曲出版

20世纪初，中国音乐开始与世界音乐接轨，出现了一些音乐社团。抗战开始之后，音乐人敏锐觉察到音乐救国的迫切性，于是创办了许多歌咏社团。1935年2月，刘良模在上海发起组织民众歌咏会②，上海青年协会校会组1935年6月出版刘良模编的《青年歌集》，至1936年6月，该集共印刷7版，印刷量高达9000册，集中收安娥、施谊、罗家伦等人作词的歌曲。1936年上海成立歌曲作者协会，成员包括作家、诗人，如陈子展、柳倩、任钧、关露等，以及音乐家冼星海、贺绿汀、孙慎、吕骥、麦新、周巍峙等。周巍峙编《中国呼声集》（1936年）由上海读书生活出版社出版。上海的大众歌声社出版麦新、孟波合编《大众歌声（第一集）》（1936年），由新知书店经售，他们在《前记》中告白："在××③帝国主义五年来疯狂的屠杀和不断的侵略下，大众救亡音乐之产生是必然的。……跟着救亡运动的开展，中国新音乐获得了飞跃和广大的发展。"④该集出版后四十天内即再版。1937年9月，《大众歌声（第二集）》出版，1939年5月，《大众歌声（第三集）》由桂林、重庆等地的新知书店出版。上海良友歌咏社1937

---

① 萧友梅:《介绍赵元任先生的新诗歌集》,《乐艺》1930年第1期,第74页。

② 《申报》曾刊文称:"民众歌咏一事,社会人士对之尚少注意,最近上海青年会特开办民众歌咏会,以调剂一般职业青年之枯燥生活,及唤起久已消沉之民气,所请音乐指导为刘良模、耿元学,该歌咏会即将于本月二十八日(星期四)开始。"《青年会开办民众歌咏会》,《申报》1935年2月22日,第10版。

③ 按:原文如此,代指日本。

④ 麦新、孟波合编:《大众歌声(第一集)》,大众歌声社,1936年,第6页。

年11月出版《抗战新歌》，其中《音乐作战中应注意的几点（代序）》一文提出“音乐作战”问题，认为音乐应从游击战、阵地战、曲谱歌词战斗化入手。上海狮吼歌咏社出版徐征吉编《现代民族歌曲集》（1937年）。上海八一三歌咏队内地宣传队编《解放歌声》（1938年），由汉口、广州两地新知书店出版。上海音乐研究社出版尹光编《中国名歌选集》[①]。这些音乐团体成为抗战歌曲创作和出版的先锋，在上海掀起音乐作战之风。

随着战争的蔓延，其他地区相继成立音乐研究相关组织，出版抗战歌曲集，如广州、桂林、重庆、武汉、江西、山东等地。广州战时音乐教育研究社出版《御侮救亡歌集》（1937年），山东歌曲研究会出版何立山编《民族呼声集》（1937年），江西省推行音乐教育委员会编印《音教抗战曲集》（1940年），重庆教育部音乐教育委员会编辑发行《现代合唱曲集》（1941年）。桂林出现较多歌曲研究机构，如歌曲研究社编辑发行《大众歌曲选（第一集）》（1941年），新光音乐研究社编印《新歌手册》（1942年），抗战歌曲刊行社出版林路、安偀之编《抗战二部合唱歌曲集》（1943年）等。各地音乐组织在推动抗战歌曲传播的过程中发挥了重要作用，它们不仅出版抗战歌曲集，还进行实地歌曲演唱。抗战歌曲是涉及多种感官的艺术形式，与一般作为案头读物的诗歌有很大不同。

（二）政府机构推动抗战歌曲出版

除专门的音乐机构外，军事机构、宣传机构、教育机构、文化机构、民间救亡机构纷纷出版抗战歌曲集，试图在全国各个阶层、各个年龄段民众中传播抗战音乐。国民政府军事委员会政治部编有《民众抗敌歌谣活叶集》[②]，此活页集种类较多，但每集仅有两三首歌曲，歌曲较为简单，有助于在民众中传播。军事委员会政治部编印《抗敌歌集》（1939年），第十八集团军西北战地服务团出版劫夫、田间、史轮合著的《战地歌声》（共2集）[③]。军事委员会政治部演剧宣传四、五队编辑出版《四五队歌选》（1942

---

① 暂不知出版时间。

② 暂不知出版时间。

③ 第一集1938年出版于汉口，为“西北战地服务团丛书”之一，第二集1940年出版于重庆、成都、贵阳、昆明、桂林等地，为“西北战地服务团丛书”之六。

年），该集由田汉作序，文中展现演剧宣传队“随时在部队中、在农村、在学校从事新音乐的传播工作，他们每到一地也适应着环境而作词作曲，使音乐艺术发生异常直接的政治影响”[①]。此外，还有国立礼乐馆出版《凯歌选》（第一至九种，1945年），中央训练团编印《复兴歌曲集》（1945年），十三军政治部出版郭奋扬编《抗战歌曲辑》（1946年），新十四军政治部出版潘琴生编《青年歌选（第2集）》（1946年），航空委员会政治部编《空军歌曲》[②]等。由此可见音乐生活在军队、战斗中的重要性。

各省市教育机构、宣传机构也颇为关注抗战歌集，四川省立成都实验小学出版黄介贞等选编的《小学抗敌音乐集》（1937年）。西安少年先锋社出版于冰编的《救亡歌集》[③]，罗赛蒂在该书《前记》中表明：“要使每一个士兵、工人、农夫和商店的小职员、小伙计，不必费多大的气力去学习，就能自己学会歌唱。”[④]浙江省教育厅出版姜存松编的《抗战歌曲》[⑤]，为“战时民众教育丛书”之二。浙江乐清县民众教育馆1943年出版林葱编的《小歌曲集》。广州战时艺术馆编委会出版荷子作词、黄友棣作曲的《良口烽烟曲》（1940年），该曲为七个乐章的大合唱曲，由诗人荷子的长诗谱曲而成。广东省立艺术院编辑委员会出版《胜利的呼声》（1942年），该集均由黄友棣谱曲。广东省宣传处编印《和平歌集》（1943年）。福建省知识青年志愿军征集委员会编印《从军歌集》（1945年）。

全国以救亡为主题的各大社团和出版机构也纷纷出版抗战歌集，如武汉的战争丛刊社出版盛家伦选辑的《战时歌曲》（1938年），上海的救亡出版社出版王文度编选的《军民抗战歌曲（第二集）》（1938年），牺牲救国同盟会印行《救亡曲》（1937年），火线歌咏团编选出版《火线下之歌》（1939年）等。全国各地方出版社也出版了许多抗战歌集，如：桂林南方出版社出版孙慎编的《战地新歌》（1940年）；上海七七社出版余树连编的《大众救亡歌集》（1937年）；南京正中书局出版陈啸空编的《豪歌33曲》

① 田汉：《从烽火中来的声音》，军事委员会政治部演剧宣传四、五队编：《四五队歌选》，军事委员会政治部演剧宣传四、五队，1942年，第2—3页。

② 暂不知出版时间。

③ 该集1938年4月再版，暂不知初版时间。

④ 罗赛蒂：《前记》，于冰编：《救亡歌集》，少年先锋社，1938年，第1页。

⑤ 暂不知出版时间。

（1936年）；武昌蛇山书店出版孟晋编的《民族救亡歌声（第一部）》（1937年）；商务印书馆出版仲子通的《抗战与歌曲》（1938年）和桂涛声作词、夏之秋谱曲的《歌八百壮士》（1939年）；大公报西安分馆出版《救亡歌曲集（正编）》[①]与《救亡歌曲集（续编）》[②]；浙江丽水会文图书社出版《抗战歌声》（共四集），编者有朱绛、胡今虚、邹伯宗，出版时间为1938至1939年之间，此外该社还出版邹伯宗等编的《民族歌声》（1940年）；福建歌林出版社出版铁铮、素心编的《歌林》（1942年，共3集）。

（三）音乐家参与抗战歌曲出版

抗战时期，中国涌现出了一批音乐家，如词作家光未然、田汉、施谊、罗家伦、任钧、安娥、塞克、周钢鸣等，曲作家冼星海、麦新、萧而化、聂耳、孙慎、吕骥、周巍峙、刘雪厂、陈田鹤等。冼星海，广东番禺人，曾于北京大学音乐传习所、上海国立音乐院学习，后留学法国，1935年回国后参加抗日救亡运动。冼星海创作了众多抗战歌曲，他参与选编的《抗战歌曲集》1938年由上海生活书店发行。冼星海作曲、中国文艺社主编的《保卫祖国》1938年由上海独立出版社出版，作词者有柳倩、田汉、塞克、光未然等。冼星海作曲的《反攻》1940年由读书生活出版社出版，光未然作歌、冼星海制谱的《黄河（新型大合唱）》1940年由生活书店出版。

当时比较重要的作曲家还有陈田鹤、舒模、任光、刘雪厂等，他们都出版有抗战歌曲集。陈田鹤，浙江永嘉人，曾于上海国立音乐专科学校理论作曲系就读，1940年在国立音乐院当讲师。1943年，他谱曲的《剑声集》由大东书局出版，该集作词者有常任侠、卢冀野、白曙、方之中等。舒模，江苏南京人，1931年考入南京国立中央大学教育学院艺术科，主修小提琴，1940年担任演剧四队副队长。1944年，他谱曲的《民主抗战进行曲》由重庆教育书店出版，集中作词人有安娥、田汉、湘棠等。任光，浙江嵊县（今嵊州市）人，1919年考入巴黎里昂音乐专科学校，主修音乐理论与钢琴，1927年回国。1942年，安娥作词、任光谱曲的五幕歌剧《洪

---

① 该集1939年4月出至第4版，暂不知初版时间。

② 该集1939年5月再版，暂不知初版时间。

波曲》由桂林育文出版社出版。刘雪厂，即刘雪庵，重庆铜梁人，曾留学日本，学习钢琴、小提琴、作曲等，1930年考入上海音乐专科学校，师从萧友梅、黄自，抗战期间参加中国作曲者协会。刘雪厂编曲的《中国的战士》[①]由中国音乐印书馆印行，为“战歌社丛刊”第二种，编曲的《巾帼英雄》[②]为“战歌社丛刊”第三种。这时期作曲家多与诗人合作，共同创作抗战歌曲。

一些音乐界人士、书店编辑也为抗战歌曲集的出版贡献力量。萧而化，江西萍乡人，为上海立达学园学生。立达学园1926年由丰子恺、茅盾、叶圣陶等人创办，以教授新文艺、西方艺术、音乐为主。1938年萧而化、丰子恺编《抗战歌选（第一集）》，由汉口大路书店印行，随后出版《抗战歌选（第二集）》。1942年他们又出版《口琴歌曲集》，该集序中谈道：“音乐是精神抗战的利器，而口琴音乐，尤为短小精悍。口琴的形状像手枪，放在衣袋里，随时随地可以拔出来用。其作用像机关枪，一串无形的子弹一个个可以打中敌人的要害。”[③]这三部是萧而化参与编选，而非其谱曲的抗战歌曲选集。陈原1939年任桂林新知书店的编辑，他与余荻、黄迪文、余虹似合编的《二期抗战新歌初集》（1939年）由桂林、重庆等地新知书店出版，随后陈原又参与出版《二期抗战新歌二集》（1941年，艺术图书社）、《新歌三集》（1942年，图腾出版社）、《二期抗战新歌续集》（1943年，亚洲印刷馆）、《合唱名歌选》（1945年，亚洲印书馆）。吴涵真，浙江绍兴人，1935年在广州创办儿童书局，他选编的《叱咤风云集》，从1936年7月21日初版[④]至同年10月21日第5版，共出57500册，1937年1月20日由广州儿童书报社出至第10版，截至此版共发行137500册，1938年7月18日由上海生活书店出至第18版。此外，吴涵真还选编《救国名歌选》[⑤]。

抗战诗歌与抗战歌谣共同形成民间抗战宣传的音乐场域，歌谣以其民族形式、符合时代的新内容宣传抗战救国。相较于歌谣，抗战歌曲更多属

---

① 暂不知出版时间。

② 暂不知出版时间。

③ 萧而化、丰子恺编：《口琴歌曲集》，越新书局，1942年，第1页。

④ 初版暂不知出版单位。

⑤ 暂不知出版时间、出版单位。

于西方舶来品。它由职业作词者与作曲家进行创作，这些音乐人大多接受了西方作曲体系的训练，其作品是“时髦的”，而非“民间的”。因此相较于歌谣只标注一种山歌调或曲牌名，歌曲的记谱符号完整，歌唱者只要掌握简谱或五线谱即可歌唱。它打破了抗战歌谣地域性限制，可供全国人民歌唱，因此传唱度极广。抗战歌曲使音乐家与诗人联合，为新诗寻找到一种适合歌唱的模式，在韵律、句式、篇章上与普通新诗有差别，这为新诗创作提供了一种新方法，也为新诗研究提供了新视角。

诗人们延续十余年的抗战诗歌创作，孕育了大量抗战诗歌作品，整体上完成了蒲风所倡议的“新诗歌的斯达哈诺夫运动”。我们对抗战诗歌进行研究，不能只带着“口号式”的刻板印象，要在广泛阅读史料的基础上，深入推进诗人在抗战中的身份转变、诗歌与政治的交汇、抗战诗歌的审美修辞、抗战诗歌不同文体的特点、抗战诗选的独特性、抗战诗歌与抗战歌曲的相互影响等问题的研究。

作者通信地址：武汉市洪山区珞喻路152号华中师范大学文学院。

责任编辑：李强

民国文献整理研究

民国文献整理出版年度报告（2022）

雷　亮*

摘　要：本文在搜集、整理与汇总2022年国内[①]民国文献整理出版数据的基础上，对本年度出版的390种3329册民国文献进行梳理统计，编制年度文献出版目录，并从出版规模、丛书出版情况、底本形态、出版单位与出版地区、出版主题、项目或基金资助情况六个方面进行数据分析与研究，总结2022年民国文献整理出版的主要成果与特点。

关键词：民国文献；文献整理；文献出版；年度报告；2022

一、数据来源与编排说明

（一）数据来源

本报告主要通过国家图书馆联机公共目录查询系统[②]、全国图书馆联合编目中心公共查询系统[③]、中国高等教育文献保障系统（CALIS）联合目录公共检索系统[④]、全国新书目平台[⑤]、各出版单位官方网站以及国内主要文献收藏单位官方网站等进行信息搜集，并利用国家图书馆实

* 雷亮，女，蒙古族，国家图书馆研究馆员，民国时期文献保护工作办公室副主任。

① 不含港澳台地区，下同。

② 国家图书馆联机公共目录查询系统：http://opac.nlc.cn。

③ 全国图书馆联合编目中心公共查询系统：http://ucs.nlc.cn。

④ CALIS联合目录公共检索系统：http://www.calis.edu.cn。

⑤ 全国新书目平台：https://cnpub.com.cn。

体馆藏以及各类网上书店、书评网站、新书资讯等互联网信息进行交叉核验查证。

（二）收录范围

本报告收录2022年度国内出版的民国时期（1912—1949）文献的整理成果，考虑到文献本身的延续性和系统性，文献底本的生成时间可适当上溯至晚清（1840—1911），下延至中华人民共和国成立初期，但主体文献的生成时间应以民国时期为主，既包括民国时期国内各公私机构、团体以及个人所生成的文献资料，也包括外国机构所生成之涉华文献。

报告旨在为相关学术研究提供史料指引，因此在条目筛选时以文献的史料价值为考量标准，以一手史料和首次公开出版的史料为主，对于中华人民共和国成立后已经多次公开出版或较为常见的史料（如经典文学作品、知名学者的著作集等）原则上不再收录，对艺术作品、文物图集等从严收录。此外，考虑到读者获取档案类文献信息的现实需要，对各类档案馆的馆藏指南、藏品介绍等按从宽原则收录。

（三）编排说明

在本报告的编写过程中，笔者收到大量宝贵意见，根据这些意见，在2021年年度报告基础上，主要进行以下改动：

其一，考虑到学者研究参考需要，增加项目或基金资助情况的统计分析。

其二，因篇幅限制，在排序方式上，各类别下直接按题名拼音排序，不再向下分级。

其三，在分类方式上，笔者原则上以中图法为分类依据，也根据文献内容和责编意见做了必要修改。此外，需要说明的是，考虑到文献实际出版情况较为复杂，本报告收录的条目以实见馆藏和相关出版单位发布的信息为主，未能实见原书或出版信息难以获取的，则主要根据各收藏单位公共查询系统、孔夫子旧书网、当当网、豆瓣网、书评书讯等补全，部分实在信息源有限、难以多方核证的条目，为尽量保留更丰富的书目信息，只能原样照录，以供读者备考，其中错漏不当之处，敬请方家批评指正。

二、数据与分析

（一）出版规模

1.基本数据

经统计，2022年共出版民国文献390种3329册，册种比8.54，总码洋2311848.80元，种均码洋5927.82元，册均码洋694.46元，数量较2021年的397种5398册有所下降。其中，影印本167种2870册，册种比17.19，总码洋2201834元，种均码洋13184.63元，册均码洋767.19元；排印本223种459册，册种比2.06，总码洋110014.8元，种均码洋493.34元，册均码洋239.68元，体现了两种印刷方式对出版规模的不同偏好。

2.单种册数的区间分布

单种册数可从一定程度上反映出版规模，按1册、2—10册、11—20册、21—50册、51—100册五个区间进行统计，得到单种册数的区间分布曲线（图1）。可看出近半数品种仅出版1册（占比49.74%），其次为2—10册（占比32.82%）、21—50册（占比8.72%）。从单种册数来看，2022年出版规模较2021年有所缩小，单种册数11册以上的出版品种数均有下降，10册以下的品种数则略有增加，导致两年相比出版总品种数虽然接近，但总册数下降较多。

在区间分布上，2022年则与2021年的主要趋势保持一致，即整体而言，超过82.56%的品种出版册数不超过20册，且在11—20册区间存在一个明显拐点。将上述数据按影印和排印两种出版方式分别统计，可看出拐点的出现主要是由于影印和排印两种方式对出版规模的不同偏好导致：98.65%的排印本出版1—10册，占总品种数的56.41%，该区间总体种数的68.32%，即排印本在单种册数10册以内占据较大优势，是影响曲线走向的主要因素，而单种册数20册以上的区间则几乎完全被影印本占据，二者在10册以下区间叠加、20册以上区间分化，导致总体曲线在单种册数11—20册区间出现明显拐点。

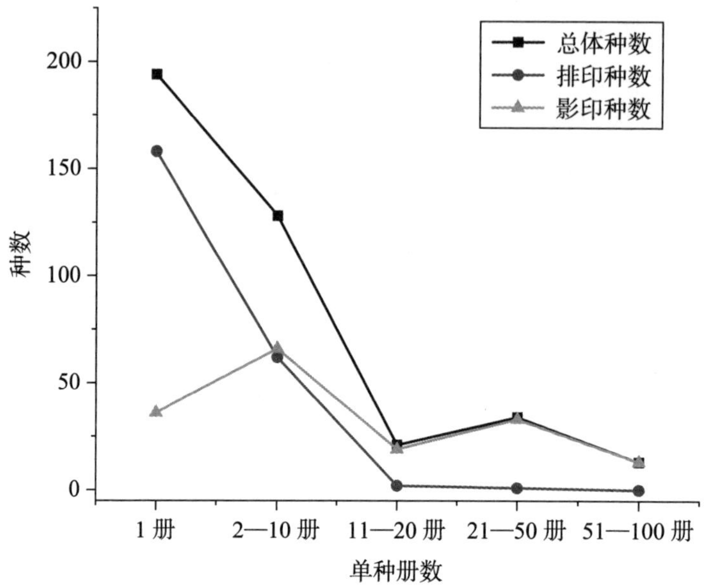

图1 单种册数区间分布曲线

3. 码洋的区间分布

码洋可从一定程度上反映民国文献的整理出版成本和市场规模。按单种码洋1—999元、1000—4999元、5000—9999元、10000—29999元、30000—49999元、50000—99999元6个区间进行统计，得到单种码洋的区间分布数据（见表1）。整体而言，单种码洋1000元以下的品种占比最多（63.59%），其次为1000—4999元（占比13.85%）。将上述数据按影印和排印两种出版方式分别统计分析，则可发现有90.13%的排印本单种码洋在1000元以下，在全部1000元以下品种中占比81.05%，构成这一码洋区间的主体。在单种码洋5000元以上区间里，则以影印本为主，仅有2种排印本。因此，在1000元以下区间，单种码洋分布受排印本影响较大，在5000元以上区间则主要受影印本影响，二者的综合作用导致1000—4999元区间出现拐点，该规律与2021年一致，但与2021年相比，单种码洋在1万元以下的品种数有所增加，1万元以上的品种数则有所下降，说明2022年大套书出版数量有所下降。

表1 单种码洋区间分布统计

单种码洋	总体种数	总体册数	影印种数	影印册数	排印种数	排印册数
1—999元	248	371	47	66	201	305
1000—4999元	54	292	34	176	20	116
5000—9999元	32	323	31	315	1	8
10000—29999元	31	811	30	781	1	30
30000—49999元	16	787	16	787	0	0
50000—99999元	9	745	9	745	0	0
合计	390	3329	167	2870	223	459

考虑到影印本和排印本在出版规模上的不同偏好，在上述统计基础上，进一步分析出版册数对码洋的影响，得出单册码洋区间分布曲线（见图2）。从中可以看出，在100—199元和800—899元区间出现两个高峰，

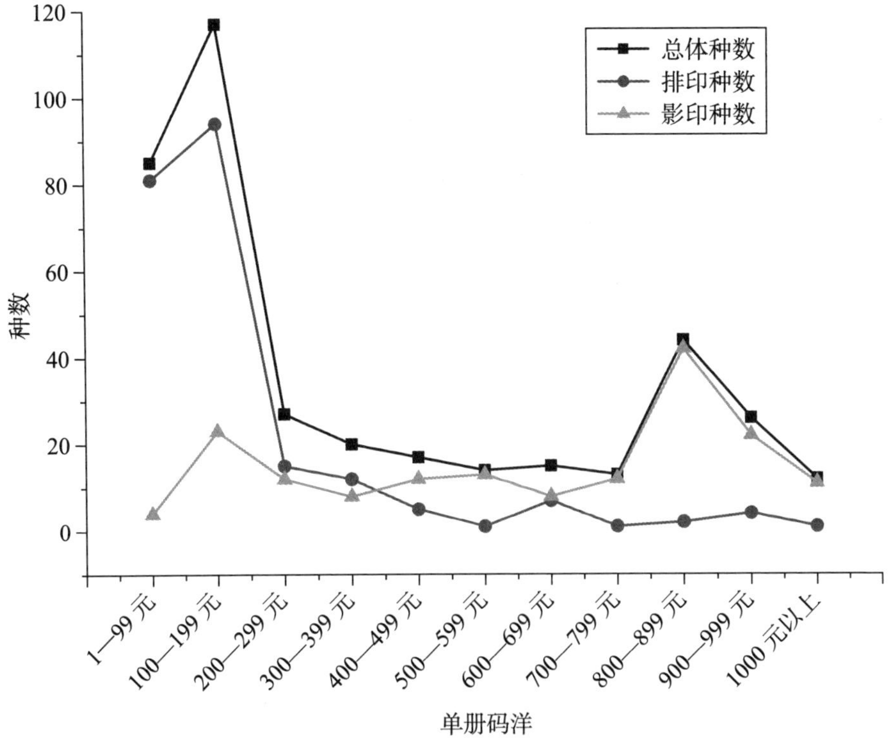

图2 单册码洋区间分布曲线

说明这两个区间是民国文献出版定价的两大主流。若按影印和排印两种方式分别统计，则可看出100—199元为排印本的主要定价区间，800—899元为影印本的主要定价区间。从总体趋势上看，总体曲线在单册码洋400元以下区间与排印本曲线趋势一致，在700元以上区间则与影印本趋势一致，在400—700元之间则受二者综合影响。

（二）丛书出版情况

2022年共录得丛书77部，合计出版民国文献193种1438册，合计码洋966296元，分别占年度出版种、册数和总码洋的49.49%、43.20%和41.80%，接近总出版量的一半。与2021年相比，丛书部数和出版品种数略有增加，但出版册数和码洋则大幅下降，说明2022年的丛书出版规模有较大幅度缩减。出版品种数居前十位的丛书见表2，合计100种1022册，占丛书总品种数的51.81%，其中出版品种数超过10种的仅4部，2—9种的21部，其余52部仅出版1种，出版规模分化现象十分明显。出版册数居前十位的丛书见表3，合计64种1204册，占丛书总册数的83.73%，头部效应十分明显。其中，中华书局出版的“复兴文库”出版种数最多（21种），国家图书馆出版社出版的“民国文献资料丛编”出版册数最多（743册），是民国文献丛书整理出版的主力。此外，与往年丛书出版情况相比较，两表中的“复兴文库”“近代名医珍本医书重刊大系”“日本细菌战史料翻译与整理丛书”“中国近代工业遗产档案丛书”“赵元任档案”“复旦大学中外现代化进程研究中心资料系列”等丛书为2022年新出版丛书，后续出版动态值得关注。其余则为多年来连续出版的丛书，丛书的体系完备性，出版规划的延续性、稳定性相对较好，已形成一定的口碑效应。

表2 出版品种数位居前十的丛书[①]

丛书名	种数	册数	码洋（元）
复兴文库	21	103	13300
民国文献资料丛编	19	743	593998

① 按出版种数排序，种数相同者按册数排序。

续表

丛书名	种数	册数	码洋（元）
抗日战争档案汇编	10	58	34850
近代名医珍本医书重刊大系	10	10	720
河海文库	9	9	1620
日本细菌战史料翻译与整理丛书	8	8	459
荆楚文库	7	9	1217
20 世纪“乡村建设运动”文库	6	10	988
近代学术集林	5	63	47840
千年学府文库	5	9	1300
合计	100	1022	696292

表 3　出版册数位居前十的丛书[①]

丛书名	种数	册数	码洋（元）
民国文献资料丛编	19	743	593998
复兴文库	21	103	13300
近代学术集林	5	63	47840
抗日战争档案汇编	10	58	34850
中国近代工业遗产档案丛书	3	57	75000
赵元任档案	1	46	28000
哈佛燕京图书馆文献丛刊	1	40	36800
珍稀日记手札文献丛刊	2	36	29400
民国时期出版物总目录	1	30	19800
复旦大学中外现代化进程研究中心资料系列	1	28	5800
合计	64	1204	884788

① 按出版册数排序，册数相同者按种数排序。

（三）底本形态

将2022年整理出版的民国文献按底本形态区分为书目、图书、报刊、档案文书、手稿、方志家谱、综合汇编和其他8类①进行统计（见表4、图3），可以看出2022年整理出版的民国文献中，以综合汇编品种最多，达121种1815册，品种占比达31.03%；其次为档案文书，占比18.72%；再次为手稿和图书，分别占比15.38%和14.62%，其余均在10%以下。从出版规模来看，以报刊和综合汇编出版规模最大，册种比均在10以上，而方志和其他两类文献出版规模最小，册种比均不超过2，说明不同底本形态各有其偏好的整理出版形式。

与2021年民国文献整理出版情况相比，2022年底本形态一项变化较大。首先，档案文书类文献整理出版的品种和册数均大幅下降，降幅分别达41.13%和35.85%，在年度出版总品种中的占比亦从2021年的占比31.23%下降到18.72%，不再居于首位，这可能与档案馆文献开发政策发生变化有关。其次，图书和手稿两类文献的整理出版数量大幅上升，其中图书类文献出版的品种和册数分别上升185%和90.78%，手稿类文献出版的品种和册数分别上升53.85%和35.21%，考虑到这两类文献主要收藏于图书馆和私藏机构，说明图书馆和私藏机构在民国文献整理开发方面仍在持续发力。再次，综合汇编类文献的整理出版品种数虽有所增加（增幅13.08%），但册数大幅下降（降幅达34.90%），出版规模缩减现象十分明显。

表4 底本形态情况统计

底本形态	种数	册数	码洋（元）	册种比
书目	22	76	40269	3.45
图书	57	393	261617	6.89
报刊	28	325	254707.8	11.61
档案文书	73	485	386413	6.64

① 此处“综合汇编”指底本形态包括图书、报刊、档案文书、手稿、方志家谱中的两种以上者，如图书和报刊、报刊和档案、图书和手稿的汇编等。“其他”则为不属于上述7类者，包括图集、照片、说明书、录音材料、拓本、海报等。

续表

底本形态	种数	册数	码洋（元）	册种比
手稿	60	192	112611	3.20
方志	17	30	14016	1.76
综合汇编	121	1815	1239264	15.00
其他	12	13	2951	1.08
合计	390	3329	2311848.8	—

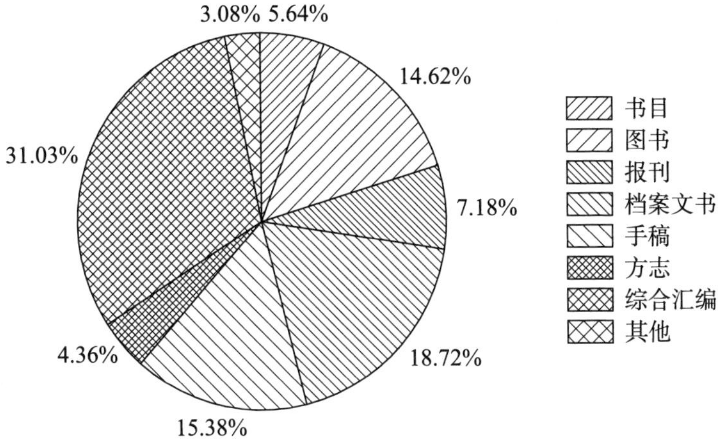

图3 不同底本形态的品种占比

（四）出版单位与出版地区

1.出版单位

2022年，共有26个地区的121家出版单位参与了民国文献的整理出版（见表5）。其中出版品种数量前三位分别为中华书局39种、国家图书馆出版社32种、中央编译出版社19种，3家出版社共占据总品种数的23.08%。若以更能体现出版规模和实力的册数作为标准，则前三位分别是国家图书馆出版社的1149册，上海科学技术文献出版社的296册，广西师范大学出版社的216册，其中国家图书馆出版社遥遥领先，占全年出版总册数的34.51%。其余118家出版单位中，广西师范大学出版社、人民出版社、上海科学技术文献出版社、天津科学技术出版社4家出版品种在10种或10种以上，10家出版6—9种，41家出版2—5种，63家仅出版1种，即85.95%的出版单位出版品种数不超过5种，呈现出头部出版单位少而出版品种多，尾部单位多而散的特点。

表5 2022年各出版单位民国文献整理出版情况（按出版品种数排序）①

出版地区（按国家新闻出版署划分方式）	出版单位	品种	册数
中央	中华书局	39	189
中央	国家图书馆出版社	32	1149
中央	中央编译出版社	19	153
广西	广西师范大学出版社	16	216
中央	人民出版社	12	12
上海	上海科学技术文献出版社	10	296
天津	天津科学技术出版社	10	10
中央	学苑出版社	9	86
江苏	凤凰出版社	9	63
江苏	河海大学出版社	9	9
上海	复旦大学出版社	8	76
黑龙江	黑龙江朝鲜民族出版社	8	8
浙江	浙江教育出版社	7	195
广东	广东人民出版社	7	124
上海	上海交通大学出版社	6	22
中央	中国社会科学出版社	6	10
江苏	南京出版社	6	6
天津	天津古籍出版社	5	13
湖南	湖南大学出版社	5	9
中央	商务印书馆	4	51

① 由于《民国济宁直隶州续志》（1种3册）由天津人民出版社和天津古籍出版社合出，为体现出版单位成果，在本表中分别计入上述两家出版单位的出版数量，因此本表合计总品种数和册数超出实际总品种数和册数1种3册。

续表

出版地区（按国家新闻出版署划分方式）	出版单位	品种	册数
江苏	广陵书社	4	40
中央	社会科学文献出版社	4	39
上海	上海辞书出版社	4	13
重庆	西南大学出版社	4	11
福建	厦门大学出版社	4	10
贵州	贵州大学出版社	4	4
浙江	西泠印社出版社	4	4
北京	北京燕山出版社	3	105
四川	巴蜀书社	3	41
上海	上海书店出版社	3	29
上海	上海人民出版社	3	27
中央	生活·读书·新知三联书店	3	25
云南	云南人民出版社	3	7
浙江	浙江大学出版社	3	5
湖北	湖北教育出版社	3	3
吉林	吉林文史出版社	3	3
广东	汕头大学出版社	3	3
浙江	浙江人民美术出版社	3	3
中央	线装书局	2	41
上海	上海古籍出版社	2	29
河南	中州古籍出版社	2	20
陕西	陕西师范大学出版总社	2	6
中央	中国政法大学出版社	2	6
浙江	浙江古籍出版社	2	5
天津	天津人民出版社	2	4
广西	广西人民出版社	2	3
湖北	华中科技大学出版社	2	3

续表

出版地区（按国家新闻出版署划分方式）	出版单位	品种	册数
上海	上海三联书店	2	3
上海	上海远东出版社	2	3
湖北	武汉出版社	2	3
云南	云南大学出版社	2	3
广西	广西民族出版社	2	2
海南	海南出版社	2	2
吉林	吉林出版集团股份有限公司	2	2
四川	四川民族出版社	2	2
中央	团结出版社	2	2
陕西	西安出版社	2	2
云南	云南民族出版社	2	2
中央	九州出版社	1	18
江西	江西人民出版社	1	9
湖北	长江出版社	1	7
云南	云南美术出版社	1	6
中央	大有书局	1	4
辽宁	辽宁民族出版社	1	3
上海	上海书画出版社	1	3
中央	新华出版社	1	3
浙江	中国美术学院出版社	1	3
北京	中国书店	1	3
中央	地震出版社	1	2
上海	东方出版中心	1	2
福建	福建人民出版社	1	2
江苏	江苏人民出版社	1	2
辽宁	辽宁美术出版社	1	2
辽宁	沈阳出版社	1	2

续表

出版地区（按国家新闻出版署划分方式）	出版单位	品种	册数
中央	中国电影出版社	1	2
中央	中国文史出版社	1	2
安徽	安徽师范大学出版社	1	1
北京	北京出版社	1	1
中央	北京师范大学出版社	1	1
北京	北京十月文艺出版社	1	1
中央	法律出版社	1	1
福建	福建教育出版社	1	1
甘肃	甘肃文化出版社	1	1
中央	高等教育出版社	1	1
中央	光明日报出版社	1	1
贵州	贵州民族出版社	1	1
福建	海峡文艺出版社	1	1
河北	河北教育出版社	1	1
湖北	湖北美术出版社	1	1
吉林	吉林人民出版社	1	1
贵州	孔学堂书局	1	1
福建	鹭江出版社	1	1
江苏	南京大学出版社	1	1
中央	群言出版社	1	1
中央	人民文学出版社	1	1
山东	山东人民出版社	1	1
陕西	陕西科学技术出版社	1	1
陕西	陕西人民出版社	1	1
上海	上海大学出版社	1	1
上海	上海古籍出版社	1	1
上海	上海科学技术出版社	1	1

续表

出版地区（按国家新闻出版署划分方式）	出版单位	品种	册数
上海	上海人民美术出版社	1	1
上海	上海文化出版社	1	1
上海	上海文艺出版社	1	1
四川	四川美术出版社	1	1
上海	同济大学出版社	1	1
中央	文物出版社	1	1
湖北	武汉大学出版社	1	1
陕西	西北大学出版社	1	1
四川	西南交通大学出版社	1	1
上海	学林出版社	1	1
中央	研究出版社	1	1
中央	冶金工业出版社	1	1
浙江	浙江工商大学出版社	1	1
中央	中共党史出版社	1	1
中央	中国传媒大学出版社	1	1
中央	中国地图出版社	1	1
中央	中国轻工业出版社	1	1
上海	中西书局	1	1
重庆	重庆大学出版社	1	1
中央	作家出版社	1	1

2. 出版地区

据国家新闻出版署官方网站，2022年全国共有585家图书出版单位，分布于34个地区[①]。2022年共有26个地区的121家出版单位参与了民国文献的整理出版，数量占国内地区总数的76.47%、出版单位总数的20.68%，呈

① 为便于数据比对，此处“出版地区”的界定与国家新闻出版署官方网站保持一致，该划分方式不等同于通行的省级行政区划，在此特别说明。

现出广而散的特点（见表6）。其中，以中央机关所辖出版单位出版民国文献数量最多，计有32家出版单位共出版154种1808册，其出版品种数量前三位分别为中华书局、国家图书馆出版社、中央编译出版社（按出版总册数排序，则国家图书馆出版社遥遥领先），三者合计占该地区出版品种数的58.44%、册数的82.47%。此外，这3家单位同时也是2022年度全国出版数量前三位，是民国文献的核心整理出版单位。其余29家共出版64种317册，地区内部分化十分明显。出版品种在20种以上的地区有上海、江苏、浙江、广西4地，其中上海地区参与民国文献整理出版的单位数量在全部地区中位居第二，地区参与度较高，以上海科学技术文献出版社出版10种296册为最多，其余各出版单位则形成一定梯度，大体呈现金字塔形的特点；江苏地区整体较为均衡，仍以凤凰出版社和广陵书社两家略为突出；浙江地区的浙江教育出版社因承担多个“中国近代文献保护工程”大套丛书成果的出版工作，近年异军突起，超越了西泠印社出版社等该地区传统民国文献整理出版强社，2022年以7种195册位居该地区第一；广西地区则以广西师范大学出版社出版16种216册呈现“独大”的特点。此外，出版10—19种的地区分别为天津、广东、湖北3地。以上8个地区共出版312种3047册，占据全部出版品种的80%、出版册数的91.52%，是民国文献的主要出版地区。

事实上，各地区间的出版资源并不均衡。根据表6中各地区参与民国文献出版单位在该地区出版单位中的占比可观察出，重庆地区对民国文献的整理出版参与度很高，有三分之二的出版单位参与了民国文献的整理出版。其次为上海，不仅出版资源丰富，而且地区参与度达51.28%，即该地区过半数出版单位参与了民国文献的整理出版，说明该地区对民国文献整理出版的重视。再次为浙江、云南、贵州、福建4地，亦有半数出版单位参与。而中央机关所辖出版单位虽然出版数量很大，但实际参与民国文献整理出版的单位占比仅15.84%，相较于其远远超过其他地区的出版资源，实质参与度并不高。而安徽、湖南、河南、黑龙江、山东5地出版单位参与度均低于10%，说明在这些地区，民国文献的整理出版尚未成为出版单位的主流选题。

表6 各地区民国文献整理出版情况（按出版品种数排序）

出版地区（按国家新闻出版署划分方式）	参与民国文献出版单位数量	出版民国文献品种	出版民国文献册数	参与民国文献出版的单位占比
中央	32	154	1808	15.84%
上海	20	51	512	51.28%
江苏	6	30	121	33.33%
浙江	7	21	216	50.00%
广西	3	20	221	37.50%
天津	3	16	24	25.00%
广东	2	10	127	10.00%
湖北	6	10	18	42.86%
云南	4	8	18	50.00%
福建	5	8	15	50.00%
黑龙江	1	8	8	7.69%
四川	4	7	45	25.00%
陕西	5	7	11	31.25%
北京	4	6	110	22.22%
贵州	3	6	6	50.00%
吉林	3	6	6	20.00%
重庆	2	5	12	66.67%
湖南	1	5	9	8.33%
辽宁	3	3	7	17.65%
河南	1	2	20	8.33%
海南	1	2	2	25.00%
江西	1	1	9	14.29%
河北	1	1	1	12.50%
甘肃	1	1	1	11.11%
安徽	1	1	1	9.09%
山东	1	1	1	6.25%

考虑到各地区的出版资源差异，将各地区的整体社均出版种数和参与民国文献出版单位的社均出版种数进行比较，可大体看出各地区民国文献整理出版的活跃程度（见图4）。

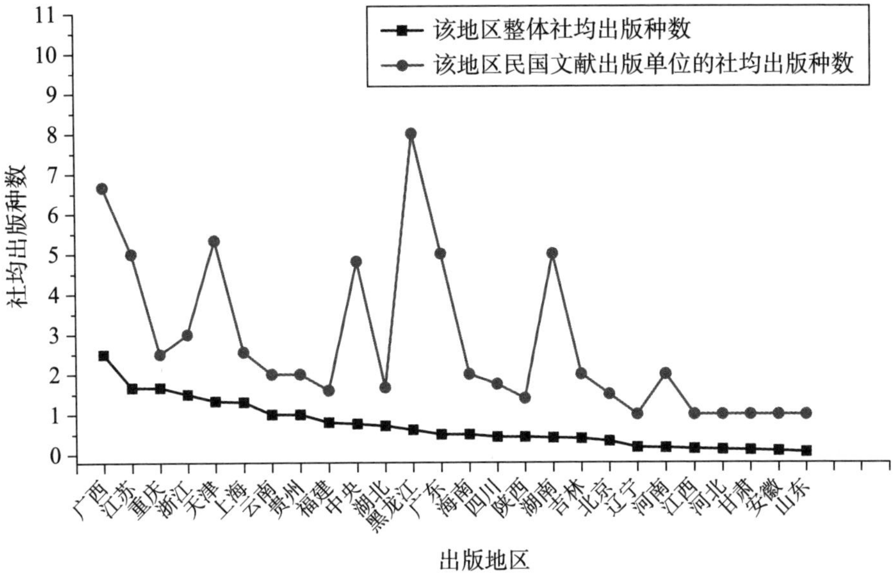

图4　各地区社均出版情况

首先，通过各地区的整体社均出版种数曲线，可得2022年的各地区整体社均出版种数为0.74种，与2021年的0.73种基本持平，其中，在整体平均线以上的地区有广西、江苏、重庆、浙江、天津、上海、云南、贵州、福建、中央10个地区，这10个地区中又以广西地区的2.5种高居榜首，延续了2021年的领先势头。随后为江苏等7地，社均出版种数在1种以上，是民国文献整理出版较为积极活跃的地区。这7地中，江苏、浙江、上海、贵州4地延续了2021年的领先地位，是相对稳定的参与民国文献整理出版的活跃地区，而云南、重庆、天津3地在2021年为出版较不活跃地区，2022年转变为活跃地区，其活跃程度的持续性还需后续继续观察。而社均出版种数在0.5种以下的较不活跃地区有四川等12个地区，其中四川、湖南、江西、甘肃、安徽5地在2021年即属于较不活跃地区。

其次，通过各地区参与民国文献整理出版单位的社均出版种数曲线，可以观察到该地区中实质参与单位的活跃程度。2022年，各地参与民国文献整理出版单位的社均出版种数为3.22种，较2021年的3.28种略有下降，其中在整体平均线以上的地区有黑龙江、广西、天津、江苏、广东、湖南、中央7地，与2021年相比，黑龙江地区超过广西地区，以8种位居第一。

再次，两条曲线的差值代表了地区内部的分化程度。其中以黑龙江分化程度最大，出现了一家出版单位出版品种在全国名列前茅而其余出版社出版极不活跃的情况，湖南次之，且与黑龙江情况极为相似，其余以广东、广西、中央、天津、江苏5地分化程度较大，差值超过了全国平均水平（2.48种）。

（五）出版主题

按出版品种统计，2022年度国内民国文献整理出版的主题以“历史、地理”类最多，占据了总出版品种数的26.67%，其次为“文化、科学、教育、体育”“政治、法律”和“经济”类，占比均超过10%，是民国文献整理出版的主流。按出版册数统计，则以“文化、科学、教育、体育”类为最多，占比27.91%；其次为“历史、地理”类，占比17.45%；再次为“政治、法律”类，占比10.90%；其余各类册数占比均不超过10%。而“语言、文字”“天文学、地球科学”“农业科学”“环境科学、安全科学”四类无论品种数还是册数均较少，品种占比低于1%，处于非主流地位。按册种比统计，以“环境科学、安全科学”册种比最高达到60；其次为“社会科学总论”，超过30；再次为“文化、科学、教育、体育”“综合性图书”两类，超过10，说明这几类文献以大套书形式出版为主，而“书目”“语言、文字”“天文学、地球科学”“军事”几类册种比较低，以小规模出版为主（见表7）。

表7 不同主题民国文献整理出版情况

主题	种数	册数	码洋（元）	册种比	品种占比
书目	22	76	40269	3.45	5.64%
马克思主义、列宁主义、毛泽东思想	11	104	55655	9.45	2.82%
哲学、宗教	5	34	20079	6.80	1.28%

续表

主题	种数	册数	码洋（元）	册种比	品种占比
社会科学总论	10	306	241930	30.60	2.56%
政治、法律	47	363	199833	7.72	12.05%
军事	13	13	2449	1.00	3.33%
经济	42	280	238050.8	6.67	10.77%
文化、科学、教育、体育	52	929	675205	17.87	13.33%
语言、文字	2	5	1258	2.50	0.51%
文学	31	185	135352	5.97	7.95%
艺术	15	145	110687	9.67	3.85%
历史、地理	104	581	386699	5.59	26.67%
天文学、地球科学	1	2	320	2.00	0.26%
医药、卫生	21	90	59812	4.29	5.38%
农业科学	1	9	7500	9.00	0.26%
环境科学、安全科学	1	60	48000	60.00	0.26%
综合性图书	12	147	88750	12.25	3.08%
合计	390	3329	2311848.8	—	100.00%

通过对出版最多的四类主题的出版单位做进一步统计，可大致得出该主题的主流出版单位。

“历史、地理”类文献中，共有61家出版单位参与出版，其中，出版5—10种的出版单位分别为中华书局（9种28册）、河海大学出版社（9种9册）、广西师范大学出版社（6种97册）和国家图书馆出版社（5种84册），这4家出版单位出版品种数占该主题出版品种的27.88%，而商务印书馆（1种46册）等42家单位仅出版1种，占该主题出版品种的40.38%，占该主题出版单位的68.85%。若按出版册数统计，则以广东人民出版社（3种119册，在该主题中册占比20.48%）、广西师范大学出版社（在该主题中册占比16.70%）和国家图书馆出版社（在该主题中册占比14.46%）位居前三，其余出版单位出版册数在该主题中占比均低于10%。

“文化、科学、教育、体育”类文献中，共有20家出版单位参与出版，其中，出版5—10种的三家单位为国家图书馆出版社（9种317册）、浙江教育出版社（7种195册）和上海交通大学出版社（6种22册）。若按出版册数统计，则以国家图书馆出版社位居第一（在该主题中册占比34.12%），上海科学技术文献出版社3种207册（在该主题中册占比22.28%）居第二，浙江教育出版社（在该主题中册占比20.99%）居第三。国家图书馆出版社和浙江教育出版社在种、册统计中均位居前列，是该主题的主要出版单位。

“政治、法律”类文献中，共有11家出版单位参与出版，其中，中华书局以23种108册排在出版品种数第一，在该主题中的品种占比达48.94%，远远超过排在第二位的人民出版社（12种12册），其余出版单位的出版品种则均不超过3种。若按出版册数统计，则国家图书馆出版社以3种180册遥遥领先，在该主题中的出版册数占比达49.59%，中华书局位列第二，其余出版单位出版册数均不超过30册。由此可见，中华书局和国家图书馆出版社是该主题的主要出版单位。

“经济”类文献中，共有24家出版单位参与出版，其中，若按出版品种统计，各出版单位出版品种均在1—4种之间，优势单位并不明显。若按出版册数统计，则以国家图书馆出版社3种102册（在该主题中册占比36.43%）、凤凰出版社4种58册（在该主题中册占比20.71%）较为突出，其余各出版单位出版册数占比均低于10%。

（六）项目或基金资助情况

民国文献的整理出版专业性、学术性较强，且耗时耗力，很多大型或重要选题的整理出版离不开各类项目、基金的立项支持。为更好了解这一情况，笔者尝试对2022年度民国文献整理出版的项目或基金资助情况进行初步统计。需要说明的是，该项数据主要收集自出版文献的封面、前言、序跋以及网络宣发文案等，为不完全统计数据，可能存在讹误、遗漏等情形，敬请读者批评指正。

据统计，2022年出版的390种民国文献中，有154种1715册文献受到各类项目或基金资助，即接近四成的文献是项目或基金资助成果。其中，仅接受1种项目或基金资助的有127种1366册，在全部接受项目或基金资助文献中的种、册占比分别达82.47%和79.65%，占据主流地位。此外，接受项目或基金资助数量最多的为《耶鲁大学藏金陵大学档案目录提要》

1种1册，资助来源包括国家社科基金重大项目、中央高校基本科研业务费专项资金项目、高校项目、地方项目4种。接受3种项目或基金资助的有3种44册，分别为《近代湖南民商事习惯调查史料的整理与研究》（资助来源包括国家社科基金项目、学术团体项目和地方项目）、《近代汉语湘方言文献集成》（资助来源包括国家社科基金重大项目、国家社科基金后期资助项目和高校项目）、《美国哈佛大学哈佛燕京图书馆藏费吴生夫妇档案汇编》（资助来源包括国家社会科学基金“抗日战争研究”专项工程、高校项目和地方项目）。接受2种项目或基金资助的有23种304册。

若按项目种类统计，出版品种数在10种以上的有：国家社会科学基金项目（含重大、西部、冷门绝学专项等）29种249册，国家图书馆“革命文献与民国时期文献保护计划”项目24种934册，国家重点档案保护与开发项目14种52册，国家出版基金项目13种78册。出版册数在100册以上的有：国家图书馆“革命文献与民国时期文献保护计划”项目24种934册，国家社会科学基金项目29种249册，“中国近代文献保护工程”项目8种215册，国家社科基金“抗日战争研究专项工程”7种125册。此外值得注意的是上海文化发展基金会资助出版8种90册、国家古籍整理出版专项资助出版3种47册，这些亦为民国文献整理出版提供了重要支持。

若按资助地区统计，则以中央资助整理出版97种1499册为最多，资助方包括国家社科基金、国家出版基金、教育部、科技部、国家图书馆、国家档案局、中国文学艺术基金会、中国法学会等。随后以上海地区资助整理出版20种172册、江苏地区资助整理出版15种93册、浙江地区资助整理出版14种224册为较多，其余地区资助整理出版的品种数均在10种以下。由此可见，民国文献的整理出版数量与地方力量的支持亦存在密切关联。

三、结果与讨论

（一）整体出版形势的变化情况

整体来看，与2021年相比，2022年民国文献的整理出版品种数虽然变化不大，但出版规模缩减十分明显，导致整体出版册数下降较多。丛书的出版情况也印证了这一特点，2022年较2021年出版的丛书部数和品种数虽略有增加，但出版册数大幅下降，体现了小规模化的倾向。出现这一现象的原因，可能与民国文献的整理出版逐步由早期的粗放型开发向精细化加工转变有关。此外，考虑到文献出版具有一定的周期性，2022年出版的民国文献，大部分文献整理工作实际上完成于2020—2021年，受新冠疫情影响较为明显。

在不同出版方式文献的区间分布上，则与2021年的主要趋势保持一致，排印本更偏好10册以下的出版规模，影印本则更偏好20册以上的出版规模，二者叠加导致单种册数曲线在11—20册存在明显拐点。同理，在码洋的区间分布上，排印本主要分布于单册码洋100—199元区间，影印本则主要分布于单册码洋800—899元区间，体现出两种出版方式在出版成本、定价策略上具有较大差异。

从底本形态来看，2022年档案文书类文献的整理出版数量大幅下降，图书和手稿两类文献的出版数量则出现较大上升，反映了这几类文献的主要收藏机构在文献开发策略上的不同倾向。

从出版单位来看，中华书局、国家图书馆出版社继续保持领先势头，说明这两家出版单位已在该领域确立了优势地位，而中央编译出版社则在红色文献整理出版方面大放异彩，出版品种数量跃居第三。此外，广西师范大学出版社、上海科学技术文献出版社、凤凰出版社等单位继续保持在该领域持续发力的传统，取得了不菲的成果。

从出版地区来看，2022年仍以中央机关所辖出版单位出版民国文献的数量最多，其后的上海、江苏、广西三地继续保持优势地位，浙江地区则因“中国近代文献保护工程”系列成果的推出，也成为民国文献整理出版较为活跃的地区。而四川、湖南、江西、甘肃、安徽等地则继续保持较不活跃状态，且各地区内部分化较大。

从出版主题来看，2022年延续了2021年的特点，仍以“历史、地理”“文化、科学、教育、体育”“政治、法律”“经济”等主题为主，书目类文献则下降较多。在这些主流选题中，国家图书馆出版社、中华书局、广西师范大学出版社、上海科学技术文献出版社、凤凰出版社、浙江教育出版社、广东人民出版社等出版成果较为突出，体现出这些出版单位在民国文献整理出版主流选题上的优势。

综上，2022年民国文献的整理出版规模缩减较明显，底本形态结构发生较大变动，出版模式偏好、出版主题、核心出版单位和主要出版地区则基本延续了以往的趋势和特点。

（二）重大工程、专项对民国文献整理出版的推动

对前述重大工程、专项资助成果做进一步分析，可发现其中较为重要的涉及民国时期文献整理的专项包括：国家社科基金“抗日战争研究专项工程”、国家图书馆“革命文献与民国时期文献保护计划”、国家档案局“国家重点档案保护与开发项目”，这三个专项的管理或实施单位分别是全国哲学社会科学工作办公室、国家图书馆和国家档案局。国家社科基金、国家出版基金等虽然并非专门针对民国文献整理、研究或出版，但也是民国文献整理、研究或出版的重要资助来源。

除此之外，地方政府和高校也为民国文献的整理出版提供了重要支持。例如，各地方政府推出的如“浙江文化研究工程成果文库”“中国近代文献保护工程”“《巴渝文库》出版工程”“荆楚文库”“《广东华侨史》编修工程”等，各高校推出的如“千年学府文库”“百年贵大文化传承工程”“长白文库”“河海文库”以及南京大学中华民国史研究中心重大项目“哈佛燕京图书馆藏费吴生个人档案整理与研究”、上海交通大学“双一流”校园文化建设专项“交通大学百年报刊搜集整理、影印出版和数字化工程”等。同时，各地方社科基金也为民国文献的整理出版提供了重要助力，例如黑龙江省哲学社会科学研究规划重大委托项目“日本细菌战史料翻译与整理丛书”、江苏省社科基金委托项目“‘南京保卫战史料与研究’丛书”、福建省社科基金项目“近代福建与东南亚中医药跨域流动研究”、浙江省哲学社会科学规划课题研究成果“宁波华美医院百年档案”、河北省社会科学发展研究项目“秦皇岛港藏开滦日文档案（1941—1945）整理与研究”、山东社会科学院“创新工程”重大项目“20世纪‘乡村建设运动’文库”等。这些项目通常凸显了整理出版单位的传统专业优势，例如河海大学依据自身专业优势，自2019年起启动水利文化出版工程“河海文库”；南京大学中华民国史研究中心根据自身在南京大屠杀史料整理方面多年的积累，组织整理出版了费吴生夫妇档案；黑龙江地区以多年来在日本细菌战史料收集方面的深厚积累，进一步推出日本细菌战史料的翻译

整理系列；陕西师范大学则依托自身在中国语言文学方面的专业优势推出“近代汉语方言文献集成”系列等。

除上述国内单位外，美国哈佛大学哈佛燕京图书馆是海外民国文献整理出版的重镇，它推出的“哈佛燕京图书馆文献丛刊”系列包括大量重要的民国文献。例如2010年推出的《美国哈佛大学哈佛燕京图书馆藏民国时期图书总目》，2011—2012年推出的《美国哈佛大学哈佛燕京图书馆藏民国文献丛刊》，2013年推出的《美国哈佛大学哈佛燕京图书馆藏晚清民国间新教传教士中文译著目录提要》，2015年推出的《美国哈佛大学哈佛燕京图书馆藏蒋廷黻资料》，2016年推出的《美国哈佛大学哈佛燕京图书馆藏钢和泰未刊往来书信集》，2020年推出的《美国哈佛大学哈佛燕京图书馆藏中国科学社北美分社档案》，2021年推出的《美国哈佛大学哈佛燕京图书馆藏联合国善后救济总署解放区档案》，2022年推出的《美国哈佛大学哈佛燕京图书馆藏费吴生夫妇档案汇编》等。这些文献是开展近代史研究不可错过的重要史料。

（三）红色文献整理出版渐成体系

2022年，红色文献的整理出版持续发力，延续了2021年的盛况，较重要的整理出版成果包括如下几部分。

中央编译出版社推出的马列原著及其中译本的“中外文稀有版本文献系列”“马列主义研究著作典藏文库系列”“延安时期马克思主义文献系列”“马列主义经典著作典藏文库系列”“《共产党宣言》中外文对照与中外文版本图典系列”等①，是研究马列主义原典和“两个结合”的重要一手史料。其中马列原著及其中译本的“中外文稀有版本文献系列”包括：《法兰西内战》德文版、英文版，以及郭和译本、吴黎平译本、谢唯真校订本；《家庭、私有制和国家的起源》德文版、英文版和李膺扬、张仲实、谢唯真、佚名所译4个中译本；《路德维希·费尔巴哈和德国古典哲学的终结》德文版、英文版及向省吾、彭嘉生、张仲实、谢唯真、杨东莼和宁敦伍所译5个中译本；《社会主义从空想到科学的发展》德文版、英文版以及郑

---

① 因后二者以1911年以前在国外出版的外文史料为主，经与本文责任编辑商议，未列入2022年度报告目录，特此说明。

次川、朱镜我、冯雪峰、黄思越、吴黎平、博古、谢唯真所译7个中译本；《政治经济学批判》德文版、英文版以及刘曼、郭沫若所译2个中译本。“马列主义研究著作典藏文库系列”的《马克思研究丛书》为20世纪30年代前后上海泰东图书局出版的“马克思研究丛书”的影印本，该丛书是中国首套以马克思命名的系列图书，包括9种著作，其中《马克思之经济概念》《马克思民族社会及国家概念》《马克思的伦理概念》《马克思唯物历史理论》《马克思的家族发展过程》《马克思阶级斗争理论》《马克思的国家发展过程》7种图书皆译自德国社会民主党人、社会学家亨利希·库诺《马克思的历史社会和国家学说》一书的相关章节，《马克思工资价格及利润》《马克思工资劳动与资本》2种则分别为马克思的原著《工资、价格和利润》《雇佣劳动与资本》的译本。“延安时期马克思主义文献”第一辑《马克思恩格斯丛书》为1938—1942年延安马列学院所出版10种马克思主义文献初版的影印本，包括：吴黎平译《社会主义从空想到科学的发展》，成仿吾、徐冰译《共产党宣言》，吴黎平、刘云译《法兰西内战》，王学文、何锡麟、王石巍译《政治经济学论丛》，柯柏年、艾思奇、景林等译《马恩通信选集》，王石巍、柯柏年译《德国的革命与反革命》，何锡麟译《〈资本论〉提纲》，何思敬、徐冰译《哥达纲领批判》，柯柏年译《拿破仑第三政变记》，柯柏年译《法兰西阶级斗争》。

中共党史出版社推出中共中央党史和文献研究院第七研究部编《红军长征湘江战役研究报告及史料选编》，收录我党我军有关湘江战役的资料，包括电报、报刊记载、日记、回忆录等，是目前国内关于湘江战役研究最为全面系统的资料汇编和研究成果。2018年12月，中央党史和文献研究院根据中央领导同志关于做好湘江战役红军遗骸收殓保护工作的重要指示，并根据退役军人事务部制定的《湘江战役红军遗骸收殓保护工作方案（征求意见稿）》中的分工，为落实湘江战役历史的全面梳理等任务，开展了此项工作。

中共中央党史和文献研究院推出《中国共产党重要文献汇编》12卷，收入中国共产党成立（1921年7月）以后至1927年12月这段时期形成的重要文献，内容涉及党的代表大会、全会文件，重要决议、决定、宣言、通知、通告、指示以及中央领导人的重要报告、讲话、文章、电报等。

中华书局推出金冲及总主编的大型历史文献丛书《复兴文库》，其第一编共7卷38册，集中选编1840—1921年间体现民族觉醒意识、探索救亡之道、传播进步思想的重要文献，重在展现中华民族伟大复兴的历史起点和逻辑起点；第二编14卷65册，集中选编1921—1949年间记述中国共产党携手各阶层、各党派进步力量，团结带领中国人民，为推翻帝国主义、封建主义、官僚资本主义三座大山，实现民族独立、人民解放，完成新民主主义革命、建立中华人民共和国而不懈奋斗的重要文献，是国内红色文献选编出版的重要范本。

除上述权威版本外，业内影响较大的还有王东红主编的《新中国成立前马克思主义传播文献续编》，系《新中国成立前马克思主义传播文献汇编》（上海科学技术文献出版社，2020）的续编。徐信华等人主编的《马克思主义在中国早期传播著作精粹：一九二〇——一九二七》，系《马克思主义在中国早期传播著作丛编（一九二〇——一九二七）》（湖北人民出版社，2021）的补遗。艾四林、杨金海等人主编的“马克思主义经典文献世界传播通考”丛书，系“马克思主义经典文献传播通考”丛书（辽宁人民出版社，2019—2021）的拓展与延续[①]。此外，值得关注的还有北京大学《马藏》编纂与研究中心编纂的《马藏》系列，该系列2019年推出第一部第1—5卷，2020年推出第一部第6—8卷，2021年推出第二部第1—2卷、第三部第1—2卷，2023年推出第一部第9—13卷，2022年虽未见有编纂成果推出，但该系列多年延续出版，应予密切关注。这些成果的持续推出说明红色文献的整理出版已渐成体系，成为系统性、长期性工作。

四、结语

开展历史研究，首要工作是史料的搜集与爬梳，梁启超先生曾言：“史料为史之组织细胞，史料不具或不确，则无复史之可言。”[②]因此民国文献的整理与出版，是开展有关这一历史时期相关研究的基础与前提。从2022年的民国文献整理出版报告可以看出，当前，在该领域已逐步形成一批优势

① 因2022年出版的“马克思主义经典文献世界传播通考”均为对外文文献的考证，不在本报告收录范围之内，故未列入报告后所附目录，但毫无疑问，该文献的重要性是不容忽视的。

② 梁启超：《中国历史研究法》，上海古籍出版社，2019年，第59页。

学术团体、专业机构和出版团队，但大数据时代和AI时代的到来，对文献的整理加工提出了更高要求，未来还有更多、更专、更精、更细的工作有待开展，助力相关学术研究由定性走向定量，由文本研究走向数据研究、由单一学科研究走向交叉学科研究，由个案探微走向历史大数据统计分析，相信未来随着学者、收藏者和出版者的深度、持续合作，民国文献的整理研究必将取得丰硕成果，为加快构建中国自主的知识体系提供更大助力。

附录：2022年民国文献整理出版目录

编写说明：

1.本目录的数据和编排情况，详见本文第一章《数据来源与编排说明》。

2.为便于查阅馆藏，全部条目采取图书馆卡片目录格式编写，根据文献题名页、封面、封底、版权页等信息源，依次客观著录文献的题名、责任者、出版方式（仅著录影印本）、出版地、出版单位、出版年、册数、丛书信息（有则必备）、ISBN等信息，其中由笔者推断得出的信息以“[ ]”进行标示。

3.各条目下的按语内容主要摘录自该文献的序跋、凡例、编写说明或目录，少量来自文献编著者和出版者提供或发布的介绍文字。按语编写以客观著录为主，原则上不作主观评价。

4.全部条目均以ISBN作为品种界定的依据，即每一个ISBN视为一种文献，同ISBN的汇编、多卷本、丛书等均合并著录为一个条目。

5.图书分类原则上以《中国图书馆分类法（第五版）》为准，并根据责编意见进行了部分调整。

6.除以民国文献为主体的条目外，笔者还搜集到一些杂糅各历史时期文献的条目，因有一定篇幅涉及民国文献，故将其以“含民国文献的综合性史料”之名附于文后，仅备参考，不计入统计数据。该系列下条目全部按题名拼音排序，不再分类。

一、正目

（一）书目类

重庆近代期刊提要/任竞主编.—重庆：重庆大学出版社，2022.—1

册.—（巴渝文库）.—978-7-5689-2485-6

福建省档案馆指南/福建省档案馆编.—福州：福建人民出版社，2022.—2册.—978-7-211-08876-8

甘南文献档案题录/于丽萍编著.—成都：四川民族出版社，2022.—1册.—978-7-5733-0814-6

按：本书辑录甘南州、县境内档案馆藏1911—1949年间的历史文书、档案。

广西壮族自治区档案馆指南/广西壮族自治区档案馆编.—南宁：广西民族出版社，2022.—1册.—978-7-5363-7611-3

合众图书馆典藏目录汇编/合众图书馆等编；陈先行汇编.—［影印本］.—上海：上海科学技术文献出版社，2022.—15册.—978-7-5439-8634-3

黑龙江省图书馆藏民国时期俄文文献目录/高文华主编.—北京：国家图书馆出版社，2022.—1册.—978-7-5013-7107-5

按：本书为"革命文献与民国时期文献保护计划"成果，收录黑龙江省图书馆藏民国时期俄文文献目录5056条，其中俄罗斯文献目录3515条、俄侨文献目录1541条，著录题名、作者、出版地、出版社、出版日期、页码信息，并将文献目录内容翻译成中文，形成中俄文对照的民国时期俄文文献目录。

红色出版物总目：1912—1949/中国国家图书馆，上海图书馆编.—北京：中华书局，2022.—30册.—（民国时期出版物总目录）.—978-7-101-16000-0

按：本书收录1912—1949年间的红色出版物约13000种，以图书为主，也包含部分期刊和报纸。每一种出版物由著录文字和图版两部分组成，著录文字包括题名、责任者、版本等信息，并编制了索引。

近代影印善本碑帖录/桑椹编纂.—［影印本］.—上海：上海书画出版社，2022.—3册.—978-7-5479-2769-4

泸州市图书馆藏民国期刊图录提要/黄善容主编.—成都：西南交通大学出版社，2022.—1册.—978-7-5643-9091-4

鲁迅于上海：上海鲁迅纪念馆藏文物提要选/上海鲁迅纪念馆编.—上海：上海辞书出版社，2022.—1册.—978-7-5326-5996-8

民国璧山司法档案案卷提要，公文卷/吕毅，陈廷湘，刘明琴著.—重庆：西南大学出版社，2022.—1册.—978-7-5697-0003-9

民国璧山司法档案案卷提要，民事卷/陈廷湘，吕毅，刘明琴著.—重庆：西南大学出版社，2022.—5册.—978-7-5697-0001-5

民国璧山司法档案案卷提要，刑事卷/陈廷湘，吕毅，刘明琴著.—重庆：西南大学出版社，2022.—3册.—978-7-5697-0002-2

民国时期创刊号图录/宁夏回族自治区图书馆编著.—北京：国家图书馆出版社，2022.—2册.—978-7-5013-7158-7

民国粤人赴澳大利亚留学档案全述，东莞、增城、惠阳卷/粟明鲜编著.—广州：广东人民出版社，2022.—1册.—（广东华侨史文库）.—978-7-218-15426-8

按:《广东华侨史文库》是《广东华侨史》编修工程的组成部分，由《广东华侨史》编修工作领导小组办公室资助。本书主要根据澳大利亚国家档案馆藏档案资料，将清末民国广东东莞、增城、惠阳三县青少年儿童赴澳留学的档案进行汇编。

民国粤人赴澳大利亚留学档案全述，中山卷/粟明鲜编著.—广州：广东人民出版社，2022.—2册.—（广东华侨史文库）.—978-7-218-15462-6

民国粤人赴澳大利亚留学档案全述，珠三角其他县市卷/粟明鲜编著.—广州：广东人民出版社，2022.—1册.—（广东华侨史文库）.—978-7-218-15425-1

南京大学民国文献珍本图录/程章灿，史梅主编；南京大学图书馆编.—南京：南京大学出版社，2022.—1册.—978-7-305-25428-4

太仓老报刊/陈校章著.—上海：上海文艺出版社，2022.—1册.—（太仓“老底子”丛书）.—978-7-5321-8578-8

耶鲁大学藏金陵大学档案目录提要/谢欢编著.—南京：凤凰出版社，2022.—1册.—（海外中国文献专题目录丛刊）.—978-7-5506-3710-8

按：本书著录耶鲁大学神学院图书馆藏亚洲基督教高等教育联合董事会档案第四类中之金陵大学文字档案目录。

中国近代地图志/齐清文主编.—北京：中国地图出版社，2022.—1册.—978-7-5204-2608-4

中国现代史档案资料汇编总目/周海建编.—北京：国家图书馆出版社，

2022.—1册.—（民国文献资料丛编）.—978-7-5013-7482-3

按：本书为“革命文献与民国时期文献保护计划”成果，是《中国现代史档案资料汇编》（国家图书馆出版社，2021）的总目，分为四辑，第一辑为五四运动至第一次国内革命战争时期，第二辑为第二次国内革命战争时期，第三辑为抗日战争时期，第四辑为第三次国内革命战争时期。

（二）马克思主义、列宁主义、毛泽东思想、邓小平理论类

恩格斯传/（德）古斯达夫·梅尔著；郭大力译.—北京：中央编译出版社，2022.—1册.—978-7-5117-4025-0

红色典藏.—影印本.—北京：大有书局，2022.—4册.—978-7-80772-093-5

按：本书为使用国家图书馆馆藏影印的线装仿真书。

马克思研究丛书/（德）卡尔·马克思，（德）亨利希·库诺等著；朱应祺，朱应会译.—影印本.—北京：中央编译出版社，2022.—9册.—（马列主义研究著作典藏文库）.—978-7-5117-4037-3

按：本书为二十世纪三十年代前后上海泰东图书局出版的“马克思研究丛书”的影印本。该丛书是中国首套以马克思命名的系列图书，包括9种著作，其中《马克思之经济概念》《马克思民族社会及国家概念》《马克思的伦理概念》《马克思唯物历史理论》《马克思的家族发展过程》《马克思阶级斗争理论》《马克思的国家发展过程》7种图书皆译自德国社会民主党人、社会学家亨利希·库诺《马克思的历史社会和国家学说》一书的相关章节，《马克思工资价格及利润》《马克思工资劳动与资本》2种则分别为马克思的原著《工资、价格和利润》《雇佣劳动与资本》的译本。

马克思主义在中国早期传播著作精粹：一九二〇—一九二七/徐信华［等］主编；湖北大学马克思主义学院，湖北大学中共创建史研究中心编.—武汉：长江出版社，2022，2023印.—7卷.—978-7-5492-8590-7

按：本书为《马克思主义在中国早期传播著作丛编：一九二〇—一九二七》（湖北人民出版社，2021）丛书的补遗。

新中国成立前马克思主义传播文献续编/王东红编.—［影印本］.—上海：上海科学技术文献出版社，2022.—42册.—978-7-5439-8301-4

延安时期马克思主义文献.第一辑.马克思恩格斯丛书.—影印本.—北京：中央编译出版社，2022.—10册.—（延安时期马克思主义文献）.—978-7-

5117-4185-1

按：本书为1938—1942年延安马列学院出版的10种马克思主义文献的影印本，包括吴黎平译《社会主义从空想到科学的发展》，成仿吾、徐冰译《共产党宣言》，吴黎平、刘云译《法兰西内战》，王学文、何锡麟、王石巍译《政治经济学论丛》，柯柏年、艾思奇、景林等译《马恩通信选集》，王石巍、柯柏年译《德国的革命与反革命》，何锡麟译《〈资本论〉提纲》，何思敬、徐冰译《哥达纲领批判》，柯柏年译《拿破仑第三政变记》，柯柏年译《法兰西阶级斗争》。

《法兰西内战》中外文稀有版本文献/（德）卡尔·马克思著.—影印本.—北京：中央编译出版社，2022.—5册.—978-7-5117-4246-9

《家庭、私有制和国家的起源》中外文稀有版本文献/（德）弗里德里希·恩格斯著.—影印本.—北京：中央编译出版社，2022.—6册.—978-7-5117-4217-9

《路德维希·费尔巴哈和德国古典哲学的终结》中外文稀有版本文献/（德）弗里德里希·恩格斯著.—影印本.—北京：中央编译出版社，2022.—7册.—978-7-5117-4224-7

《社会主义从空想到科学的发展》中外文稀有版本文献/（德）弗里德里希·恩格斯著.—影印本.—北京：中央编译出版社，2022.—9册.—978-7-5117-4245-2

《政治经济学批判》中外文稀有版本文献/（德）卡尔·马克思著.—影印本.—北京：中央编译出版社，2022.—4册.—978-7-5117-4215-5

（三）哲学、宗教类

汪奠基集/汪奠基著；陈道德整理.—武汉：华中科技大学出版社，2022.—2册.—（荆楚文库）.—978-7-5680-8756-8

按：本书收录汪奠基4本书和50余篇论文，均为1949年以前所作，内容涉及哲学、逻辑、教育等诸多领域，如《现代逻辑》《科学方法》《哲学与科学》等。

中国近代伦理学文献丛刊.第一部分/李义天，张远航主编.—［影印本］.—北京：中央编译出版社，2022.—9册.—978-7-5117-3941-4

按：本书收录《伦理学原理》《伦理学》《社会主义伦理学》《近代五大家伦理学》《亚里士多德伦理学》《伦理学底根本问题》《实用伦理

学》等。

中国近代伦理学文献丛刊.第二部分/李义天，张远航主编.—［影印本］.—北京：中央编译出版社，2022.—8册.—978-7-5117-3940-7

按：本书收录《西洋伦理学史》《中国伦理学史》《现代伦理学》《伦理学的起原和发展》《中国伦理政治大纲》等。

中国近代伦理学文献丛刊.第三部分/李义天，张远航主编.—［影印本］.—北京：中央编译出版社，2022.—7册.—978-7-5117-3939-1

按：本书收录《近世伦理学说》《伦理学浅说》《伦理学概论》《伦理学要领》《教育伦理学》《伦理学纲要》《伦理学》《伦理学体系》等。

中国近代伦理学文献丛刊.第四部分/李义天，张远航主编.—［影印本］.—北京：中央编译出版社，2022.—8册.—978-7-5117-3937-7

按：本书收录《伦理学》《中等教育伦理学》《伦理学导言》《中国伦理思想ABC》《初级伦理学》等。

（四）社会科学总论类

教养以方：奉化孤儿院档案史料辑存/宁波市奉化区档案馆，中共宁波市奉化区委党史研究室，宁波市奉化区民政局编著.—北京：团结出版社，2022.—1册.—978-7-5126-9859-8

按：本书主要辑录1926年以来奉化孤儿院筹建与募捐、内部管理与规章、政府指令公函、收支状况与战后院舍重建、董事和师生名册、往来信稿、会议记录、大事记等史料。

近代日本对华调查档案资料丛刊.第六辑/邵汉明，王建朗主编.—影印本.—北京：国家图书馆出版社，2022.—80册.—978-7-5013-7563-9

按：本书主要收录近代日本对华商业、贸易调查资料200余种，调查刊行机构包括南满洲铁道株式会社下设诸调查部门、伪满洲国经济部商务司、伪满洲中央银行调查部、伪兴农合作社中央会等。

近代日本对华调查档案资料丛刊.第七辑/高文华，殷峰主编.—影印本.—北京：国家图书馆出版社，2022.—90册.—978-7-5013-7565-3

按：本书收录近代日本对华商业、贸易调查资料资料184种，调查刊行机构包括南满洲铁道株式会社下设诸调查部门，以及伪满洲国实业部、产业部、兴安局等。

近代同乡会史料汇编/李强，陈卓编.—影印本.—北京：国家图书馆出

版社，2022.—50册.—978-7-5013-7571-4

近代中国民俗资料汇编/黄涛编.—影印本.—北京：学苑出版社，2022.—70册.—978-7-5077-6439-0

梁漱溟与山东乡村建设实验/梁培宽等编.—北京：中国社会科学出版社，2022.—1册.—（当代齐鲁文库.20世纪“乡村建设运动”文库）.—978-7-5227-1139-3

按：“20世纪‘乡村建设运动’文库”为山东社会科学院“创新工程”重大项目“当代齐鲁文库”之一种，收录20世纪前期“乡村建设运动”的著作、论文、实验方案、研究报告等，以及迄今为止的相关研究成果。2022年“20世纪‘乡村建设运动’文库”出版了第21—26卷。本书为第26卷，收录了《河南村治学院和山东乡村建设研究院》《追记1928年梁先生作“乡治十讲”》《河南村治学院始末》等文章。

社会调查及邹平社会/山东乡村建设研究院等编.—北京：中国社会科学出版社，2022.—2册.—（当代齐鲁文库.20世纪“乡村建设运动”文库）.—978-7-5227-1140-9

中国的乡村建设/王鸿一等著.—北京：中国社会科学出版社，2022.—2册.—（当代齐鲁文库.20世纪“乡村建设运动”文库）.—978-7-5227-0880-5

中国近代人口史料汇览/《中国近代人口史料汇览》编写组编.—影印本.—桂林：广西师范大学出版社，2022.—8册.—978-7-5598-5014-0

中国乡村建设考察记/项定荣等著.—北京：中国社会科学出版社，2022.—2册.—（当代齐鲁文库.20世纪“乡村建设运动”文库）.—978-7-5227-1026-6

（五）政治、法律类

开眼看世界/李帆编.—北京：中华书局，2022.—3册.—（复兴文库.第一编）.—978-7-101-15496-2

农民群众的反抗斗争和诉求/武吉庆编.—北京：中华书局，2022.—1册.—（复兴文库.第一编）.—978-7-101-15487-0

晚清统治集团的自救/李育民主编.—北京：中华书局，2022.—7册.—（复兴文库.第一编）.—978-7-101-15503-7

改良派的变革主张/房德邻编.—北京：中华书局，2022.—8册.—（复

兴文库.第一编）.—978-7-101-15491-7

民主革命派的追求/林家有，王杰主编.—北京：中华书局，2022.—10册.—（复兴文库.第一编）.—978-7-101-15486-3

中华民族的认同/湛晓白编.—北京：中华书局，2022.—2册.—（复兴文库.第一编）.—978-7-101-15511-2

新文化运动/欧阳哲生编.—北京：中华书局，2022.—7册.—（复兴文库.第一编）.—978-7-101-15484-9

中国共产党的成立是开天辟地的大事变/黄修荣，黄黎编.—北京：中华书局，2022.—4册.—（复兴文库.第二编）.—978-7-101-15508-2

国共合作推动反帝反封建的国民革命/金以林编.—北京：中华书局，2022.—5册.—（复兴文库.第二编）.—978-7-101-15493-1

中共早期关于武装斗争的认识与革命道路的探索/黄道炫编.—北京：中华书局，2022.—5册.—（复兴文库.第二编）.—978-7-101-15483-2

左翼文化与思想理论战线/赵庆云编.—北京：中华书局，2022.—7册.—（复兴文库.第二编）.—978-7-101-15482-5

抗日民族统一战线的推进与全民族抗战/王也扬编.—北京：中华书局，2022.—6册.—（复兴文库.第二编）.—978-7-101-15481-8

抗日民主根据地/黄正林主编.—北京：中华书局，2022.—8册.—（复兴文库.第二编）.—978-7-101-15497-9

大后方的建设和民主运动的开展/周勇主编.—北京：中华书局，2022.—7册.—（复兴文库.第二编）.—978-7-101-15480-1

抗日战争与中国国际地位的转变/王建朗，侯中军编.—北京：中华书局，2022.—2册.—（复兴文库.第二编）.—978-7-101-15498-6

中国向何处去的战略抉择/周勇主编.—北京：中华书局，2022.—3册.—（复兴文库.第二编）.—978-7-101-15479-5

民主党派和民主人士的道路思考与抉择/王也扬编.—北京：中华书局，2022.—2册.—（复兴文库.第二编）.—978-7-101-15478-8

解放区土地制度改革的理论探索与实践/黄道炫编.—北京：中华书局，2022.—3册.—（复兴文库.第二编）.—978-7-101-15495-5

中国共产党的建设/蒋建农主编.—北京：中华书局，2022.—4册.—（复兴文库.第二编）.—978-7-101-15509-9

马克思主义中国化与毛泽东思想/蒋建农主编.—北京：中华书局，2022.—6册.—（复兴文库.第二编）.—978-7-101-15477-1

为实现民族独立和人民解放而奋斗/汪朝光，费虹寰编.—北京：中华书局，2022.—3册.—（复兴文库.第二编）.—978-7-101-15476-4

伯力审判新发现录音资料编译/焦洪双编译.—哈尔滨：黑龙江朝鲜民族出版社，2022，2023印.—1册.—（日本细菌战史料翻译与整理丛书）.—978-7-5389-2702-3

广州市市政公报/广东省立中山图书馆，广东省档案馆编.—影印本.—北京：国家图书馆出版社，2022.—90册.—（民国文献资料丛编）.—978-7-5013-6988-1

近代地方治理文献汇编/南京图书馆编.—影印本.—北京：国家图书馆出版社，2022.—60册.—（民国文献资料丛编）.—978-7-5013-6997-3

近代湖南民商事习惯调查史料的整理与研究/夏新华编著.—北京：中国政法大学出版社，2022.—1册.—978-7-5764-0719-8

近代天津租界档案史料选编，英美租界卷/天津市档案馆编.—天津：天津人民出版社，2022.—1册.—978-7-201-12142-0

六法判解理由汇编/沈国明，何勤华主编.—［影印本］.—上海：上海人民出版社，2022.—13册.—（民国法律史料汇编）.—978-7-208-15686-9

按：本书为《民国法律史料汇编》之一种，以中华民国北洋政府和南京国民政府时期的六法体系为基础，分为宪法之部、民法之部、民商之部、民诉之部、刑法之部和刑诉之部六卷，包含了民国时期司法解释和律师公会活动的几乎所有重要文本。

民国时期交通法规全编/《民国时期交通法规全编》编写组编.—影印本.—桂林：广西师范大学出版社，2022.—9册.—978-7-5598-4976-2

民国时期律师文献史料汇编/《民国时期律师文献史料汇编》编写组编.—影印本.—桂林：广西师范大学出版社，2022.—6册.—978-7-5598-4980-9

民国时期县政史料续编/王晓选编.—影印本.—北京：国家图书馆出版社，2022.—30册.—（民国文献资料丛编）.—978-7-5013-7152-5

民国时期最高法院判例要旨：1927—1940/刘昕杰等整理.—北京：法

律出版社，2022.—1册.—（近代司法史料丛编）.—978-7-5197-6555-2

伪督办南京市政公署（伪南京特别市政府）档案汇编/南京市档案馆编.—影印本.—北京：中华书局，2022.—3册.—（抗日战争档案汇编）.—978-7-101-15666-9

伪南京市自治委员会档案汇编/南京市档案馆编.—影印本.—北京：中华书局，2022.—2册.—（抗日战争档案汇编）.—978-7-101-15539-6

西北大学藏民国版权证图录/王旭州，贾希鸣主编.—西安：西北大学出版社，2022.—1册.—978-7-5604-4908-1

战时儿童保育会档案汇编/中国第二历史档案馆编.—影印本.—北京：社会科学文献出版社，2022.—30册.—（抗日战争档案汇编）.—978-7-5228-0576-4

中国共产党重要文献汇编.第一卷：一九二一年七月——九二一年十二月/中共中央党史和文献研究院，中央档案馆编.—北京：人民出版社，2022.—1册.—978-7-01-024959-9

中国共产党重要文献汇编.第二卷：一九二二年/中共中央党史和文献研究院，中央档案馆编.—北京：人民出版社，2022.—1册.—978-7-01-024960-5

中国共产党重要文献汇编.第三卷：一九二三年/中共中央党史和文献研究院，中央档案馆编.—北京：人民出版社，2022.—1册.—978-7-01-024958-2

中国共产党重要文献汇编.第四卷：一九二四年/中共中央党史和文献研究院，中央档案馆编.—北京：人民出版社，2022.—1册.—978-7-01-024957-5

中国共产党重要文献汇编.第五卷：一九二五年一月——九二五年六月/中共中央党史和文献研究院，中央档案馆编.—北京：人民出版社，2022.—1册.—978-7-01-024956-8

中国共产党重要文献汇编.第六卷：一九二五年七月——九二五年十二月/中共中央党史和文献研究院，中央档案馆编.—北京：人民出版社，2022.—1册.—978-7-01-024955-1

中国共产党重要文献汇编.第七卷：一九二六年一月——九二六年四月/中共中央党史和文献研究院，中央档案馆编.—北京：人民出版社，

2022.—1册.—978-7-01-024954-4

中国共产党重要文献汇编.第八卷：一九二六年五月——一九二六年七月/中共中央党史和文献研究院，中央档案馆编.—北京：人民出版社，2022.—1册.—978-7-01-024953-7

中国共产党重要文献汇编.第九卷：一九二六年八月——一九二六年十二月/中共中央党史和文献研究院，中央档案馆编.—北京：人民出版社，2022.—1册.—978-7-01-024952-0

中国共产党重要文献汇编.第十卷：一九二七年一月——一九二七年五月/中共中央党史和文献研究院，中央档案馆编.—北京：人民出版社，2022.—1册.—978-7-01-024951-3

中国共产党重要文献汇编.第十一卷：一九二七年六月——一九二七年九月/中共中央党史和文献研究院，中央档案馆编.—北京：人民出版社，2022.—1册.—978-7-01-024950-6

中国共产党重要文献汇编.第十二卷：一九二七年十月——一九二七年十二月/中共中央党史和文献研究院，中央档案馆编.—北京：人民出版社，2022.—1册.—978-7-01-024949-0

（六）军事类

长白山地区近代战事史料辑录/张文霞辑注.—长春：吉林人民出版社，2022.—1册.—978-7-206-19735-2

按：本书分为上、下两编，上编为档案史料，全部辑自《珲春副都统衙门档》（第130—195册）；下编从清末报刊、民国与中华人民共和国成立后的各类方志中辑得。

红军长征湘江战役研究报告及史料选编/中共中央党史和文献研究院第七研究部编.—北京：中共党史出版社，2022.—1册.—978-7-5098-5986-5

美国解密：日本细菌战调查报告翻译与整理/高玉宝编；鞠鸿伟译.—哈尔滨：黑龙江朝鲜民族出版社，2022.—1册.—（日本细菌战史料翻译与整理丛书）.—978-7-5389-2694-1

美国解密：日军化学战史料编译/王泽行编；姜涛译.—哈尔滨：黑龙江朝鲜民族出版社，2022，2023印.—1册.—（日本细菌战史料翻译与整理丛书）.—978-7-5389-2659-0

南方军防疫给水部留守名簿/杨彦君主编.—［影印本］.—北京：中央编译出版社，2022.—1册.—978-7-5117-4212-4

南京保卫战·日方资料/王卫星编.—南京：南京出版社，2022.—1册.—（“南京保卫战史料与研究”丛书）.—978-7-5533-3684-8

七三一部队人体实验报告书翻译与整理/王宇编；张立峰译.—哈尔滨：黑龙江朝鲜民族出版社，2022.—1册.—（日本细菌战史料翻译与整理丛书）.—978-7-5389-2693-4

侵华日军防疫给水部史料编译/刘一鸣编；王利译.—哈尔滨：黑龙江朝鲜民族出版社，2022.—1册.—（日本细菌战史料翻译与整理丛书）.—978-7-5389-2657-6

侵华日军防疫给水部史料证言编译/张阳编；刘杨秋译.—哈尔滨：黑龙江朝鲜民族出版社，2022.—1册.—（日本细菌战史料翻译与整理丛书）.—978-7-5389-2658-3

侵华日军山西作战行动详报汇编/太原市档案馆编.—影印本.—北京：中华书局，2022.—1册.—（抗日战争档案汇编）.—978-7-101-15434-4

侵华日军细菌战口述证言编译/胡明红编；朱丹译.—哈尔滨：黑龙江朝鲜民族出版社，2022，2023印.—1册.—（日本细菌战史料翻译与整理丛书）.—978-7-5389-2703-0

侵华日军细菌战史料翻译与整理/金士成编；杨婧译.—哈尔滨：黑龙江朝鲜民族出版社，2022.—1册.—（日本细菌战史料翻译与整理丛书）.—978-7-5389-2656-9

热河省兵要地志：清末民初日本对华军事调查资料/戴建兵主编；蒋璐译.—石家庄：河北教育出版社，2022.—1册.—978-7-5545-5618-4

（七）经济类

瑷珲海关历史档案辑要/石巍巍主编；黑龙江省档案馆编译.—［影印本］.—北京：社会科学文献出版社，2022.—7册.—978-7-5201-7139-7

北京近代契约文书整理/北京市文物局综合事务中心整理.—北京：北京燕山出版社，2022.—4册.—978-7-5402-6055-2

汉冶萍公司档案名人手札选/湖北省档案馆编.—影印本.—武汉：湖北美术出版社，2022.—1册.—978-7-5712-1719-8

汉冶萍公司抗战西迁档案汇编.第一编/郭莹，周积明主编.—［影印

本］.—南京：凤凰出版社，2022.—15册.—（中国近代工业遗产档案丛书）.—978-7-5506-3723-8

汉冶萍公司抗战西迁档案汇编.第二编/郭莹，周积明主编.—［影印本］.—南京：凤凰出版社，2022.—28册.—（中国近代工业遗产档案丛书）.—978-7-5506-3767-2

汉冶萍公司抗战西迁档案汇编.第三编/郭莹，周积明主编.—［影印本］.—南京：凤凰出版社，2022.—14册.—（中国近代工业遗产档案丛书）.—978-7-5506-3768-9

湖北财政纪略/魏颂唐著.**湖北财政史略**/贾士毅著；王平点校.—武汉：华中科技大学出版社，2022.—1册.—（荆楚文库）.—978-7-5680-8461-1

湖州契约档案文献图鉴/湖州市档案馆编.—杭州：西泠印社出版社，2022.—1册.—978-7-5508-3958-8

吉林农业经济档案/马玉良，王婉玉选编.—长春：吉林文史出版社，2022.—1册.—（长白文库）.—978-7-5472-8952-5

按：本书收录256件吉林市档案馆馆藏历史档案，时间为清乾隆十八年（1753）至1931年，分土地政策、赋税制度、土地管理、农业调查、农业组织及技术、建仓积谷六部分。

金城银行/董婷婷，彭晓亮编注；上海市档案馆，复旦大学中国金融史研究中心编.—上海：上海远东出版社，2022.—2册.—（上海市档案馆藏近代中国金融变迁档案史料续编）.—978-7-5476-1769-4

晋江詹廷团侨批档案/晋江市档案馆编.—福州：海峡文艺出版社，2022.—1册.—978-7-5550-2848-2

近代经济档案文献汇编.第三辑/天津市档案馆编.—影印本.—北京：国家图书馆出版社，2022.—50册.—978-7-5013-7528-8

按：本书为“革命文献与民国时期文献保护计划”成果，选取近代天津同业公会1908—1948年间珍贵档案12万余页，分辑出版，此为第三辑。

近代辽宁民族工业档案史料，制造业篇/辽宁省档案馆编.—［影印本］.—沈阳：辽宁民族出版社，2022.—3册.—978-7-5497-2559-5

近代宁波海洋渔业史料辑录/何其茂，孙善根主编.—杭州：浙江工商大学出版社，2022.—1册.—978-7-5178-4956-8

近代商人团体资料汇编/郑成林编.—影印本.—北京：国家图书馆出版

社，2022.—50册.—（民国文献资料丛编）.—978-7-5013-7469-4

近代天津中国银行档案选编.中卷/天津市档案馆（天津市地方志编修委员会办公室），中国银行股份有限公司天津市分行编.—天津：天津古籍出版社，2022.—2册.—978-7-5528-1223-7

近代中国省区物产调查/楼祖诒主编.—天津：天津古籍出版社，2022.—6册.—978-7-5528-1250-3

《申报》景德镇瓷业文献选辑/詹伟鸿编著.—北京：中国轻工业出版社，2022.—1册.—978-7-5184-4033-7

抗战时期国民政府军政部兵工署第二十工厂档案汇编/重庆市档案馆编.—影印本.—北京：中华书局，2022.—7册.—（抗日战争档案汇编）.—978-7-101-15095-7

抗战时期国民政府军政部兵工署、经济部资源委员会钢铁厂迁建委员会档案汇编/重庆市档案馆编.—影印本.—北京：中华书局，2022.—9册.—（抗日战争档案汇编）.—978-7-101-15796-3

丽藻新葩：无锡丽新公司图文史料（1920—1954）/无锡市梁溪区档案局，无锡市梁溪区档案史志馆，中共无锡市梁溪区委党校编.—扬州：广陵书社，2022.—1册.—978-7-5554-1952-5

麦保尔捐赠侨批档案萃编.三/黄海燕主编；汕头市档案馆编.—汕头：汕头大学出版社，2022.—1册.—（汕头市档案馆侨批资料丛编）.—978-7-5658-4884-1

麦保尔捐赠侨批档案萃编.四/黄海燕主编；汕头市档案馆编.—汕头：汕头大学出版社，2022.—1册.—（汕头市档案馆侨批资料丛编）.—978-7-5658-4885-8

民国时期重庆电力股份有限公司档案汇编/唐润明主编.—影印本.—北京：学苑出版社，2022.—9册.—978-7-5077-6497-0

民国时期物价生活费工资史料汇编/《民国时期物价生活费工资史料汇编》编写组编.—影印本.—桂林：广西师范大学出版社，2022.—15册.—978-7-5598-4354-8

南京云锦及丝织业档案调查与概况.上/南京市档案馆编.—[影印本].—南京：南京出版社，2022.—1册.—（金陵全书）.—978-7-5533-3559-9

南京云锦及丝织业档案调查与概况.下/南京市档案馆编.—[影印本].—

南京：南京出版社，2022.—1册.—（金陵全书）.—978-7-5533-3560-5

侵华战争与华中经济的破坏（手稿本）/解学诗编.—影印本.—北京：国家图书馆出版社，2022.—2册.—978-7-5013-6903-4

按：本书所选资料主要是编者个人收藏和吉林省社会科学院满铁资料馆保存的文件、期刊和专题资料，同时也从上海市档案馆提供的档案文献中选用了一些资料。

秦皇岛港藏开滦日文档案（1941—1945）整理与研究/齐海娟编著.—北京：学苑出版社，2022.—1册.—978-7-5077-6535-9

青岛棉纺织业档案史料选译/青岛市档案馆编；王新艳，冯钰麟，王萌译；王萌，张晔校译.—上海：上海辞书出版社，2022.—1册.—978-7-5326-5916-6

上海服务/上海图书馆编.—上海：上海科学技术文献出版社，2022.—3册.—（上海城市品牌发展近代史料辑录）.—978-7-5439-8661-9

上海购物/上海图书馆编.—上海：上海科学技术文献出版社，2022.—3册.—（上海城市品牌发展近代史料辑录）.—978-7-5439-8663-3

上海万国商团文献二种/徐涛编译.—北京：生活·读书·新知三联书店，2022.—1册.—（上海地方志外文文献丛书）.—978-7-108-07192-7

上海文化/上海图书馆编.—上海：上海科学技术文献出版社，2022.—3册.—（上海城市品牌发展近代史料辑录）.—978-7-5439-8662-6

上海制造/上海图书馆编.—上海：上海科学技术文献出版社，2022.—3册.—（上海城市品牌发展近代史料辑录）.—978-7-5439-8664-0

《励进月刊》文献资料汇编/秦军主编.—［影印本］.—南京：凤凰出版社，2022.—1册.—978-7-5506-3736-8

按：《励进月刊》是民国纺织界的重要刊物之一，以“研究纺织上的知识和改良，满足练习生求知的欲望”为宗旨，创刊于1933年2月。

谢昭璧捐赠家批选注/黄海燕主编；汕头市档案馆编.—汕头：汕头大学出版社，2022.—1册.—（汕头市档案馆侨批资料丛编）.—978-7-5658-4883-4

中福公司档案史料汇编.第二辑/河南省档案馆编.—［影印本］.—郑州：中州古籍出版社，2022.—10册.—978-7-5738-0267-5

中福公司档案史料汇编.第三辑/河南省档案馆编.—［影印本］.—郑州：

中州古籍出版社，2022.—10册.—978-7-5738-0665-9

中国近代粮政史料汇编/韦广雄主编.—影印本.—桂林：广西师范大学出版社，2022.—6册.—978-7-5598-4916-8

中国经济志，南京市/（民国）建设委员会经济调查所编.—南京：南京出版社，2022.—1册.—（南京稀见文献丛刊）.—978-7-5533-3640-4

《海关职员任调公报》综览，1865—1913征税部内班卷/赵岳，张娇娇编译.—桂林：广西师范大学出版社，2022.—1册.—978-7-5598-4938-0

（八）文化、科学、教育、体育类

重庆报业创刊号档案资料汇编：1897—2022/向泽映主编；重庆市报业协会编.—北京：冶金工业出版社，2022.—1册.—（重庆报纸记忆系列丛书）.— 978-7-5024-9619-7

故宫旬刊/北平故宫博物院编.—［影印本］.—北京：中央编译出版社，2022.—1册.—978-7-5117-3947-6

贵州大学馆藏民国档案选编，会议记录·制度卷/贵州大学档案馆（校史馆）编.—贵阳：贵州大学出版社，2022.—1册.—（百年贵大文化建设丛书）.—978-7-5691-0571-1

贵州大学馆藏民国档案选编，教职员卷/贵州大学档案馆（校史馆）编.—贵阳：贵州大学出版社，2022.—1册.—（百年贵大文化建设丛书）.—978-7-5691-0572-8

贵州大学馆藏民国档案选编，经费校产卷/贵州大学档案馆（校史馆）编.—贵阳：贵州大学出版社，2022.—1册.—（百年贵大文化建设丛书）.—978-7-5691-0574-2

贵州大学馆藏民国档案选编，学生卷/贵州大学档案馆（校史馆）编.—贵阳：贵州大学出版社，2022.—1册.—（百年贵大文化建设丛书）.—978-7-5691-0573-5

金陵女子大学校刊汇编/南京师范大学图书馆编.—影印本.—北京：国家图书馆出版社，2022.—7册.—（民国文献资料丛编）.—978-7-5013-7485-4

近代报纸图书副刊选编/王青云主编.—影印本.—北京：国家图书馆出版社，2022.—2册.—978-7-5013-7295-9

近代留学史研究资料汇编/蒋纯焦编.—影印本.—上海：上海科学技术

文献出版社，2022.—62册.—978-7-5439-8494-3

近代书评文献汇编/叶建，叶新编.—影印本.—北京：国家图书馆出版社，2022.—30册.—（民国文献资料丛编）.—978-7-5013-7581-3

近代图书馆档案汇编.第三辑：景堂图书馆卷/景堂图书馆编.—影印本.—北京：国家图书馆出版社，2022.—12册.—978-7-5013-7223-2

近代图书馆史研究文献丛刊/苏全有编.—影印本.—上海：上海科学技术文献出版社，2022.—95册.—978-7-5439-8585-8

近代中国科学团体资料汇编/范铁权主编.—影印本.—北京：国家图书馆出版社，2022.—36册.—（民国文献资料丛编）.—978-7-5013-7521-9

岭南大学历史档案文献选编：1937—1945/广东省档案馆编.—［影印本］.—广州：广东人民出版社，2022.—1册.—978-7-218-16235-5

按：本书收录广东省档案馆馆藏1937—1945年岭南大学迁徙办学档案140余件，档案的内容与形式主要包括公文函件、财务报表、教务资料、校报报道等。

孟宪承全集/杜成宪主编.—上海：上海人民出版社，2022.—13册.—978-7-208-17585-3

按：孟宪承（1894—1967），著名教育家、华东师范大学首任校长。

民国广播文献集成.续一/艾红红，庞亮，刘书峰主编.—影印本.—北京：中国传媒大学出版社，2022.—1册.—（"双一流"建设丛书.学术经典系列）.—978-7-5657-3216-4

按：本书为《民国广播文献集成》（中国传媒大学出版社，2021）的续编，搜集整理现存中国传媒大学图书馆的部分民国文献，按其性质和内容进行归类影印，内容包括《无线电广播的文化教育作用》《广播战》。

民国教育期刊特殊号汇编/郭彩霞主编.—影印本.—桂林：广西师范大学出版社，2022.—46册.—978-7-5598-4303-6

民国时期大学校刊续编/李强辑.—影印本.—北京：国家图书馆出版社，2022.—100册.—（民国文献资料丛编）.—978-7-5013-7567-7

民国时期儿童期刊续编/李晓明，马赵扬编.—影印本.—北京：国家图书馆出版社，2022.—70册.—（民国文献资料丛编）.—978-7-5013-7479-3

民国时期高等教育史料四编/李森主编.—影印本.—北京：国家图书馆

出版社，2022.—30册.—（民国文献资料丛编）.—978-7-5013-7476-2

民国时期教育部文牍政令汇编/《民国时期教育部文牍政令汇编》编写组编.—影印本.—桂林：广西师范大学出版社，2022.—6册.—978-7-5598-4882-6

民国时期民众教育资料汇编/朱煜编.—影印本.—北京：国家图书馆出版社，2022.—30册.—（民国文献资料丛编）.—978-7-5013-7582-0

民国时期体育教育史料汇编/蒋宁，林炜鹏主编.—桂林：广西师范大学出版社，2022.—8册.—978-7-5598-5684-5

日本情报中的近代中国报刊史料汇编/秦绍德主编.—上海：复旦大学出版社，2022.—4册.—978-7-309-16073-4

按：本书为《近代日本在华报刊通信社调查史料集成（1909—1941）》（日文影印本，线装书局，2014）的翻译整理本。本书根据1909年至1937年间日本驻华外交机构对驻地等进行的一年一度的调查所撰写的报告翻译、校勘而成。

上海交通大学百年报刊集成.1—7.第一辑（1896—1949），学术学科，综合卷/上海交通大学档案文博管理中心编.—［影印本］.—上海：上海交通大学出版社，2022.—7册.—978-7-313-25835-9

上海交通大学百年报刊集成.8—9.第一辑（1896—1949），学术学科，工程卷/上海交通大学档案文博管理中心编.—［影印本］.—上海：上海交通大学出版社，2022.—2册.—978-7-313-25833-5

上海交通大学百年报刊集成.10—11.第一辑（1896—1949），学术学科，理学卷/上海交通大学档案文博管理中心编.—［影印本］.—上海：上海交通大学出版社，2022.—2册.—978-7-313-25834-2

上海交通大学百年报刊集成.12—16.第一辑（1896—1949），学术学科，经管卷/上海交通大学档案文博管理中心编.—［影印本］.—上海：上海交通大学出版社，2022.—5册.—978-7-313-25832-8

上海交通大学百年报刊集成.17—19.第一辑（1896—1949），学术学科，研究所专刊卷/上海交通大学档案文博管理中心编.—［影印本］.—上海：上海交通大学出版社，2022.—3册.—978-7-313-25831-1

上海交通大学百年报刊集成.20—22.第一辑（1896—1949），学术学科，国文卷/上海交通大学档案文博管理中心编.—［影印本］.—上海：上

海交通大学出版社，2022.—3册.—978-7-313-25830-4

上海私立粤东中学档案汇编/上海市虹口区档案馆，上海市虹口区地方志办公室编.—上海：学林出版社，2022.—1册.—978-7-5486-1764-8

申报馆剪报资料·上海卷，新闻出版专辑/上海报业集团编.—影印本.—上海：上海书店出版社，2022.—12册.—978-7-5458-2142-0

申报馆剪报资料·上海卷，医疗公卫专辑/上海报业集团编.—影印本.—上海：上海书店出版社，2022.—5册.—978-7-5458-2208-3

生活书店会议记录：1933—1945/上海韬奋纪念馆编.—北京：中华书局，2022.—1册.—（韬奋纪念馆馆藏文献丛书）.—978-7-101-15962-2

按：《生活书店会议记录》自2018年开始出版，每年出版1种，本书为第5种，分四部分，内容包括《生活书店会议记录：1933—1937》《生活书店会议记录：1938—1939》《生活书店会议记录：1939—1940》《生活书店会议记录：1940—1945》。

延安大学校史资料.第三辑：1937—1949/《延安大学校史资料》编委会编.—西安：陕西人民出版社，2022.—1册.—978-7-224-14489-5

按：本书收录1937年至1949年延安大学（包括其前身院校及合并院校）的相关文献、档案、资料。

杨效春乡村教育文集/杨效春著.—北京：中国社会科学出版社，2022.—2册.—（当代齐鲁文库.20世纪“乡村建设运动”文库）.—978-7-5227-0899-7

早期商务印书馆国文科讲义十三种/张京华主编.—影印本.—成都：巴蜀书社，2022.—1册.—978-7-5531-1729-4

《申报》中的上海大学：1922—1927/洪佳惠编.—上海：上海大学出版社，2022.—1册.—（红色学府百年传承）.—978-7-5671-4491-0

中国近代教育史料丛刊.第一辑/韩山师范学院图书馆，广东省立中山图书馆编.—［影印本］.—北京：九州出版社，2022.—18册.—978-7-5225-0939-6

按：本书收录韩山师范学院民国时期出版物及校藏档案。

中国近代教育文献丛刊，地方教育卷/越生文化主编.—影印本.—杭州：浙江教育出版社，2022.—36册.—978-7-5722-3710-2

中国近代教育文献丛刊，各类教育卷/越生文化主编.—影印本.—杭州：

浙江教育出版社，2022.—42册.—978-7-5722-3307-4

中国近代教育文献丛刊，教育丛书卷/越生文化主编.—影印本.—杭州：浙江教育出版社，2022.—18册.—978-7-5722-3260-2

中国近代教育文献丛刊，教育实验卷/越生文化主编.—影印本.—杭州：浙江教育出版社，2022.—12册.—978-7-5722-3328-9

中国近代教育文献丛刊，教育统计卷/越生文化主编.—影印本.—杭州：浙江教育出版社，2022.—25册.—978-7-5722-3883-3

中国近代教育文献丛刊，教育心理学卷/越生文化主编.—影印本.—杭州：浙江教育出版社，2022.—24册.—978-7-5722-3712-6

中国近代教育文献丛刊，学校文献卷/越生文化主编.—影印本.—杭州：浙江教育出版社，2022.—38册.—978-7-5722-3000-4

中国近代图书馆学文献丛刊，历史资料卷.一/黄如花，张远航主编.—影印本.—北京：中央编译出版社，2022.—10册.—978-7-5117-4043-4

中国近代图书馆学文献丛刊，历史资料卷.二/黄如花，张远航主编.—影印本.—北京：中央编译出版社，2022.—9册.—978-7-5117-4042-7

中国近代图书馆学文献丛刊，图书馆实践卷/黄如花，张远航主编.—影印本.—北京：中央编译出版社，2022.—23册.—978-7-5117-4041-0

中国近代图书馆学文献丛刊，学术著作卷/黄如花，张远航主编.—影印本.—北京：中央编译出版社，2022.—18册.—978-7-5117-4040-3

中国近现代出版研究资料汇编/张志强编.—影印本.—上海：上海科学技术文献出版社，2022.—50册.—978-7-5439-8600-8

邹平的村学乡学/山东乡村建设研究院编.—北京：中国社会科学出版社，2022.—1册.—（当代齐鲁文库.20世纪“乡村建设运动”文库）.—978-7-5227-0898-0

（九）语言、文字类

近代汉语湘方言文献集成/田范芬编著.—［影印本］.—北京：商务印书馆，2022.—3册.—（近代汉语方言文献集成）.—978-7-100-21061-4

王显未刊手稿选编/王显著；湖南大学中国语言文学学院整理.—影印本.—长沙：湖南大学出版社，2022.—2册.—（千年学府文库）.—978-7-5667-2666-7

按：本书选编影印王显手稿，分为著述、论文、文稿三编，时间跨度从1943年至1950年。

（十）文学类

鳌台劳善堂王麟生文集/王麟生著；欧明炽编.—［影印本］.—扬州：广陵书社，2022.—2册.—978-7-5554-1971-6

稗海堂藏明清民国小说珍本选辑.第二辑，战阵小说卷/赵俊杰，赵辰主编.—影印本.—桂林：广西师范大学出版社，2022.—14册.—978-7-5598-5302-8

陈青选诗文集校注/陈功，王如峰校注.—兰州：甘肃文化出版社，2022.—1册.—（西北稀见文献校注）.—978-7-5490-2295-3

按：陈青选（1864—1947），教育家、诗人。

成多禄集/翟立伟，成其昌编注.—长春：吉林文史出版社，2022.—1册.—（长白文库）.—978-7-5472-8955-6

尺园诗草/毛济美著；温岭市档案馆编.—影印本.—杭州：西泠印社出版社，2022.—1册.—978-7-5508-3894-9

迪山日记诗词集/西昌市市志编纂委员会办公室编.—成都：四川民族出版社，2022.—1册.—（西昌文丛）.—978-7-5733-0449-0

按：陈光前（1864—1936），号迪山，清末秀才，曾参与民国《西昌县志》的修撰。《迪山日记》始自1906年正月，迄于1932年12月3日，共22卷7907页。1964年其孙陈仲和将日记捐献给四川省地方志编纂委员会。本书为《迪山日记》中的诗词部分。

丁玲小说手稿三种/上海鲁迅纪念馆，中国左翼作家联盟会址纪念馆编.—影印本.—上海：上海文化出版社，2022.—1册.—（左翼文艺运动文献丛书）.—978-7-5535-2544-0

法兰西印象.民国时期旅法游记选编：1914—1948/景春雨编.—上海：同济大学出版社，2022.—1册.—978-7-5608-9886-5

国民革命时期广州革命文学史料选编/王烨编.—北京：社会科学文献出版社，2022.—1册.—978-7-5201-9830-1

海南岛，中国的天堂：近现代西文琼崖游记选译/苏秋丹［等］编译.—海口：海南出版社，2022.—1册.—（琼崖文库）.—978-7-5443-9721-6

怀豁楼诗稿：外一种/李焜焜撰.—影印本.—厦门：厦门大学出版社，

2022.—1册.—（同文书库.厦门文献系列）.—978-7-5615-7946-6

蒋学坚集/蒋学坚著；蒋通，杨焄点校；海宁市档案馆（史志研究室）编.—杭州：浙江古籍出版社，2022.—2册.—（浙江文丛）.—978-7-5540-2443-0

按：蒋学坚（1845—1914），晚年自号石南老人，清末民初藏书家。

劫后余吟/苏玉如撰.—［影印本］.—厦门：厦门大学出版社，2022.—1册.—（同文书库.厦门文献系列）.—978-7-5615-8784-3

按：本书是苏玉如（1881—1955）的手抄诗稿，共四卷。

龙榆生未刊诗学稿/龙榆生著；倪春军编.—上海：复旦大学出版社，2022.—1册.—978-7-309-16132-8

按：龙榆生（1902—1966），古典文学研究家、词人。本书收录龙榆生的诗学稿五种：《唐宋诗学概论》《诗词学》《朱弦集》《古今诗选》《唐宋诗选》，书后附《清真先生年谱》一篇。

梦雨天华集/吕碧城著.—［影印本］.—上海：上海三联书店，2022.—2册.—978-7-5426-7474-6

民国通俗小说大系.三编/杨义主编.—影印本.—北京：北京燕山出版社，2022.—100册.—978-7-5402-6721-6

穆旦诗集手稿本/穆旦著.—北京：人民文学出版社，2022.—1册.—978-7-02-017356-3

泡影集/泸西县人大教育科学文化卫生委员会编.—昆明：云南人民出版社，2022.—1册.—978-7-222-21380-7

壬申重阳集 虎溪踏青集/杨绍丞辑.—［影印本］.—厦门：厦门大学出版社，2022.—1册.—（同文书库.厦门文献系列）.—978-7-5615-8831-4

阮章竞文存，笔记卷/阮章竞著.—北京：北京十月文艺出版社，2022.—1册.—978-7-5302-2214-0

按：阮章竞（1914—2000），著名诗人、剧作家。《阮章竞文存》共7卷，其中《笔记卷》录自国家图书馆藏“阮章竞笔记89种”手稿之一部分，约一半篇幅为民国时期所记。

诗三家义集疏/王先谦撰；龚抗云整理.—影印本.—长沙：湖南大学出版社，2022.—3册.—（千年学府文库）.—978-7-5667-2717-6

按：王先谦（1842—1918），字益吾，后学尊称“葵园先生”。本书以乙卯年（1915）虚受堂家刻本为底本影印。

素园诗草　天风海雨楼吟稿/遵义市政协文化文史与学习委员会编.—天津：天津古籍出版社，2022.—1册.—978-7-5528-1282-4

按：本书为《素园诗草》《天风海雨楼吟稿》两部古典诗文集的点校注释本，两书作者均出生于贵州遵义，两部著作同时刊刻于20世纪20年代末。

孙儆诗稿/孙儆著；李文昭辑释.—北京：学苑出版社，2022.—1册.—978-7-5077-6414-7

按：孙儆（1867—1952），教育家、书法家，本书收录其1904—1952年间所作大约800首诗。

王国宪集/王国宪著；杨中曦辑注.—海口：海南出版社，2022.—1册.—（琼崖文库）.—978-7-5730-0906-7

文艺春秋/范泉主编.—影印本.—上海：上海书店出版社，2022.—12册.—（民国期刊集成）.—978-7-5458-2190-1

烟画东堂小品/缪荃孙编.—影印本.—北京：中国书店，2022.—3册.—978-7-5149-2832-7

严文井集/严文井著.—武汉：武汉出版社，2022.—2册.—（荆楚文库）.—978-7-5582-4403-2

按：严文井（1915—2005），儿童文学家。本书选辑严文井写于中华人民共和国成立之前的作品，书末附有《严文井作品年表》。

严载如著作集/严寿澂，黄曙辉编.—［影印本］.—上海：复旦大学出版社，2022.—5册.—（近代学术集林）.—978-7-309-16071-0

玉山诗集笺注/周馥著；丁士虎，孙晓峰，李志英笺注.—芜湖：安徽师范大学出版社，2022.—1册.—（文典古籍丛书）.—978-7-5676-5897-4

浙江天台山游记辑注，近代卷/张天星辑注.—杭州：浙江大学出版社，2022.—1册.—（浙江文化研究工程成果文库）.—978-7-308-22689-9

中国近代文学文献丛刊，文学研究卷.041—060/越生文化主编.—影印本.—北京：生活·读书·新知三联书店，2022.—20册.—978-7-108-07513-0

（十一）艺术类

曹全碑历代拓本精选（民国拓本）/宗鸣安主编.—西安：西安出版社，

2022.—1册.—978-7-5541-5908-8

陈垣师友手稿信札书画墨迹/北京师范大学历史学院，北京师范大学图书馆编.—北京：北京师范大学出版社，2022.—1册.—978-7-303-28065-0

傅抱石致张院西信札集/邱味味编.—［影印本］.—杭州：西泠印社出版社，2022.—1册.—978-7-5508-3872-7

按：本书收录20世纪40年代傅抱石与张院西之间的往来信札。

故宫书画集/北平故宫博物院主编.—影印本.—北京：中央编译出版社，2022.—8册.—978-7-5117-4036-6

按：《故宫书画集》是国立北平故宫博物院1930—1936年出版的专题性刊物，每期刊登20件宋至清代书画作品，各作品后附详细著录，共出版47期，发表作品940件。

海日楼题跋集/沈曾植著；许全胜整理.—北京：中华书局，2022.—1册.—（沈曾植著作集）.—978-7-101-15642-3

画学讲义：外二种/金绍城著；余雅汝点校.—杭州：浙江人民美术出版社，2022.—1册.—（艺文丛刊）.—978-7-5340-8987-9

按：本书收录《画学讲义》《北楼论画》和《藕庐诗草》3种。

火花上的清末民初中国映象/曹波主编.—武汉：武汉出版社，2022.—1册.—（辛亥革命博物馆丛书）.—978-7-5582-5062-0

按：本书收录辛亥革命博物馆馆藏和赵铮个人珍藏的晚清民国时期火花精品近2000枚。

愙斋集古录/（清）吴大澂编；吴湖帆重编.—影印本.—北京：中华书局，2022.—4册.—（嘉德文库）.—978-7-101-15043-8

按：本书以上海图书馆藏1937年吴湖帆重编重装稿本为底本影印，收录吴大澂自藏和同时期知名金石学家，如潘祖荫、陈介祺、吴云、张廷济等收藏的青铜器铭文拓片1200余件，按器物类型分为十二卷。

民国上海话剧演出说明书选编/胡传敏，朱联群，陈果嘉编著.—北京：学苑出版社，2022.—1册.—978-7-5077-6347-8

民国上海影讯汇览/黄德泉编纂.—北京：中国电影出版社，2022.—2册.—978-7-106-05383-3

民国时期电影文献辑刊/周安华主编.—影印本.—北京：国家图书馆出

版社，2022.—56册.—（民国文献资料丛编）.—978-7-5013-7477-9

民国时期美术文献辑刊/高萌萌主编.—影印本.—北京：国家图书馆出版社，2022.—30册.—（民国文献资料丛编）.—978-7-5013-7480-9

民国时期摄影文献辑刊/罗欢主编.—影印本.—北京：国家图书馆出版社，2022.—36册.—978-7-5013-7384-0

中国近代设计史资料选编，产品设计/袁宣萍总主编；闫丽丽，刘肖健主编.—杭州：浙江大学出版社，2022.—1册.—（中国近代设计史资料选编）.—978-7-308-21851-1

1920—1949中国包装设计珍藏档案/左旭初著.—上海：上海人民美术出版社，2022.—1册.—978-7-5586-1878-9

（十二）历史、地理类

阿英与友朋书信辑录/钱荣毅编.—北京：作家出版社，2022.—1册.—（中国现代文学馆钩沉丛书）.—978-7-5212-1530-4

按：阿英（1900—1977），现代文学家、剧作家。本书收录阿英与友朋书信481件，其中332件为首次出版，时间跨度从20世纪30年代到70年代。

北碚志稿/王珑等校注.—重庆：西南大学出版社，2022.—2册.—（巴渝文库）.—978-7-5697-1578-1

北京鲁迅博物馆藏中国近现代名人手札大系.9/北京鲁迅博物馆编.—北京：高等教育出版社，2022.—1册.—978-7-04-058445-5

（民国）岑巩县志/蔡仁辉纂修；姜明点校.—贵阳：贵州民族出版社，2022.—（清水江珍稀文献集成）.—1册.—978-7-5412-2707-3

（民国）长清县志：点校本/中共济南市长清区委党史研究中心，济南市长清区地方史志研究中心整理.—北京：线装书局，2022.—1册.—978-7-5120-5141-6

陈西滢日记书信选集：1943—1946/傅光明编注.—上海：东方出版中心，2022.—2册.—978-7-5473-2024-2

陈星庚陈积澍日记/陈星庚，陈积澍撰.—影印本.—北京：国家图书馆出版社，2022.—8册.—（珍稀日记手札文献丛刊）.—978-7-5013-7361-1

按：陈星庚（1859—1932），光绪举人，辛亥后客居长沙，后归乡兴办教育。陈积澍（1889—1948），陈星庚之子。

承德馆藏档案选编.1948—1949/承德市档案馆编.—北京：团结出版社，2022.—1册.—（兰津阁文集）.—978-7-5126-2110-7

成都市金牛区档案馆藏抗战档案选编/成都市金牛区档案馆编.—影印本.—北京：中华书局，2022.—2册.—（抗日战争档案汇编）.—978-7-101-15184-8

重庆较场口事件档案资料汇编/王玉主编；重庆中国三峡博物馆编.—成都：四川美术出版社，2022.—1册.—978-7-5740-0330-9

打牲乌拉志典全书　打牲乌拉地方乡土志/金恩晖，梁志忠校释；伪永吉县署编；王利英整理.—长春：吉林文史出版社，2022.—1册.—（长白文库）.—978-7-5472-8951-8

滇缅公路珍档解读/黄凤平主编；云南省档案馆编.—昆明：云南民族出版社，2022.—1册.—978-7-5367-8900-5

东莞历史文献丛书.第二辑/广东省立中山图书馆，东莞市莞城图书馆编.—影印本.—广州：广东人民出版社，2022.—68册.—978-7-218-16144-0

东轩翰墨：上海图书馆藏沈曾植手札/许全胜纂.—杭州：浙江大学出版社，2022.—3册.—（中国书房人文艺术丛刊）.—978-7-308-23047-6

钢和泰往来书信档案译释/王启龙主编；周润来，王超万里，王一编译.—西安：陕西师范大学出版总社，2022.—3册.—978-7-5695-2367-6

冈州星期报/景堂图书馆编.—影印本.—北京：国家图书馆出版社，2022.—4册.—（民国文献资料丛编）.—978-7-5013-7474-8

高凤池日记/叶新整理.—北京：中华书局，2022.—1册.—978-7-101-15769-7

按：高凤池（1863—1950），商务印书馆早期元老。此次整理的日记自1930年2月2日起，止于1936年5月19日。

（同治）谷城县志/（清）承印修；（清）蒋海澄，黄定镛纂.**（民国）谷城县志稿**/刘德全纂修.—［影印本］.—武汉：湖北教育出版社，2022.—1册.—（荆楚文库）.—978-7-5564-3675-0

顾廷龙日记/顾廷龙撰；李军，师元光整理.—北京：中华书局，2022.—1册.—978-7-101-15380-4

按：顾廷龙（1904—1998），古籍版本学家、目录学家。本书主要收录顾廷龙1937—1975年间的日记，其中1938—1951年间的相对完整。

观堂遗墨/王国维著；陈乃乾辑.—［影印本］.—上海：中西书局，2022.—1册.—978-7-5475-2011-6

馆藏文物精粹，文献篇/南湖革命纪念馆编.—杭州：浙江人民美术出版社，2022.—1册.—978-7-5340-9713-3

广西年鉴.第二回：中华民国二十四年/广西统计局编.—［影印本］.—南宁：广西人民出版社，2022.—2册.—（广西古籍丛书民国典籍系列）.—978-7-219-11483-4

广元抗战宣传档案汇编/广元市档案馆编.—影印本.—北京：中华书局，2022.—1册.—（抗日战争档案汇编）.—978-7-101-15572-3

贵州省档案馆藏中国红十字会抗战救护档案汇编/贵州省档案馆编.—影印本.—北京：中华书局，2022.—2册.—（抗日战争档案汇编）.—978-7-101-15737-6

韩镜清北大听课笔记/中央民族大学民族博物馆编；宋凡奇整理.—北京：学苑出版社，2022.—1册.—（《民大记忆》系列丛书）.—978-7-5077-6387-4

按：本书是韩镜清1932年在北大上课时的笔记，分为中国通史听课笔记、中古思想史听课笔记、印度佛教史及印度哲学听课笔记三部分，并附录《韩镜清北大听课笔记》手稿原件。

湖南档案馆馆藏红色文献选萃/湖南省档案馆编.—北京：中华书局，2022.—1册.—978-7-101-15639-3

胡步川先生日记：记事珠.第四册/胡步川著.—［影印本］.—南京：河海大学出版社，2022.—1册.—（河海文库）.—978-7-5630-7775-5

胡步川先生日记：记事珠.第五册/胡步川著.—［影印本］.—南京：河海大学出版社，2022.—1册.—（河海文库）.—978-7-5630-7774-8

胡步川先生日记：记事珠.第六册/胡步川著.—［影印本］.—南京：河海大学出版社，2022.—1册.—（河海文库）.—978-7-5630-7769-4

胡步川先生日记：记事珠.第七册/胡步川著.—［影印本］.—南京：河海大学出版社，2022.—1册.—（河海文库）.—978-7-5630-7811-0

胡步川先生日记：记事珠.第八册/胡步川著.—［影印本］.—南京：河海大学出版社，2022.—1册.—（河海文库）.—978-7-5630-7803-5

胡步川先生日记：记事珠.第九册/胡步川著.—［影印本］.—南京：河海大学出版社，2022.—1册.—（河海文库）.—978-7-5630-7768-7

胡步川先生日记：记事珠.第十册/胡步川著.—［影印本］.—南京：河海大学出版社，2022.—1册.—（河海文库）.—978-7-5630-7801-1

胡步川先生日记：记事珠.第十一册/胡步川著.—［影印本］.—南京：河海大学出版社，2022.—1册.—（河海文库）.—978-7-5630-7770-0

胡步川先生日记：记事珠.第十二册/胡步川著.—［影印本］.—南京：河海大学出版社，2022.—1册.—（河海文库）.—978-7-5630-7776-2

寄梅堂珍藏名贤尺牍/王鹏编.—沈阳：辽宁美术出版社，2022.—2册.—978-7-5314-8616-9

江苏百件红色珍档/江苏省档案馆主编.—南京：南京出版社，2022.—1册.—978-7-5533-3720-3

金文编稿本/容庚撰集.—影印本.—北京：中华书局，2022.—1册.—978-7-101-15750-5

近代档案中的甘肃：1883—1944/（日）菅原纯主编.—北京：光明日报出版社，2022，2024印.—1册.—（光明社科文库）.—978-7-5194-6488-2

按：本书是从日本亚洲历史资料中心（JACAR）在网络上公开的日本近代档案资料中，精选和近代甘肃、兰州相关的档案约160份，对其进行中文翻译，按照档案内容进行分类、整理、排序，同时制作索引后编写而成。

近代方志研究文献汇编/萧放编.—影印本.—扬州：广陵书社，2022.—32册978-7-5554-1973-0

近代蒙古文献大系，政治卷/李红权，朱宪总主编；李红权，朱宪分卷主编.—北京：中华书局，2022.—18册.—978-7-101-15883-0

衎烈堂族谱/（清）罗有联编修.—桂林：广西师范大学出版社，2022.—4册.—（西樵历史文化文献丛书）.—978-7-5598-4836-9

抗日将军档案史料选编——黄显声/沈阳市档案馆（沈阳市文史研究馆）编.—影印本.—沈阳：沈阳出版社，2021，2022印.—2册.—978-7-5716-2071-4

乐嘉藻日记第三册/乐嘉藻著；李峰，庞思纯，王尧礼点校.—贵阳：

孔学堂书局，2022.—1册.—（民国贵州文献大系）.—978-7-80770-329-7

按：乐嘉藻日记现存77册，起于清宣统二年（1910），终于1944年。

李公朴书信集/李公朴著.—北京：群言出版社，2022.—1册.—（民盟历史文献）.—978-7-5193-0746-2

历史学是什么？/（德）卡尔·兰普莱希特等著；王燕编译.—上海：上海古籍出版社，2022.—1册.—（中国近代史学文献丛刊）.—978-7-5732-0373-1

李肖聃未刊手稿两种/李肖聃撰；向铁生，龙桂笙整理.—[影印本].—长沙：湖南大学出版社，2022.—1册.—（千年学府文库）.—978-7-5667-2724-4

马耀嵛缸藏革命史料存遗/中共莒县县委党史研究中心编.—北京：北京燕山出版社，2022.—1册.—978-7-5402-6569-4

美国哈佛大学哈佛燕京图书馆藏费吴生夫妇档案汇编/姜良芹主编.—影印本.—桂林：广西师范大学出版社，2022.—40册.—（哈佛燕京图书馆文献丛刊）.—978-7-5598-3941-1

按：本书收录了美国哈佛大学哈佛燕京图书馆收藏的费吴生夫妇的大部分在华档案，包括战时报刊、关于日本侵华的文献资料、个人日记、社会剪报等。

蒙古通鉴长编/王先谦撰；龚抗云整理.—［影印本］.—长沙：湖南大学出版社，2022.—1册.—（千年学府文库）.—978-7-5667-2366-6

民国重修沭阳县志/戴仁监修；钱崇威总纂；张汉乐，仲素梅，刘怀玉标点注释；沭阳县县志编纂委员会办公室编.—南京：江苏人民出版社，2022.—2册.—（沭阳地方志辑成）.—978-7-214-27610-0

民国初期专题电文辑录/《民国初期专题电文辑录》编写组编.—影印本.—桂林：广西师范大学出版社，2022.—7册.—978-7-5598-4840-6

民国济宁县志/潘守廉修；袁绍昂等纂；济宁市人大常委会办公室，济宁市地方史志研究院整理.—天津：天津古籍出版社，2022.—1册.—978-7-5528-1206-0

民国济宁直隶州续志/潘守廉修；袁绍昂等纂；济宁市地方史志研究院整理.—天津：天津人民出版社，天津古籍出版社，2022.—3册.—978-7-201-17976-6

民国靖西县志/靖西市地方志编纂委员会办公室编.—[影印本].—南宁：广西民族出版社，2022.—1册.—978-7-5363-7637-3

民国丽江地志辑校/刘中华主编；冯魄，冯欢辑校.—昆明：云南民族出版社，2022.—1册.—978-7-5367-9009-4

民国《申报》广东华侨史料/郭平兴编著.—广州：广东人民出版社，2022.—1册.—（广东华侨史文库）.—978-7-218-16055-9

民国时期东南亚研究文献汇编/陈卓，林黎南编.—影印本.—北京：国家图书馆出版社，2022.—40册.—（民国文献资料丛编）.—978-7-5013-7375-8

民国时期上海地区史料汇编/《民国时期上海地区史料汇编》编写组编.—影印本.—桂林：广西师范大学出版社，2022.—24册.—978-7-5598-4901-4

民国西南边陲史料丛书，康藏卷/《民国西南边陲史料丛书》编写组编.—影印本.—桂林：广西师范大学出版社，2022.—10册.—978-7-5598-4613-6

民国《厦门市志》余稿/厦门市图书馆编；何丙仲，曾舒怡整理.—厦门：鹭江出版社，2022.—1册.—978-7-5459-1445-0

民国云南通志长编/周钟岳，李根源，方树梅等纂修.—昆明：云南美术出版社，2022，2023印.—6册.—978-7-5489-5156-8

民国云南学会征集各县地志资料稿本，滇东卷/林文勋主编.—影印本.—昆明：云南大学出版社，2022.—2册.—（民国云南方志资料稿本丛刊）.—978-7-5482-4691-6

民国云南学会征集各县地志资料稿本，滇中卷/林文勋主编.—影印本.—昆明：云南人民出版社，2022.—5册.—（民国云南方志资料稿本丛刊）.—978-7-5482-4692-3

闽浙赣革命根据地历史资料文库/刘国云主编；《闽浙赣革命根据地历史资料文库》编委会编.—南昌：江西人民出版社，2022.—9册.—978-7-210-11824-4

目加田诚北平日记/（日）静永健主编；九州大学中国文学会编.—南京：凤凰出版社，2022.—1册.—978-7-5506-3621-7

按：目加田诚（1904—1994），日本汉学家、九州大学教授。本书记载了作者1933—1934年留学北平期间的生活。

南北议和会议卷宗集成/《南北议和会议卷宗集成》编写组编.—影印本.—桂林：广西师范大学出版社，2022.—12册.—978-7-5598-4839-0

（民国）南漳县志/包安保修；向承煜纂.—［影印本］.—武汉：湖北教育出版社，2022.—1册.—（荆楚文库.乙编）.—978-7-5564-5105-0

《申报》平湖文献选辑/董建波，陆保林主编；董建波编.—上海：上海辞书出版社，2022.—1册.—（平湖历史文献整理丛书）.—978-7-5326-6005-6

瞿鸿禨家书/黄曙辉编.—［影印本］.—上海：复旦大学出版社，2022.—8册.—（近代名人尺牍汇刊）.—978-7-309-16138-0

日本有计划有准备发动全面侵华战争军事档案选编/张皓主编.—影印本.—北京：线装书局，2022.—40册.—978-7-5120-5027-3

日军南京暴行：德国外交文件中记载的南京大屠杀与劫后社会状况/陆束屏编著、翻译.—南京：南京出版社，2022.—1册.—978-7-5533-3494-3

上海图书馆藏叶恭绰友朋尺牍/丁小明，梁颖编.—影印本.—上海：上海辞书出版社，2022.—10册.—978-7-5326-5895-4

绍兴近现代名人手札拾遗/绍兴市档案馆，浙江越生文化创意有限公司编.—杭州：西泠印社出版社，2022.—1册.—978-7-5508-3928-1

绍兴民国文献小丛书.第一辑/绍兴图书馆编.—［影印本］.—扬州：广陵书社，2022.—5册.—978-7-5554-1854-2

沈尹默信札集萃/杨晓青，张一鸣编.—杭州：浙江人民美术出版社，2022.—1册.—（微距下的沈尹默系列）.—978-7-5340-9456-9

盛宣怀家族珍藏民国旧影/谢冀婷主编.—西安：西安出版社，2022.—1册.—978-7-5541-5911-8

史念海遗稿·讲义/史念海著；王双怀编.—影印本.—西安：陕西师范大学出版总社，2022.—3册.—978-7-5695-2912-8

四邑星期报/景堂图书馆编.—影印本.—北京：国家图书馆出版社，2022.—4册.—（民国文献资料丛编）.—978-7-5013-7475-5

宿迁红色珍档图册：风雨兼程谱华章　百件珍档庆百年/中共宿迁市委党史学习教育领导小组办公室，宿迁市档案局，宿迁市档案馆编.—北京：

北京出版社，2022.—1册.—978-7-200-17398-7

陶存煦日记/陶存煦著；刘桂秋，刘国芹整理.—南京：凤凰出版社，2022.—1册.—（中国近现代稀见史料丛刊）.—978-7-5506-3731-3

铁证如山.18，吉林省档案馆馆藏日本侵华思想对策月报专辑.1/杨川主编.—长春：吉林出版集团股份有限公司，2022.—1册.—978-7-5731-1930-8

铁证如山.19，吉林省档案馆馆藏日本侵华思想对策月报专辑.2/杨川主编.—长春：吉林出版集团股份有限公司，2022.—1册.—978-7-5731-1935-3

童柄魁童一亭日记/童柄魁，童一亭撰.—影印本.—北京：国家图书馆出版社，2022.—28册.—（珍稀日记手札文献丛刊）.—978-7-5013-7360-4

按：童柄魁，名勤垣，字柄魁，光绪十三年（1887）生，卒年不详，浙江宁波童市镇人。现存童柄魁日记共26册，所记时间为1908年至1934年之间。其子童一亭日记，现存10册，所记时间为1925年至1934年之间。

王复生王德三家书/中共大理州委党史研究室编.—昆明：云南人民出版社，2022.—1册.—978-7-222-19104-4

为了中华民族的复兴：中共一大纪念馆馆藏英烈文物图录/中共一大纪念馆编.—上海：上海人民出版社，2022.—1册.—978-7-208-17995-0

吴湖帆师友书札/梁颖整理.—杭州：中国美术学院出版社，2022.—3册.—（艺术鉴藏丛书）.—978-7-5503-2939-3

夏鼐书信集/夏鼐著.—北京：社会科学文献出版社，2022.—1册.—978-7-5228-0170-4

夏同善年谱/（清）夏敦复著；张德懿整理.**王祖畬年谱：外一种**/（清）王祖畬著；张德懿整理.—南京：凤凰出版社，2022.—1册.—（中国近现代稀见史料丛刊）.—978-7-5506-3722-1

《申报》辛亥革命史料选辑/戴圆编.—北京：研究出版社，2022.—1册.—（马克思主义中国化与传统文化现代化系列丛书）.—978-7-5199-1104-1

徐铸成日记：1947—1957/徐铸成著；徐时霖整理.—上海：上海三联书店，2022.—1册.—978-7-5426-7614-6

按：徐铸成（1907—1991），著名记者、新闻评论家。本书从作者现存日记中选取1947—1957年的部分，主要包括作者担任上海《文汇报》主笔、参加第一届全国政协会议和开国大典、赴朝鲜慰问志愿军、参加第一次全国人大会议、访问苏联期间的主要经历。

烟台市抗日战争时期人口伤亡和财产损失调研汇编/中共烟台市委党史研究院，烟台市地方史志研究院编著.—北京：新华出版社，2022.—3册.—978-7-5166-6648-7

严复书信集/马勇，徐超编.—福州：福建教育出版社，2022.—1册.—978-7-5334-8384-5

一战华工日记/威海市博物馆编.—济南：山东人民出版社，2022.—1册.—（威海市博物馆学术丛书）.—978-7-209-13936-6

易均室书札/徐立，陈龙海整理.—北京：文物出版社，2022.—1册.—978-7-5010-7465-5

按：易均室（1886—1969），学者、金石学家、书法家。本书收录易均室写给师友近200封书札的自留底稿（大致自20世纪30至60年代）。

（民国）英山县志/徐锦修；胡鉴莹等纂.—［影印本］.—武汉：武汉大学出版社，2022.—1册.—（荆楚文库）.—978-7-307-22703-3

永春县档案馆藏抗战档案选编.1/永春县档案馆编.—影印本.—北京：中华书局，2022.—1册.—（抗日战争档案汇编）.—978-7-101-15821-2

（正德）永康县志/（明）吴宣济，胡楷等纂修；卢敦基，庄国瑞校点.**民国永康县新志稿**/干人俊纂修；卢敦基校点.—上海：上海古籍出版社，2022.—1册.—（永康文献丛书）.—978-7-5732-0528-5

云南近代茶史经眼录/郭红军编.—昆明：云南大学出版社，2022.—1册.—978-7-5482-4564-3

（嘉庆）郧西县续志/（清）孔继榦纂修.**（民国）郧西县志**/郭治平修；陈文善等纂.—［影印本］.—武汉：湖北教育出版社，2022.—1册.—（荆楚文库）.—978-7-5564-5092-3

张謇垦牧手牒校注/曹炳生著；政协启东市委员会编.—北京：中国文史出版社，2022.—2册.—978-7-5205-3977-7

赵元任日记/赵元任著.—［影印本］.—北京：商务印书馆，2022.—46册.—（赵元任档案）.—978-7-100-21105-5

中国近代城市史料丛刊，广州卷.第二辑/广东省立中山图书馆编.—影印本.—广州：广东人民出版社，2022.—50册.—978-7-218-15773-3

左右江革命根据地资料选辑/百色干部学院，广西壮族自治区档案馆编.—南宁：广西人民出版社，2022.—1册.—（广西早期中共党史资料与研究丛书）.—978-7-219-11329-5

（十三）天文学、地球科学类

民国时期地震考证/高孟潭主编.—北京：地震出版社，2022.—2册.—978-7-5028-5396-9

按：本书收集整理了包括宁夏海原、广东南澳、四川茂汶叠溪、新疆富蕴、山东菏泽等地大地震的考察报告，地质学、物理学界前辈学者有关地震调查、科研的成果报告以及民国时期早期地震台站记录等，并补充增加了当时政府关于灾害应急、救助的有关档案材料。

（十四）医药、卫生类

鲟溪秘传简验方/陆锦燧著；钟剑点校.—天津：天津科学技术出版社，2022.—1册.—（近代名医珍本医书重刊大系）.—978-7-5742-0198-9

江苏东淘吴氏医案医方选粹/施铮主编.—上海：上海科学技术出版社，2022.—1册.—978-7-5478-5908-7

按：本书收录了民国时期江苏东台安丰（古称东淘）名医吴越人、吴佛缘昆仲及其门人的多部医籍中的医案医方，资料主要来源于《小匏庵医案》《膏丸方存底》《门人录存小匏庵医案》。

金匮发微/曹颖甫著；陈昱豪点校.—天津：天津科学技术出版社，2022.—1册.—（近代名医珍本医书重刊大系）.—978-7-5576-9927-7

金匮要略今释/陆渊雷著；陈昱豪点校.—天津：天津科学技术出版社，2022.—1册.—（近代名医珍本医书重刊大系）.—978-7-5576-9929-1

近代西医中国汉译文献丛书/李勇先，林英主编.—影印本.—成都：巴蜀书社，2022.—31册.—978-7-5531-1797-3

近代中国麻风病史料汇编/周东华编.—影印本.—北京：国家图书馆出版社，2022.—15册.—（民国文献资料丛编）.—978-7-5013-7529-5

经方实验录/曹颖甫著；陈昱豪点校.—天津：天津科学技术出版社，2022.—1册.—（近代名医珍本医书重刊大系）.—978-7-5576-9930-7

陆晋笙医学二书/陆锦燧著；黄琬婷，李翊森，黄心洁点校.—天津：

天津科学技术出版社，2022.—1册.—（近代名医珍本医书重刊大系）.—978-7-5742-0317-4

秘本医学丛书/裘庆元编.—［影印本］.—上海：上海科学技术文献出版社，2022.—20册.—978-7-5439-8617-6

民国湿热证医案辑录/许建秦主编.—西安：陕西科学技术出版社，2022.—1册.—978-7-5369-8317-5

宁波华美医院百年档案.卷三/蔡挺，郑建军，王波定主编；王兰平，吴华，张巧穗编著.—北京：商务印书馆，2022.—1册.—978-7-100-21774-3

按：本系列自2018年出版，2022年出版卷三、卷四。卷三主要收录1939—1946年间宁波华美医院的中文档案。

宁波华美医院百年档案.卷四/蔡挺，郑建军，王波定主编；王兰平，吴华，张巧穗编著.—北京：商务印书馆，2022.—1册.—978-7-100-21775-0

按：本卷收录1947—1949年间宁波华美医院的档案史料。

伤寒发微/曹颖甫著；陈昱豪点校.—天津：天津科学技术出版社，2022.—1册.—（近代名医珍本医书重刊大系）.—978-7-5576-9933-8

伤寒论今释/陆渊雷著；陈昱豪点校.—天津：天津科学技术出版社，2022.—1册.—（近代名医珍本医书重刊大系）.—978-7-5576-9928-4

沈氏女科辑要笺正/张山雷著；孔庆斌，黄炎芳点校.—天津：天津科学技术出版社，2022.—1册.—（近代名医珍本医书重刊大系）.—978-7-5742-0269-6

吴瑞甫全集/蔡鸿新，王尊旺，张孙彪主编.—厦门：厦门大学出版社，2022.—7册.—（闽台中医药文化丛书）.—978-7-5615-8499-6

叶案疏证/李启贤著；庄扬名校注.—北京：学苑出版社，2022.—1册.—（近现代稀见中医著作集丛刊）.—978-7-5077-6374-4

医学探源/陈鼎三著；黄琬婷，钱平芬点校.—天津：天津科学技术出版社，2022.—1册.—（近代名医珍本医书重刊大系）.—978-7-5742-0192-7

拥书庐临证医案/杨百城著.—北京：学苑出版社，2022.—1册.—（近现代稀见中医著作集丛刊）.—978-7-5077-6364-5

遇安斋证治丛录/刘蔚楚著；赵哲伟，黄小龙校注.—北京：学苑出版社，2022.—1册.—978-7-5077-6386-7

珍本医书四种/卢朋等著；李翊森，林宏洋，黄心洁点校.—天津：天津科学技术出版社，2022.—1册.—（近代名医珍本医书重刊大系）.—978-7-5742-0316-7

（十五）农业科学类

动物传染病防疫文献汇编/王睿，金彩主编.—影印本.—成都：巴蜀书社，2022.—9册.—978-7-5531-1676-1

（十六）环境科学、安全科学类

近代环境史资料汇编/周琼，施磊主编.—影印本.—北京：国家图书馆出版社，2022.—60册.—（民国文献资料丛编）.—978-7-5013-7242-3

（十七）综合性图书类

董维键文集/董维键撰；钟发喜，宋沛珊整理.—长沙：湖南大学出版社，2022.—2册.—（千年学府文库）.—978-7-5667-2515-8

按：董维键（1892—1942），教育家、马克思主义理论宣传家、中共国际宣传与国际情报工作开创人之一。

黄群集/黄群著；卢礼阳点校.—杭州：浙江古籍出版社，2022.—3册.—（浙江文丛）.—978-7-5540-2351-8

按：黄群（1883—1945），著名社会活动家、实业家。本书为增订版，内容做了大篇幅的扩充。

近代日本汉文文献丛刊.第一辑/章清，陈力卫主编.—影印本.—上海：上海古籍出版社，2022.—28册.—（复旦大学中外现代化进程研究中心资料系列）.—978-7-5732-0458-5

按：本书收录近代日本代表性的汉文著作，主要包括影响日本近代化进程的汉文著作；中国知识人阅读体验中的日本汉籍，以及加有中国人序跋、点评的日本汉籍；日本人汉译的近代西学著作；甲午战争后中国翻译的“实用”类的著作。

李平书文集/李平书著；柴志光，完颜绍元编.—上海：上海远东出版社，2022.—1册.—（浦东历史要籍.浦东人杰丛书）.—978-7-5476-1841-7

按：李平书（1854—1927），近代上海绅商。

李准集/李准著；王国平整理.—南京：凤凰出版社，2022.—1册.—（中国近现代稀见史料丛刊）.—978-7-5506-3712-2

按：李准（1871—1936），清代最后一任广东水师提督。

刘体智著作集—［影印本］.—上海：复旦大学出版社，2022.—24册.—（近代学术集林）.—978-7-309-16075-8

钱端升全集.第二辑/黄进，高浣月主编；钱端升著；尹钛译.—北京：中国政法大学出版社，2022.—5册.—978-7-5764-0331-2

沈曾植著作集—［影印本］.—上海：复旦大学出版社，2022.—14册.—（近代学术集林）.—978-7-309-14199-3

韬奋作品小辑/邹韬奋著.—［影印本］.—北京：生活·读书·新知三联书店，2022.—4册.—978-7-108-06089-1

姚华著作集/周建刚编.—［影印本］.—上海：复旦大学出版社，2022.—8册.—（近代学术集林）.—978-7-309-16376-6

叶景葵著作集/李欣编.—［影印本］.—上海：复旦大学出版社，2022.—12册.—（近代学术集林）.—978-7-309-16131-1

遵义丛书续编，民国图书卷/《遵义丛书续编》编委会编.—影印本.—北京：国家图书馆出版社，2022.—45册.—978-7-5013-7073-3

二、附目：含民国文献的综合性史料

巴蜀珍稀目录文献汇刊/李勇先，林英主编.—影印本.—成都：成都时代出版社，2022.—16册.—978-7-5464-2880-2

百年清远影像档案/清远市档案馆编著.—桂林：广西师范大学出版社，2022.—1册.—978-7-5598-5487-2

佛山历史文献版本目录/佛山市图书馆主编；刘淑萍，邓雅琴编.—广州：广东人民出版社，2022.—1册.—（佛山古籍文献丛书）.—978-7-218-15680-4

贵州清水江文书，三穗卷.第六辑.第26—30册/贵州省档案馆，黔东南州档案局，三穗县档案馆合编.—［影印本］.—贵阳：贵州人民出版社，2022.—5册.—978-7-221-16923-5

按：本丛书自2013年开始出版，2022年出版第六、七两辑，选编贵州省三穗县明清两朝和民国时期原始契约中保存较好、内容基本完整的山林土地契约和内容相对重要的其他文书，如账单、税单、验契单等。由于文书按照归户性原则编排，其下再以文书形成时间编排，故各册内明清文献与民国文献杂糅排列。

贵州清水江文书，三穗卷.第七辑.第31—35册/贵州省档案馆，黔东南州档案局，三穗县档案馆合编.—［影印本］.—贵阳：贵州人民出版社，2022.—5册.—978-7-221-16924-2

杭州运河（河道）文献集成.第5—11册/王露主编.—杭州：浙江古籍出版社，2022.—7册.—（杭州全书）.—978-7-5540-2368-6

黄河生态文献集成，水利/梁留科，胡全章，曹辛华主编.—影印本.—郑州：大象出版社，2022.—56册.—978-7-5711-1433-6

黄河生态文献集成，自然人文/梁留科，胡全章，曹辛华主编.—影印本.—郑州：大象出版社，2022.—34册.—978-7-5711-1432-9

贾江溶藏稀见清末新学教育文献汇编.第二十册/贾江溶主编.—影印本.—桂林：广西师范大学出版社，2022.—（中国近现代教育史料丛编）.—978-7-5598-4295-4

锦屏文书.第二辑/张应强，王宗勋主编；黄瑜册编目；中山大学历史人类学研究中心，锦屏县档案馆，锦屏文书研究中心合编.—［影印本］.—桂林：广西师范大学出版社，2022.—11册.—978-7-5598-4601-3

历代皖籍女性著作叙录/邱瑰华，傅瑛著.—合肥：黄山书社，2022.—1册.—978-7-5461-9812-5

莲都文书/杨国安，赵士第，彭昊博编著.—［影印本］.—桂林：广西师范大学出版社，2022.—9册.—978-7-5598-5314-1

临平历史档案选辑/杭州市临平区档案馆编.—上海：上海辞书出版社，2022.—1册.—（临平记忆丛书）.—978-7-5326-6004-9

刘侯武研究资料集/刘晓生编著.—汕头：汕头大学出版社，2022.—1册.—（潮汕文库）.—978-7-5658-4572-7

按：刘侯武（1892—1975），名盛扬，字侯武，潮阳仙陂乡（今广东省汕头市潮阳区谷饶镇仙波乡）人。

陇右文库.方志库.二/张永霞总主编；汪受宽，高国祥主编.—兰州：甘肃文化出版社，2022.—101册.—978-7-5490-2393-6

明别集整理总目/汤志波，李嘉颖编.—上海：中西书局，2022.—2

册.—（明人研究基础文献丛刊）.—978-7-5475-1955-4

按：本书著录清末至今海内外整理出版的明别集4000余种，按作者生年先后排列，附录作者索引、书名索引。

儒典，经解典/王志民，杜泽逊主编.—影印本.—济南：山东人民出版社，2022.—1374册.—978-7-209-13869-7

儒典，义理典/王志民，杜泽逊主编.—影印本.—济南：齐鲁书社，2022.—210册.—978-7-5333-4574-7

儒典，志传典/王志民，杜泽逊主编.—影印本.—济南：齐鲁书社，2022.—232册.—978-7-5333-4575-4

三家未刊医书合辑/王云超，师浩钧主编.—济南：山东科学技术出版社，2022.—1册.—978-7-5723-0926-7

按：本书收书3种，其中民国文献为易肇安撰《易氏医案》一卷。

陕南水利社会史料辑稿/胡瀚整理.—北京：九州出版社，2022，2023印.—1册.—978-7-5225-1383-6

韶关历史文献丛书/中共韶关市委宣传部，广东省立中山图书馆编.—影印本.—广州：广东人民出版社，2022.—55册.—978-7-218-15253-0

书香蝶韵：中山大学图书馆藏书票精粹/中山大学图书馆编.—广州：中山大学出版社，2022.—1册.—（中山大学图书馆百年馆史丛书）.—978-7-306-07526-0

晚清新学书目提要/熊月之主编.—上海：上海书店出版社，2022.—1册.—978-7-5458-2150-5

《申报》晚清华侨史料汇编（1872—1911）/徐云编著.—广州：广东人民出版社，2022.—1册.—（广东华侨史文库）.—978-7-218-15627-9

潍坊地方票/潍坊钱币学会编.—济南：山东科学技术出版社，2022.—1册.—978-7-5723-1169-7

西藏地震档案史料选编/西藏自治区档案馆，西藏自治区科学技术厅编译.—拉萨：西藏人民出版社，2022.—2册.—（西藏历史档案丛编）.—978-7-223-06743-0

萧山家谱资料选编，传记卷/杭州市萧山区档案馆编.—北京：线装书局，2022.—1册.—978-7-5120-5065-5

《老子》译本总目：全球老学要览/（美）邰谧侠（Misha Tadd）著.—

天津：南开大学出版社，2022.—1册.—978-7-310-06320-8

中国书院文献丛刊.第三辑/邓洪波主编.—影印本.—北京：国家图书馆出版社；上海：上海科学技术文献出版社，2022.—100册.—978-7-5013-7177-8

中医药书目集成/荆达主编.—［影印本］.—天津：天津古籍出版社，2022.—11册.—978-7-5528-1261-9

子藏，墨家部，墨子卷/方勇总编纂；华东师范大学“子藏”编纂中心编.—影印本.—北京：国家图书馆出版社，2022.—46册.—978-7-5013-7497-7

子藏，杂家部，晏子春秋卷/方勇总编纂；华东师范大学“子藏”编纂中心编.—影印本.—北京：国家图书馆出版社，2022.—10册.—978-7-5013-7297-3

20世纪中国人物传记文献目录/姜义华，傅德华主编.—上海：复旦大学出版社，2022.—1册.—978-7-309-14189-4

作者通信地址：北京市海淀区中关村南大街33号中国国家图书馆。

责任编辑：李强

民国专题文献收集的路径与方法

——以《广州大典·第一次国共合作广东文献汇编》为例*

于百川**

摘　要：本文简要梳理了第一次国共合作史料的出版历史，根据《广州大典·第一次国共合作广东文献汇编》的编纂实践，总结了文献收集环节的经验。合理利用工具书是民国文献收集的基础性工作；充分挖掘文博机构所藏资源则可以有效补充现有民国文献、红色文献书目的不足；深入原始资料本身，关注文献收录范围的重要学术问题，对于目录收集工作可以起到较好的补充作用。

关键词：第一次国共合作；广东；民国文献；资料收集

一、第一次国共合作资料出版史简要回顾

2015年《广州大典》成功出版后，广州大典研究中心（以下简称“中心”）的主要工作转移到广东民国文献整理上来。相较于古籍文献，广东民国文献数量和种类更多、资料形态更加多样，需要走专题化路径，科学合理地设置文献出版主题。《第一次国共合作广东文献汇编》（以下简称“《汇编》”）便是《广州大典》（民国编）若干既定选题之一。

开展第一次国共合作广东文献整理项目的原因，一方面在于第一次国

* 本文系2021年广东省图书馆科研课题“广东第一次国共合作文献收集、整理与研究”（项目编号：GDTK21035）的阶段性研究成果。

** 于百川，男，汉族，广州大典研究中心助理馆员。

共合作对广东有独特的历史意义。广东是近代民主革命的策源地，大革命期间中共中央一度迁粤，国民党中央党部和国共两党共同领导下的国民政府大部分时间均位于广州，轰轰烈烈的国民革命与北伐运动从广东诞生并推进到全国，广东可以说是第一次国共合作的中心地。另一方面，从史料出版的角度来讲，长期以来缺少一部聚焦于广东的关于第一次国共合作主题的综合性资料集。据笔者所见，中国大陆地区以第一次国共合作为主题的资料集并不多，全国性的资料集仅见广东省委党史研究委员会所编《第一次国共合作研究资料》（内部刊物，1984年）一书，该书“收入国共两党有关文献资料近八十篇，力求比较全面地反映第一次国共合作的概况”，但由于时代因素和党史资料整理思路的局限，书中主要辑录的是文件、函电、宣言等。此外还有少数以省域为主的资料集[①]。

第一次国共合作是多线条、多层次的历史事件，除上述资料集外，一些综合性资料集也会从不同角度反映广东地区第一次国共合作的部分内容，如收录中国共产党党史资料的《中共中央文件选集》第1—3册（中共中央党校出版社，1989年）、《“二大”和“三大”——中国共产党第二、三次代表大会资料选编》（中国社会科学出版社，1985年）、《广东区党、团研究史料（1921—1926）》（广东人民出版社，1983年）；收录国民党资料的《中国国民党历次代表大会及中央全会资料》（光明日报出版社，1985年）、《中国国民党第一、二次全国代表大会会议史料》（江苏古籍出版社，1986年）；收录苏俄资料的《共产国际、联共（布）与中国革命档案资料丛书》（北京图书馆出版社，1997年）、《鲍罗廷在中国的有关资料》（中国社会科学出版社，1983年）；收录黄埔军校资料的《黄埔军校史料汇编》1—5辑（广东教育出版社，2012—2020年）；反映大革命时期广东地区社会运动的资料，如《广东早期工人运动历史资料选编》（广东人民出版社，2015年）、《省港大罢工资料》（广东人民出版社，1980年）、《广东青年运动历史资料》（广东省档案馆，1986年）、《广东妇女运动史料（1924—1927年）》（广东省档案馆，1983年）、《广州农民运动讲习所

① 如《第一次国共合作在北京》（北京出版社，1989年）、《第一次国共合作在安徽》（中央文献出版社，1993年）、《第一次国共合作在四川》（四川大学出版社，1996年）、《第一次国共合作在江苏》（中共江苏省委党史工作委员会，1995年）等。

资料选编》（人民出版社，1987年）等。此外，围绕国共领导人和国共合作中一些重要历史事件也出版有资料集，如《谭平山文集》（人民出版社，1986年）、《中山舰事件》（广东省档案馆，1981年）、《东征史料选编》（广东人民出版社，1992年）、《四·一二反革命政变资料选编》（人民出版社，1987年）等。

由上可知，关于第一次国共合作，已有资料集多以政党、社会运动、历史事件、人物等单线条主题为主，在取材方面偏于突显第一次国共合作的政治属性，对大革命时期广东社会整体面貌反映仍有不足，聚焦于第一次国共合作中心地广东的综合性资料集尚属空缺。此外，受限于编纂思路、时代、篇幅等因素，已有的资料集的做法多是将选录的文献整理成文字，在形式上也以单篇为主，对于1923—1927年间广东地区出版的图书、刊物未有系统收集和整理。

二、利用工具书进行筛查

任何资料收集工作，借助工具书总会事半功倍。《汇编》项目涉及民国史、地方史与革命史，笔者所用工具书也就有以下三种：一是民国书目，二是广东地方文献书目，三是红色文献书目。由于篇幅所限，仅举其要者论述。

第一类是民国书目。这类书目既有全国性的，也有地方图书馆编纂的馆藏民国书目。图书类主要有《民国时期总书目》（书目文献出版社，1987—1996年），期刊资料主要有《1833—1949全国中文期刊联合目录（增订本）》（书目文献出版社，1981年）、《全国公共图书馆缩微文献联合目录·民国编》（国家图书馆出版社，2015年）、《民国珍稀短刊断刊·广东卷》（广西师范大学出版社，2020年）等。这些目录制作精良，著录广泛，是任何民国文献整理项目绕不开的基础性材料。

第二类是广东地方文献书目，其中对笔者帮助最大的是《民国时期广东地方文献书目》一书。该书是为配合《广州大典》（民国编）相关工作的开展，广州市哲学社会科学发展“十三五”规划重点委托课题“民国时期广东文献的收集、整理及出版”项目的成果之一。项目组摸查了中国大陆地区34家公共图书馆、38家高校图书馆，以及哥伦比亚大学、哈佛大学、斯坦福大学、耶鲁大学和芝加哥大学5校馆藏的广东民国文献，著录民国期间在广东出版、与广东有关及粤人著述近14000种，是著录广东民国文献最为全备的工具书。此外笔者常借助的还有《广州文献书目提要》（广东人民出版社，2000年）、《广东省中山图书馆藏广东杂志目录（1949年以前部分）》（广东省中山图书馆，1956年）、《广州市文物志》（岭南美术出版社，1990年）等。

此外，广东各地市图书馆均编有馆藏地方文献目录，由于部分目录的出版时间较早，有些为内部出版物，发行体量少，流通范围较小，若非实地走访难以获知。如项目组在梅州市调研过程中，发现有20世纪80年代所编的《梅州地方文献目录汇编》《解放前期刊目录》两书，从中检阅出《总理逝世纪念周年刊》（梅县各界总理周年纪念会，1926年）、《党声半月刊》（梅县县党部，1927年）、《北伐特刊》（广东省第五中学，1927年）等资料，均未见于其他目录。

第三类是红色文献书目。笔者查阅最多的是《广东革命历史文件汇集》，这是一套综合性的广东党史资料，由中央档案馆和广东省档案馆合作编纂，收录了大量藏于中央档案馆的广东党组织历史文件，数量上远超早期出版的《广东区党、团研究史料（1921—1926）》。该书还包括《广东报刊资料选辑》上、下两册，著录大革命前后出版的期刊150余种，同时载有期数、出版信息、篇名与作者等信息。

此外给笔者较大帮助的还有《中央档案馆馆藏革命历史资料作者篇名索引》（中央文献出版社，1989—1992年）、《革命历史文献简目》（书目文献出版社，1984年）、《书林掇英：魏隐儒近现代文献资料所见录》（国家图书馆出版社，2013年）、《首都图书馆藏革命历史文献书目提要》（国家图书馆出版社，2013年）、《广东革命报刊史（1919—1949）》（中共党史出版社，2001年）、《建国前中国共产党报刊研究》（中国文联出版社，2009年）、《上海图书馆藏革命文献总目》（中华书局，2021年）等。

上述工具书体量较大，适合作为初步筛选的工具，根据编纂所需，设定时间、地域等条件筛查，细细研读，会有较大收获。依靠书目的同时，也需要进一步做延伸搜索，如项目组在"全国报刊索引"平台上发现有《革命月刊》一刊，该刊没有收录在上述目录书中。该刊由"增城县党部"发行，目前仅存第1期，共有18页，出版时间为1926年10月，"适熊县长卸任，事遂中止，兹者李县长海云，以革命同志来宰是邦，知出版月刊之不容缓，特每月拨款二十四元，为本党月刊费，而久欲出版之月刊，乃得付梓”[①]。全刊分为“论文”“党务”“文件”“特载”“紧要新闻”几部分。受国民党二届二中全会与“整理党务案”影响，该刊刊发有蒋中正《关于登记意义之演说辞》和《广东省党部对于下级党部办理入党手续之训令》，国民党增城县党部着手重新办理党员登记手续并刊有《县党部办理党员登记情形》一文，是研究国共关系走向对广东县域影响很好的材料。此外该刊还刊登了《兴著增城全属公路案》等反映大革命时期广东县域治理的文件。

三、挖掘文博机构馆藏资源

广州是第一次国共合作的中心地，在大革命时期是中共党团、广东区党团机关所在地，也是国民党党政军群机关所在地。广州近代重要史迹大多与第一次国共合作有关，如中共三大会址纪念馆、中共广东区委旧址纪念馆、毛泽东同志主办农民运动讲习所旧址纪念馆（以下简称农讲所纪念馆）、中国国民党第一次全国代表大会旧址、黄埔军校旧址纪念馆、省港罢工委员会旧址纪念馆、广州起义纪念馆等。经过几十年的积累，这些文博机构保存了众多与第一次国共合作有关的资料。以广东革命历史博物馆为例，该馆馆址原为清末广东咨议局办公地，大革命中一度是国民党中央党部的办公地，国民党“二大”和第三次全国劳动大会在曾这里召开。该馆1958年开始筹备，1959年国庆十周年之际开馆，立馆之初便注重革命史实调查和革命文物征集，至1985年已有革命文物、图片和资料13000多件[②]，后仍不断深入广东各县、镇，开展革命文物征集工作。

在资料搜查过程中，笔者有一个很深的感受，上节所述各类文献目录对于藏在各级图书馆的民国文献著录可谓全备，但对于文博、档案机构的馆藏资料却很少涉及。从摸查的实际情况来看，这些文博机构创立时间早，又具有独特的优势，积累了一大批罕见甚至前所未见的民国文献、革命文献。由于按文物进行管理，这些资料较少对外公开，想要获取馆藏资源或

---

① 吴桂馨:《创刊词》,《革命月刊》1926年第1期,第1页。

② 广州年鉴编纂委员会编辑:《广州年鉴1985》,广州年鉴编纂委员会,1985年,第456页。

者获取馆藏目录也绝非易事。项目组通常的做法是先浏览基本陈列展览，从中查找文献线索，联系保管部门工作人员，进一步了解馆藏的基本情况并获取已刊或未刊的馆藏资料目录[①]，从中再做挑选。进入资料征集环节，则还需要做另外一番协调工作。除公共文博机构外，一些民间文博单位也有一定的馆藏资源，如梅州市客侨博物馆、杂·书馆、南京民间抗日战争博物馆等。

这里举一些从文博机构征集来的珍贵文献为例。第一类是一些未见影印出版的资料，这类资料知名度较高，学界曾将其中的部分内容加以整理，但未见整体影印。如《光明》杂志，又名《广东妇女解放协会会刊》《妇女生活》，是广东妇女解放协会主办的刊物，出版时间为1925至1926年，邓颖超、蔡畅、王一知、区梦觉等妇女运动领袖在此刊物上发表多篇文章，是研究广东大革命时期妇女运动最为珍贵的材料之一，《广东妇女运动历史资料》（广东省妇女联合会、广东省档案馆，1991年）、《广东青妇运史资料目录（1919—1949）》（广东省妇女联合会、广东省档案馆、广东青运史研究委员会，1995年）曾经刊出部分文章和目录。笔者在《广州市文物志》查阅到“《光明》是研究广东妇女运动史珍贵的文献资料，现在保存的已很少，也不完整。广东省档案馆藏有第3、4、7期，广东革命历史博物馆收藏有第4和第8期”[②]的信息，几番查阅后，果然在广东革命历史博物馆发现此刊第4、8期。再如农讲所纪念馆藏《农民问题丛刊》、南京民间抗日战争博物馆藏《鲍顾问演讲集》[③]等。《农民问题丛刊》因系毛泽东主编尽人皆知，但长久以来学界所用均为析出整理的版本，《广州农民运动讲习所资料选编》也只是刊印了部分文字[④]，此次

① 文博单位通常有内部的文物收藏目录或收藏系统，“全国革命文物资源管理平台”“全国馆藏文物名录”和部分省市有各自的文物查询系统。此外一些单位会将部分馆藏文物目录刊出，如《孙中山大元帅府纪念馆可移动文物普查编目》等。

② 《广州市文物志》编委会编著:《广州市文物志》,岭南美术出版社,1990年,第386页。

③ 此书收录的是广州国民政府北迁武汉后,共产国际驻华代表鲍罗廷的演讲合集,由张太雷负责随行口译并撰写序言,瞿景白记录,是研究鲍罗廷重要的一手材料。《鲍罗廷在中国的有关资料》从中辑录文章三篇,可惜的是,此书另有出版计划,《汇编》只能将其存目处理。

④ 参见广州农民运动讲习所旧址纪念馆编:《广州农民运动讲习所资料选编》,人民出版社,1987年。

《汇编》除《海丰农民运动》《广宁农民反抗地主始末记》外①，其余均按原版影印，填补出版空白。

第二类是一些孤本的民国资料，如农讲所纪念馆藏《周凯笔记》。周凯，广西横县人，原在梧州广西省党部所办的宣传员养成所学习，1926年4月被选派至广州农民运动讲习所。从5月入所到9月结业，周凯现场聆听了毛泽东、周恩来、彭湃、恽代英、萧楚女、阮啸仙、周其鉴、陈延年、郭沫若等人的讲课或报告，还参加了由彭湃带队，赴海丰地区为期两周的考察，亲历海丰县农民协会成立大会、广东省第二次农代会、五四运动纪念会、“五卅”惨案纪念大会、北伐誓师大会、“六二三”沙基惨案后广州各界反帝游行示威②等历史事件。《周凯笔记》是周凯在广州农讲所期间的学习日记，现属于二级文物。周凯存有原始笔记，1979年9月“鉴于已赠送农讲所纪念馆的笔记本原件比较破旧，故遵该馆同志之嘱，按原件重抄一遍，并尽记忆之能及，对原件中的代号、省略号和模糊之处，加以翻译、补充”③，形成了重抄本。为便于使用，《汇编》特将原件和重抄本一并刊印。该笔记虽不如同为第六届学员的金绍勳、周文江两位学员的笔记完整、清晰，但仍是难得的文献，目前学界的关注度仍然不够。

此外，此次征集到的一些档案、手稿等文献，也属于这类范畴，如《汇编》收录的《1925年5月30日遂溪各界开会纪念五卅殉难烈士的新闻稿件》《〈旅省诸同学的书信〉周静渊手稿》《1925年国民政府关于建国粤军总司令许崇智呈报东办江屯农案及率队移动经过批文》等。

第三类是稀见地方文献。如征集自孙中山大元帅府纪念馆的梁镜球所著《惠州围城战画笔记》，该书1925年由澳门海傍沙梨头兴华印务局出版。梁氏是民国时期广东省东江地区较为知名的革命家，早年参加黄花岗起义和辛亥革命攻打博罗城之役，他根据惠州围城的亲身经历写作了该书。再以梅州地区的刊物为例。项目组先后从杂·书馆获取了广州兴宁留省学会

---

① 《海丰农民运动》已刊发在《中国农民》，为避免重复，《汇编》未收录单行本；《广宁农民反抗地主始末记》尚无馆藏信息，无从征集。

② 周凯：《忆广州农民运动讲习所和横县农民运动片段》，中国人民政治协商会议横县委员会办公室编：《横县文史资料选辑》第1辑，1983年，第70—77页。

③ 周凯：《周凯笔记》，1979年，第25页。

刊印的《宁声》创刊号（1925年6月）、平远农业改进会发行的《醒农》第2期（1924年5月）、梅县地委刊物《青年旗帜》（1927年3月）[①]，从梅州客侨博物馆征集到广东妇女解放协会梅县分会印行的《梅县妇女周年纪念特刊》（1926年12月）、梅县学艺中学校刊《互助》（1925年5月），加之现藏于五华档案馆的五华留省同学会创办的《春雷》第一期（1924年4月）[②]，梅州地区大革命时期的珍贵刊物得以集中汇集。

四、从原始资料中发现线索

上述两个方面是《汇编》资料的主要来源，大革命时期的广东地区出版物繁多，而且此前未有集中整理，针对许多资料存在有目无书、出版信息误传漏记的现象，项目组特制作存目表附于《汇编》之后。这是一项难度较大的工作，需要编纂者深入原始文献本身，关注原始资料中记载的时人所读、所见的出版物，特别是一些时人认为重要的出版物，进行增补。

1924年8月，国民党右派发动“弹劾共产党”案，大量散布反对国共合作的言论，对此，陈独秀作文予以还击，文中陈独秀列举了三种代表右派言论的出版物，“一切道路传说、报纸记载及个人的谈话与书信且不涉及，现在只取《护党特刊》《民权旬刊》《共产党破坏国民党证据之一部》这三种印刷品为他们负责的言论”[③]。笔者对这三种出版物作了简单的查找。《护党特刊》在当时影响很大，时人日记中也有提及，如《张隐韬日记》。张氏是河北南皮人，先是在北方从事工人运动，1924年7月到达广州入黄埔军校，《张隐韬日记》写道：“今天（1924年8月22日）我接到三份报，系《护党特刊》一、二、三期。此报是（国）民党右派所办，专攻击共产

① 《青年旗帜》在相关刊物上并未见到出版信息。邹韬奋1942年藏身梅州期间曾经阅读此书，见陈挥：《韬奋评传》，上海交通大学出版社，2009年，第350页。该书还记载了邹氏阅读过《中国青年》《少年先锋》等大革命时期刊物，可进一步印证。

② 参见黄舜兴：《古大存与“五华青年同志会”及其会刊〈春雷〉》，中国人民政治协商会议广东省梅州市委员会学习文史委员会编：《梅州文史》第11辑，1997年，第49页。

③ 陈独秀：《我们的回答》，《向导》1924年第83期，第674页。

党者。自此次中央开委员会起至闭会时即停刊。”[①] 张氏记录的时间与陈独秀所作文章的时间接近，可见《护党特刊》在那段时间确有广泛散播。至于《民权旬刊》，在1927年出版的《学生与政党》一书中有署名“先声”之人所作的《反帝国主义运动中的广州青年——一个战士的实地报告》，该文全面点评当时面向广州青年的出版物，认为“《民权旬刊》（民权社）宗旨不定，忽而三民主义，忽而国家主义，尤多盲目的反共产文章，纯属右派的言论”[②]。

报纸是大革命时期宣传、介绍出版物的主要平台，较大的商业书局或政党主导的出版机构均在各大报纸上开辟专栏，为新发行的图书作推广，系列刊物还会刊有当期收录的文章标题与作者信息，广告上附有出版物的价格和发售联系方式。关注报纸上这些特定栏目，对大革命时期的出版物加以收集研判，也是完善本书目录信息的重要方式之一。例如，笔者在研究大革命时期广州地区红色出版事业时关注到李求实，他是“左联五烈士”之一，曾编纂过一本《革命歌集》，被认为是我国最早的革命歌集，收录有国际歌、少年先锋队队歌、国民革命歌、农工歌等15首红色歌曲[③]。该书出版地为武汉，在阅读《申报》过程中，笔者发现有《革命歌集》的广告，在广告中列明该书为“中国青年社丛书之一”，总预约处为广州国光书店[④]。国光书店是大革命时期广东区委创立的出版发行机构，其出版、发行的均为党内重要的宣传品。1923至1926年间，李求实三度在上海团中央工作，参与并主持团中央宣传工作，1926年8月调任广东区委宣传部部长，北伐后随军北上。《革命歌集》作为“中国青年社丛书”被国光书店广为宣介，或与李求实这段革命经历有关。基于此，《汇编》特将《革命歌集》收录。这些出版物现已查询不到馆藏信息，各类文献书目也未曾提及，其存目有待于学界进一步挖掘。

① 《张隐韬日记（节录）》，中共河北省委党史研究室编：《党史人物（一）》，中央党史出版社，1994年，第226页。

② 王剑星编辑：《学生与政党》，中央图书局，1927年，第88页。

③ 曹稺予：《李求实和〈革命歌集〉》，上海市出版工作者协会《出版史料》编辑组编辑：《出版史料》第1辑，学林出版社，1982年，第97页。

④ 《〈革命歌集〉：中国青年社丛书之一》，《申报》1926年10月7日，第5版。

五、关注文献收录领域重点学术问题

不同于研究者，编纂者的关注视野是随着编纂任务而转移的，受自身学识和工作进度等因素的限制，对某一特定的领域难以有深入掌握。第一次国共合作是广东近代史上的重要事件，关于广东地区大革命史的研究成果很多，涵盖各个方面，学者聚焦于特定领域、特定问题数十年，使用资料的厚积之功远非“初入宝山”的编纂者所能及。编纂者通过关注文献收录范围内的重点学术问题，对重要的经典著作加以研读，考究其引用资料、参考文献，可以起到不遗漏文献收录范围内重要资料的作用。

这里列举两个问题。第一是中共三大召开时间的问题。中共三大是唯一一次在广州召开的中国共产党全国代表大会，在党内正式通过了与国民党合作的政策。笔者注意到，围绕中共三大的召开时间，党史学界曾有过短暂的争论。20世纪50年代，《中国共产党第三次全国大会决议案及宣言》一书被重新发现[①]，书中列明“本章程由本党第三次全国代表大会（1923年7月10—20日）决议，自中央委员会公布之日起发生效力”，这与被视为权威文件的《中国共产党第三次代表大会（俄译本）》等资料所记载的6月的召开时间有所不同。对这个问题，一段时期内党史学界莫衷一是。由于《中国共产党第三次全国大会决议案及宣言》是当时产生的文件，所以对学界判断三大召开时间产生了一定影响。直到21世纪以来，随着“马林书信”等更多材料的发现，中共三大于6月召开才再度成为学界共识。因为《中国共产党第三次全国大会决议案及宣言》发现较晚，价值很高，复本极少，在民国文献或是革命文献目录中几乎未见，不特别留意很容易漏收[②]。

第二是大革命时期广州地区进步书店，这是本书资料收集重要的切入点之一。大革命时期国共两党都极为重视宣传工作，在广州均开设由党派主办的出版发行机构，一些中立书店也参与到进步出版事业中来。这个问题有些著作已经涉及，如将共产党主办的国光书店与国民党主办的民智书

---

① 李琮：《中国国家博物馆馆藏〈中国共产党第三次全国大会决议案及宣言〉》，《中国档案》2023年第4期。

② 《汇编》收录的底本来自中共三大会址纪念馆，封面有“中央档案馆取回”字样。

局广州分局并列[①]，将共产党在广州设立的新青年社、平民书社和国光书店的出版机构沿革脉络简要列明[②]等，但总体来说，对于这些进步出版发行机构还缺乏深入研究，对于这些机构出版发行的资料也缺乏全面统计。以上文提到的国光书店为例，1924年秋，周恩来、陈延年先后到达广东，广东区委重组，出于加强宣传的目的，在原有的出版机构基础上筹办国光书店。1925—1927年间，国光书店在广东区委的直接领导下，出版、发行并流通红色出版物，对于促进广东地区红色文献的传播起了关键作用，据笔者不完全统计，已见国光书店发行的出版物已逾五十种。以这些进步书店为切入点，梳理其出版物信息，对《汇编》资料收集也起了很大作用。

六、结语

相较于古籍文献，民国文献整理工作开展较晚，目前仍处于探索阶段，如何开展特定主题的编纂工作，目前无固定之法。写作本文为的便是以实际经验为总结，为同类型民国文献的编纂提供一些可以借鉴的思路。

作者通信地址：广东省广州市天河区珠江东路4号广州图书馆南8楼广州大典研究中心。

责任编辑：郑小笛

① 叶再生:《中国近代现代出版通史》第2卷,华文出版社,2002年,第675页。

② 如《从五四运动到大革命时期党的出版活动》,广东省地方史志编纂委员会编:《广东省志·出版志》,广东人民出版社,1997年,第150页。再如卢权:《1919年至1927年广东图书出版事业概述》,卢权著,东莞市政协编:《卢权集》,花城出版社,2013年,第155页。

根据地地图的整理与利用刍议

——以山西省图书馆藏根据地地图为例

赵迎春[*]　郭晓岩[**]

摘　要：本文详细介绍山西省图书馆藏根据地地图的整理与利用概况。通过梳理，根据地地图整理与利用存在如下问题：收藏较分散，不够系统全面；原生性保护水平有待提升；由于观念、经费、人员、技术因素的制约，对之进行整理利用的保障不足；著录、扫描、出版存在诸多难点。针对这些问题，本文运用数字人文视角，提出以下建议：设立国家级根据地文献保护利用专项工程，搭建“根据地文献数据平台”；图书馆利用数字人文理念转变角色，打开根据地文献工作格局；在数字人文背景下，对根据地文献资源进行专题化、数据化、关联化建构；广泛应用数字人文相关技术，为根据地文献开发利用提供技术支撑；培育数字人文专业背景的馆员，为根据地文献的开发利用提供人才保障。

关键词：革命根据地；地图；文献整理；数字人文

中国革命根据地作为一种进步的事物，是党和人民抗敌制胜的堡垒，其建立和发展经历了土地革命、抗日战争和全国解放战争三个历史时期，时间跨度为1927年到1949年[②]。各根据地产生的文献真实、全面、详细地记录了根据地政治、军事、经济、教育、文化、卫生等各方面的建设，是了解根据地的第一手资料，为研究当地红色文化及抗日战争、解放战争史

---

* 赵迎春，女，汉族，山西省图书馆地方文献部主任。

** 郭晓岩，女，汉族，山西省图书馆地方文献部馆员。

② 参见谭克绳主编：《中国革命根据地史》（上），福建人民出版社，2007年，前言第1—9页。

提供了文献基础。根据地地图在作战指挥、根据地建设发展过程中起到了重要作用，为取得战争的胜利作出了重要贡献，凝聚了根据地人民的智慧与红色精神，是研究根据地史必不可少的原始资料，是稀有的红色特种文献，具有很高的文物价值、文献价值、学术价值。

目前，全国各大档案馆、博物馆（纪念馆）、图书馆及民间爱好者深谙根据地地图的价值，对其予以珍藏，但根据地地图的专题性整理、利用及研究工作还未全面开展，全国根据地地图的藏量及分布情况还没有详细的参考资料。根据地地图虽被纳入整理出版、数据库建设、学术研究的范围，但是成果不多，可施展的空间很大。相关单位的馆藏介绍中有涉及根据地地图的部分，革命文献展览中也可见一定数量的根据地地图，一些网站上可查找到一定数量的根据地地图，但它们都较为分散，尚无根据地地图的专项整理出版成果。数据库建设方面，2011年建成的“上海图书馆馆藏革命历史文献数据库”①中包含根据地地图，除此之外，笔者在陕西省图书馆“陕甘宁边区红色记忆资源库·延安精神库”②、“抗日战争与近代中日关系文献数据平台”③及“革命文献与民国时期文献保护网”④等网站中均未检索到根据地地图的数字化成果。研究成果方面，目前笔者仅检索到对根据地地图系统研究的文章1篇⑤、根据地地图个案研究文章2篇⑥。检索或有缺漏，但也能说明根据地地图的相关研究成果较少。因此，根据地地图的系统整理与利用亟待推进。

---

① 乐梦融：《连老馆员都闻所未闻——上海图书馆馆藏革命历史文献整理完成》，《新民晚报》2011年6月29日，第A19版。

② 陕甘宁边区红色记忆资源库·延安精神库：https://www.sxlib.org.cn/dfzy/yajs/qwts_5014/，访问日期：2023年7月26日。

③ 抗日战争与近代中日关系文献数据平台：http://www.modernhistory.org.cn，访问日期：2023年7月26日。

④ 《革命文献与民国时期文献保护计划“十四五”时期规划纲要》，2021年10月28日，http://mgwxbh.nlc.cn/bhjh/mgwxbhjh/202110/t20211028_202245.html，访问日期：2023年7月26日。

⑤ 白如镜：《全面抗战时期中共在华北的地图绘制研究》，《社会史研究》2021年第1期。

⑥ 韩雨彤、刘卫红：《档案背后的故事：隐藏在五张军事地图背后的故事》，《档案天地》2013年第4期；王力明：《解放战争时期我军首次绘制的地图》，《中国档案》2003年第11期。

一、山西省图书馆藏根据地地图整理利用概况

晋察冀、晋绥、晋冀鲁豫三大革命根据地文献是山西省图书馆（以下简称“晋图”）馆藏特色之一，藏有三大根据地地图1000余张。2019年，山西省图书馆申报的根据地地图整理项目，得到国家图书馆“革命文献与民国时期文献保护计划”的立项和支持，与国家图书馆签订根据地地图整理协议，由国家图书馆提供地图整理费用。在该项目推动下，晋图根据地地图文献整理利用得以迅速推进。

（一）根据地地图馆藏情况

晋察冀、晋绥、晋冀鲁豫三大革命根据地绘制的珍贵地图，记录着根据地在行政区划、军事斗争等方面的状态，是难得的具有极高文献价值与学术研究价值的红色文献。晋图是山西省内各大公私收藏单位中三大根据地地图收藏最为集中的，藏量丰厚、种类齐全。晋图现藏根据地地图1000多张，从时间跨度上看，主要为抗日战争和解放战争时期的地图；从地域范围上看，主要为三大根据地中山西省现行行政区域内的地图，此外少量涉及邻近地区如内蒙古、河北、河南等；从地图类型看，90%为当时的地形图和行政区划图，此外还有一些特色地图，如对敌斗争形势图、交通路线图、党员分布图、长途有线电线路图、兵力配备图、碉堡图等；从绘制方式上来看，铅印、油印、手绘均有。

（二）根据地地图遴选、整理

2019年，项目工作人员确定编辑整理思路，商讨确定了遴选标准，对地方文献部收藏的4000余张地图一一筛选，将三大根据地地图挑选出来，并将历史文献部收藏的50余张根据地地图一并纳入，共选出根据地专题地图1000余张。之后，工作人员对地图进行整理，以根据地划分，将所有地图按晋察冀根据地、晋绥根据地、晋冀鲁豫根据地分成三大部分（其中晋冀鲁豫根据地又分成太行区和太岳区两部分），每一部分中，先列出总图，再按年份或地名排序，并将特色图单独列出。

（三）根据地地图数字化

2019年，通过招标程序，经晋图协助，中标机构负责并完成了根据地专题1000多张地图的数字化工作，部分破损严重的地图由历史文献部修复后扫描。该年年底，根据地地图数字化工作完成，为今后的出版奠定了基础。

（四）根据地地图集编纂、出版

《山西省图书馆藏晋察冀、晋绥、晋冀鲁豫根据地地图集萃》（以下简称“《地图集萃》”）最初拟出版800余幅地图，文字说明由著录信息和提要两部分组成。著录内容主要包括地图名、图幅尺寸、绘制者或出版者、绘制或出版年代、比例尺、图例等。提要主要说明地图展现的地理位置，有些也简要介绍地图图式、与之相关的历史事件等。经过一年多的编纂工作，《地图集萃》初稿完成。

在山西省文化和旅游厅高度重视、鼎力支持下，《地图集萃》的出版经费得以解决。2022年，项目组工作人员再一次对著录信息、提要和地图分类进一步地进行整理、核实，将《地图集萃》报审稿交付国家图书馆出版社。根据国家图书馆出版社的审稿意见，工作人员查阅相关资料，对《地图集萃》的书名、编排、前言、说明文字等进行了核实、修正，并对信息不全、不清晰、不完整的地图进行了重新扫描。国家图书馆出版社将《地图集萃》报送自然资源部审核后，地图数量调整为200余幅，最终得以付梓。

（五）根据地地图线下、线上展览

1.“经纬纵横 红色热土——馆藏革命根据地地图展”线下展览

2019年7月9日，晋图建馆110周年系列活动之“经纬纵横 红色热土——馆藏革命根据地地图展”在特种文献阅览室开展，展出三大根据地原始地图83幅[①]。其中晋绥革命根据地地图，包括行政区划图、各村县地图、兵站路线图、兵力配备图等等。晋察冀革命根据地地图包括军区全图，

---

① 《百十载栉风沐雨 四万日积厚流光——山西省图书馆建馆110周年系列活动》，2019年7月9日，https://lib.sx.cn/info/72150.jspx，访问日期：2023年6月25日。

第一军分区的灵丘县、蔚县地图，第二军分区的怀仁县、应县、浑源县地图，第四军分区的盂县地图，作为各大根据地交通枢纽的太原县图，铁军雁北支队路线图等。晋冀鲁豫革命根据地展出的地图包括行政区划图、对敌斗争形势图、地形图、交通路线图、联界分县略图，更有不常见的人口及党员分布图、长途有线电线路图、行政区村户数人口土地标图、边境路线图等①。

2. 线上根据地地图特藏展

2021年，为庆祝建党100周年，传承、弘扬革命文化，晋图推出三期馆藏三大根据地地图线上展览。第一期主要展出1941年至1949年3月晋绥地区部分县村的行政区划图和地形图，及一些军事图、路线图等特色地图，包括铅印、油印及手绘等多种形式②。第二期选取1938年10月至1949年9月间北岳、冀中区和冀热辽三个地区的部分地图，包括五台县、阜平县、平山县和河间县等地图，包含行政区划图、边境路线图、军区地形图等类型③。第三期展览所选地图品种较多，内容更丰富，包括行政区划图、对敌斗争形势图、党员分布图、人口户数土地标图、地方物产图、长途有线电线路图等，反映了1938年4月至1949年8月间晋冀鲁豫根据地的战争形势、党组织建设、经济和人口变化等情况④。2023年5月起，晋图从上述三期根据地地图线上展览中精挑细选，在山西省图书馆学习强国号特色馆藏版块"晋图特藏"栏目不定期展出三大根据地地图特藏⑤。截至到2023年

① 《经纬纵横 红色热土——馆藏山西革命根据地地图展》,2019年7月5日，https://www.meipian.cn/28i6ekqt,访问日期:2023年6月25日。

② 《红色经纬 燎原之钥——建党百年华诞·馆藏革命根据地地图展(一)》,2021年2月5日，https://mp.weixin.qq.com/s/Dqm0ftk9B9uIXFZn3Ihfpw,访问日期:2023年6月25日。

③ 《红色经纬 燎原之钥——建党百年华诞·馆藏革命根据地地图展(二)》,2021年4月16日，https://mp.weixin.qq.com/s/XyDTKBwjxS9TB-K8TNRGaw，访问日期:2023年6月25日。

④ 《超乎想象！根据地地图竟然藏着这么多故事！》,2021年10月29日，https://mp.weixin.qq.com/s/7Ex8c-CR0jxA_t30Je0vNQ,访问日期:2023年6月25日。

⑤ 《晋图特藏——晋绥革命根据地边区行政区划图》,2023年5月12日，https://article.xuexi.cn/articles/index.html?art_id=11718720658368390288&item_id=11718720658368390288&reedit_timestamp=1683855285000&study_style_id=feeds_opaque&pid=&ptype=-1&source=share&share_to=wx_single,访问日期:2023年6月25日。

7月底，晋绥根据地地图展出五期，晋察冀根据地地图展出四期，晋冀鲁豫根据地地图展出三期。

（六）根据地地图研究

晋图根据地地图线下、线上展览不仅受到了普通读者的广泛关注，更有学者结合馆藏进行了深入研究。山西大学中国社会史研究中心博士研究生白如镜撰写了《全面抗战时期中共在华北的地图绘制研究》[①]一文，从地图的绘制群体、绘制方法、绘制特点及其史料价值等方面展开探讨，厘清了根据地各类地图的发展脉络和谱系，并为根据地地图研究提供了几个方向：一是利用军用地形图与路线图，开展全面抗战时期区域交通、人口地理的研究；二是利用专题路线图，开展战时根据地的报刊发行、邮政、粮运、兵站等站点设置与通行路线的考察；三是利用情报图、形势图，开展全面抗战时期敌我军事地理格局、敌我军政斗争形势等相关研究；四是利用行政区划图，探讨全面抗战时期中共的政区设置与布局等。另外，还有学者对部分根据地地图进行了研究，成果尚未公开发表。

二、根据地地图整理与利用中的问题

（一）收藏分散，不够系统全面

目前，根据地地图收藏于国内档案馆、图书馆、博物馆、各大院校及民间收藏爱好者处。各单位、个人所藏根据地地图各有特色，但都不够全面、系统、完整。根据地地图的分散收藏影响了整理、利用、研究的深度和广度，其价值有待进一步揭示。

（二）原生性保护水平有待提升

根据地地图经历抗日战争、解放战争，留存下来实属不易。由于当时手工纸与机械纸并存，造纸工艺正处于向机械化过渡的阶段，“木浆、草浆作为造纸的基础原料其纤维较短，加胶步骤又用硫酸铝、松香等，导致

---

① 白如镜:《全面抗战时期中共在华北的地图绘制研究》,《社会史研究》2021年第1期。

产出纸张的酸性较高，使用寿命也就较短”，“最多不超过两百年”①。根据地地图使用的纸以手工纸为主，质量参差不齐，保存情况各异，易出现破损等现象；机械纸所制地图则易发黄、发脆，使用中易出现破损、掉碎屑的现象。

目前，古籍保护广受重视，古籍保存条件及修复技术都不断提升。根据地地图属于民国文献中的特种文献，囿于观念、经费、人力、技术原因，其原生性保护工作有待进一步开展。以晋图为例，长风馆区没有恒温恒湿的库房，目前采用调节中央空调的办法进行保存，文源巷古籍馆规划改造恒温恒湿库房，2023年年底方能将古籍和民国文献一并迁入。晋图古籍修复技术较为成熟，但民国文献修复技术还在探索中。晋图的一部分根据地地图交古籍修复中心进行了托衬修复，部分地图由于各种原因未修复。修复后的地图平铺保存于铁皮地图柜中，大幅地图对折存放，未修复的地图装入无酸纸袋保存于铁皮地图柜中。有很多大幅地图，需要折叠起来保存，地图存在有折痕、褶皱，以及破损、掉渣现象。

（三）多种因素制约，整理利用的保障不足

2012年“革命文献与民国时期文献保护计划”项目正式启动，“建立了相应的保护工作机制，陆续从文献普查、文献征集、文献整理、文献保护、数据库建设、宣传推广和人才培养等方面开展工作，取得丰硕阶段性成果，为项目延续性开展提供了充分保障”②。在国家图书馆牵头下，民国时期文献在全国图书馆系统内被重视起来，取得了阶段性成果，但仍存在一些问题。如根据地地图的整理保护，多数省级馆及地县馆受观念、经费、人员、技术等因素制约，工作开展得很不均衡，大量根据地地图还未被整理。保障不足成了制约根据地地图整理利用的重要原因。以晋图根据地地图为例，申请国家图书馆项目为根据地地图整理利用提供了一定保障，但是立项四年来，《地图集萃》整理、出版还是在经费、人员、技术等方面

---

① 郑雯：《民国文献保护探析》，《河南图书馆学刊》2022年第1期，第116页。

② 《革命文献与民国时期文献保护计划“十四五”时期规划纲要》，2021年10月28日，http://mgwxbh.nlc.cn/bhjh/mgwxbhjh/202110/t20211028_202245.html，访问日期：2023年6月26日。

遇到了一定的困难，导致《地图集萃》出版进程较慢，更谈不上系统的整理、开发和利用。

（四）根据地地图整理利用的难点

晋图根据地地图的整理、出版项目历时四年，在山西省文化和旅游厅的鼎力支持下，馆领导亲自参与，两期编辑部的工作人员全力以赴，国家图书馆出版社投入大量的编辑力量，在经历送审、修改后再审等各环节后，《地图集萃》终于得以付梓。在实际工作中，我们发现根据地地图的整理利用存在以下难点。

在整理过程中，部分地图既没有标注绘制者，也没有绘制时间和编印时间，有的地图甚至没有地图名称，整理起来比较困难，需要工作人员比对地图中出现的地名，查阅大量的资料才能确定是否属于三大根据地地图。在扫描过程中，囿于当时的印刷和保存条件，旧图多有纸面磨损，后期又多折叠存放，部分地图破损严重，需要修补后才能扫描。而且由于地图的尺寸比较大，一幅地图往往需要分成4—6部分甚至更多，扫描后再进行拼接，后期图片拼接、修图的工作量大，而且不能保证原图的零失真。在标引过程中，旧图大多存在字迹漫漶、字小难识的情况，还有很多异体字、简化字，给地图的标引带来比较多的困难。当时三大根据地下辖地区行政划分变化频繁，地名沿革复杂，将其与现在的行政区划与地名进行对应的难度较大。在出版过程中，为了保证呈现的效果，一般需要用较大开本，对纸质的要求也比较高，导致成本很高。此次地图集的顺利出版完全依靠山西省文化和旅游厅的高度重视和鼎力支持。此外，受历史地图出版审核政策影响，地图出版的周期、规模都受到影响。

三、数字人文视角下根据地地图整理利用策略

数字人文“是以人文学科大量的原始资源为基础，包含古籍、报纸、书信、日记、手稿、地图及实物等多种类型，运用数字化手段对这些原始资料进行复制、重现与保存，借助各种分析技术与工具在重新组织的超文本中探索更为深入的人文概念与研究问题。数字人文提升了分散在不同机构和地域原始资料的传递效率，同时完成了对将会消失或损坏的原始资料

的保存，达到了一种记忆的扩大、深入与补充”[①]。根据地地图是一座亟待开采的人文富矿，针对其整理利用存在的问题，笔者从数字人文视角提出以下建议。

（一）设立国家级根据地文献保护利用专项工程，搭建“根据地文献数据平台”

根据地地图是根据地文献的重要组成部分，其整理利用工作需将其置于根据地文献的全局中，从系统性、独特性、关联性等各方面平衡、持久开展。设立国家级根据地文献保护利用专项工程，搭建“根据地文献数据平台”，聚合国内图书馆、博物馆、档案馆、私人收藏者及国外各处根据地文献的数字化资源，共享平台和技术，在普查、登记摸底、文献目录建设的基础上，各公私藏家以文献收藏者的身份上传、分享数字化的根据地文献资源、已建根据地专题数据库及数字人文成果，分级开放获取，为读者提供文献及知识服务，从宏观上解决根据地文献分散不成系统、原生性保护欠缺、整理利用不充分等问题。根据地地图可以作为该工程其中一个专题数据库首批建设开发。中国国家版本馆的收藏、保存范围包括革命文献，国家级根据地文献保护利用工程离不开国家版本馆的支持。2016年6月，全国哲学社会科学规划办公室专门设立了抗日战争研究专项工程，批准建设由中国社会科学院、国家图书馆及国家档案局牵头，中国社会科学院近代史研究所承办的“抗日战争与近代中日关系文献数据平台”[②]，可为根据地平台搭建模式提供有益参考。

需要指出的是，“根据地文献数据平台”的搭建不仅需要政策、经费、技术、人员的长期有效保障，还需要有力统筹、协同发展，明确相关工作要求及标准规范，并且要处理好文献安全与开放获取的关系。

（二）数字人文理念下图书馆角色转变，打开根据地文献工作格局

近年来，数字人文的发展引起了我国图书馆界的积极响应，图书馆成为数字人文推广与实践的重要力量。上海图书馆、北京大学图书馆、深圳

---

① 宫平：《图书馆的数字人文实现模式研究》，辽宁大学出版社，2018年，第66页。

② 罗敏：《“抗战文献数据平台”与创新中共抗战史研究的方向和可能》，《中共党史研究》2020年第6期，第152页。

大学图书馆及中国图书馆学会等通过学术会议就数字人文研究、图书馆数字人文建设发展前景等深入探讨。香港中文大学图书馆、上海图书馆、中山大学图书馆、北京大学图书馆等建立数字人文工作团队，结合馆藏特色资源，借助数字技术，实现学术研究思维与研究方法的拓展与创新，推出数字人文服务。数字人文在图书馆领域已成为热点，运用数字人文推动图书馆根据地文献整理利用具备理论与实践基础，前景可观。

数字人文为图书馆提供新的机遇的同时也带来了挑战。各图书馆首先需要理解数字人文，深入探究图书馆开展数字人文活动的优势与行动策略，准确定位图书馆在数字人文活动中的角色。图书馆需要突破研究辅助者的单纯定位，扮演推动者、指导者、合作者、研究者、建设者等多重角色。数字人文理念下，图书馆根据地文献的整理利用工作将格局更大、视野更宽、技术性更强、参与者更多、保障更优、服务更主动、研究更深入。以晋图为例，随着《地图集萃》的出版，晋察冀、晋绥、晋冀鲁豫根据地地图整理项目将顺利结项，但晋图根据地地图文献再生性利用的提升空间还很大，能做的工作还很多，晋图将以新的角色定位推动下一步工作的开展，深度开发根据地地图及其他根据地文献，为读者提供更深层次的服务，为人文领域研究贡献力量。

（三）数字人文背景下根据地文献资源专题化、数据化、关联化建构

数字人文强化了图书馆资源的智能化，不仅是简单实现资源的数字化，还要完成资源的关联化，这需要各图书馆在根据地文献资源整合、资源组织与开发应用方面共同努力。针对研究需要，注重文献之间的关联性，以专题形式将根据地原始文献、研究根据地的相关文献进行整合，提供更快的检索途径，方便研究者对文献进行分析，定向、定量处理，实现分析、建模和可视化等多功能应用。具体而言，各馆要加强交流，达成未来合作意向，交换馆藏根据地文献目录及相关工作经验等。各馆根据地文献开发中要做好长远规划，以地方性特色根据地文献为基础进行建设，避免重复，同时加强调研，处理好未来的数据库兼容问题。在地方性特色根据地文献开发中，还要加强与档案馆、博物馆、高校图书馆、民间收藏者所藏根据地文献的共建共享，全面、系统整合专题文献，然后利用相关技术加强专题文献间的关联化建构，利用知识图谱，为读者提供知识服务。

另外，根据地文献资源组织要注重情境化及故事化[①]，协助读者发掘红色故事，传承红色文化。以晋图为例，可以以三大根据地地图整理项目及《地图集萃》的出版发布为契机，与省内外的相关单位合作，就根据地文献共建共享进行交流，积极探讨根据地文献的建构模式。

（四）广泛应用数字人文相关技术，为根据地文献开发利用提供技术支撑

数字人文应用的工具、技术与方法并不单一，图书馆需要充分结合数字人文的特点多层次、全方位考虑，广泛运用相关技术，并对数字人文研究应用提供指导，结合自身优势为研究提供技术支撑，积极参与工具研发，在数据标引、元数据建设等方面发挥专业价值。在这方面，上海图书馆数字人文项目[②]为各馆提供了范例，可以进行调研学习。

对于根据地地图，可在高分辨率无损扫描的基础上，进行矢量化处理，通过文献分析和数理统计分析，对地图的数据、质量做出科学评价，并用GIS（地理信息系统）技术进行几何校正，提升地图的数据精度，将数字化和校正后的根据地地图通过WebGIS（互联网地理信息系统）技术开发地理信息数据服务网站和系统[③]，发布各种专题库、知识库，在符合国家安全的要求和前提下，开展根据地地图的专题服务。

（五）培育数字人文专业背景的馆员，为根据地文献开发利用提供人才保障

根据地文献对数字人文的利用，离不开具备数字人文专业背景及相关技术的工作人员，他们既需要了解人文学科领域的相关知识，也需要懂得数据处理、文本挖掘与可视化等基本技术的使用。图书馆可以根据现有人员的能力状况选择对数字人文感兴趣的馆员进行培训学习、重点培养。加强馆际交流与合作，选派馆员参与数字人文项目的开发实践工作，还可以招聘符合条件的数字人文馆员充实队伍，与专家学者和相关领域的公司等

---

① 赵红颖、张卫东：《数字人文视角下的红色档案资源组织：数据化、情境化与故事化》，《档案学》2022年第1期。

② 上海图书馆开放数据平台：http://data.library.sh.cn/index，访问日期：2023年6月26日。

③ 史磊：《民国初期河南省地形图的数字化保护与校正》，河南大学硕士学位论文，2008年，第3页。

合作，在深度参与和合作中提升馆员的能力。另外，也可以根据自身实际组建数字人文中心，或采用项目制运行，以小组形式组织相关活动。数字人文队伍的建设需要完善机制支撑其运行，建立激励机制，明确工作人员的职责与任务，完善相关评价制度等。数字人文馆员队伍的发展不仅可以解决上述根据地地图整理利用中的难点问题，在相关知识服务方面也将有所突破与创新，从而推动相关学术研究快速发展。

四、结语

根据地地图对研究党史、军史有重要的参考价值，凝聚着中华民族和中国共产党人热爱祖国、追求真理、无私奉献、艰苦奋斗、奋发向上的精神，是进行革命传统教育和爱国主义教育的重要文献资料。晋图根据地地图专题整理利用，为根据地地图及根据地文献整理利用提供了案例。数字人文视角下，强化根据地文献系统征集、保护、整理、利用、研究，有助于深化学术研究，有助于传播红色文化，传承红色精神，赓续红色基因。

作者通信地址：山西省太原市晋源区长风商务区广经路5号山西省图书馆地方文献部。

责任编辑：郑小笛

电影史料影印出版的功能与价值

岳凯华*

摘　要：中国早期电影史料要流传于世，需要后人不断地搜集、鉴别、整理和研究。国家图书馆出版社先后出版的《民国时期电影杂志汇编》《民国时期电影文献辑刊》等彰显了影印出版建构中国电影史料学的特别意义和独特价值，既能成为稀缺电影资料胶片的替代品，又能填补早期电影文献史料类型的空白，更能拓宽学界有关中国早期电影研究的领域，坚定中国电影的主体性，增强中华民族的自豪感。

关键词：中国早期电影；史料；影印出版；价值

中国电影有着约120年的发展历程。自20世纪80年代以来，人们就呼吁建构中国电影史料学，并着意搜集1949年前的中国早期电影史料，如今这一整理工作迎来了新的发展机遇。史料是历史的遗留物，为“过去人类思想行事所留之痕迹，有证据传留至今日者也”①。中国早期电影史料要流传于世，需要后人不断地搜集、鉴别、整理和研究，以延续中国两千余年敬仰传统文化、重视文化积累的优良传统，凸显中华民族坚定文化自信的积极心态。国家图书馆出版社继出版166册的《民国时期电影杂志汇编》后，于2022年底再推出一套南京大学周安华教授主编的56册《民国时期电影文献辑刊》，可见影印出版对起步伊始的中国电影史料学建构有着特别意义和独特价值。

---

* 岳凯华，男，汉族，湖南师范大学文学院副院长，教授、博士生导师。

① 梁启超：《中国历史研究法》，《梁启超史学论著四种》，岳麓书社，1985年，第145页。

图1 《民国时期电影文献辑刊》书影（国家图书馆出版社，2022年）

一、影印出版，成为中国早期电影稀缺资料胶片的替代品

胶片即影片本身，既是中国早期电影最原始、最重要的文献资料，也是一种独特、稀缺的史料种类。据相关机构统计，除日本侵华时期日伪电影机构拍摄的影片外，民国时期中国内地摄制的故事片多达2298部。但就保存状况来说，在藏有27000—28000部国产电影拷贝的中国电影资料馆里，1949年前拍摄的中国早期电影拷贝也只占约三分之一。因早期电影记录载体硝酸片变质、褪色等不可抗力因素，以及胶片拷贝易褪色、撕裂、划伤、霉变、酸变、收缩、扭曲、酸化、画面剥落、声道受损等原因，保存在资料馆里的这些颇具视觉魅力的电影也难以重见天日。虽然随着国家政策的大力推动和电影修复技术工艺的进步，中国电影资料馆与国家中影数字制作基地、北京电影洗印录像技术厂、上海电影技术厂等单位密切合作，于2006年启动了“电影档案影片数字化修护工程”，10余年来完成3100余部老影片数字化修复，但得到修复的中国早期电影只有《劳工之爱情》《渔光曲》《小城之春》《一江春水向东流》《乌鸦与麻雀》《丽人行》《十字街头》《马路天使》等少量经典影片。由此可见，中国早期电影胶片的数字化修复之路长途漫漫，困难重重。不仅耗资巨大（修复一部老电影的平均成本约8万美元），而且修复好的老电影也难有机会出现在影院银幕上和电视屏幕里，甚至不生产DVD投放市场进行流通，仍然封存在中国电影资料馆数字库中。目前可供人们观看的1949年前的中国电影总数只

有330余部，其中1930年之前的影片仅有22部，依然有近85%的中国早期电影拷贝被毁或遗失，观看中国早期电影仍是当下难以满足的诉求。因此，在1949年前的中国老电影原始影片资料绝大多数去向不明、修复整理现状不容乐观的现实情境下，影印出版刊载大量剧照、图片、人物传记、剧情介绍、影片评论、影坛大事、电影技术、国内外电影动态等内容的中国早期电影期刊、书籍、说明书、海报、剧本等各种文献史料，不仅提供了宝贵的中国早期电影史料资源，而且在很大程度上帮助人们回到那个声色光影交错的时代。这些史料的丰富内容、及时记述和精当论评，成为人们直接观看中国早期电影的替代物，构筑了一座从纸质文献回溯中国早期光影世界的桥梁，让人们得以重返中国电影原点，抵达早期中国电影“现场”。

二、影印出版，填补中国早期电影文献史料类型的空白

短短38年的民国时期产生的文献种类繁多、数量庞大、分布广泛，但它们因纸张酸化严重，普遍出现了老化或损毁现象，一些文献一触即碎，或已碎成纸屑再也无法使用。因此，影印出版成为民国文献全面性整理和再生性保护的有效举措，既能呈现史料文献原貌，又能方便当下阅读、研究，还对原始资料进行了保护。据不完全统计，中华人民共和国成立到2012年间约有700余种民国文献被影印出版，其中60余种出版于二十世纪五六十年代，近150种出版于二十世纪八九十年代，500余种面世于2000年至2011年间。这些影印出版的民国文献收录范围广，举凡报纸、期刊、图书、档案、日记、书信等均被影印，内容涉及政治、历史、社会、经济、宗教、文学、艺术、教育、法律、传记、新闻出版、图书馆学、文献学、自然科学、女性、少数民族、华侨、人口、铁路、市政建设等[①]。相较之下，中国早期电影文献影印出版的力度却较弱，仅有全国图书馆文献缩微复制中心2004年出版的12册《中国早期电影画刊》、中国广播电视出版社2008年出版的《中国电影年鉴1934（影印本）》、岳麓书社2011年出版的上下两卷《电影杂志》三种。这就是说，中国早期电影文献整理的空白

① 参见段晓林：《民国文献影印出版的历史脉络与现状述评》，《出版发行研究》2015年第11期，第106页。

是21世纪以来才得到填补的。2012年，国家图书馆策划的“革命文献与民国时期文献保护计划”项目正式启动，早期中国电影文献影印出版驶入了数量大、种类多、系统性、规模化、成效高的“快车道”，从单行本、小部头出版向大部头、规模化汇编转变，国家图书馆出版社的《民国时期电影杂志汇编》（166册，2012年）和《民国时期电影文献辑刊》（56册，2022年）、天津古籍出版社的《老上海电影画报》（40册，2015年）和《老上海电影画报续编》（43册，2015—2018年）、东方出版社的“中国电影史料影印本丛书”（6本，2015—2018年）、广陵书社的《近代电影史研究资料汇编》（40册，2018年）和《近代电影史研究资料续编》（42册，2020年）等大型电影珍稀文献汇编接二连三地影印面世，成为中国早期电影文献整理工作备受瞩目的标志性成果，对理论著作、教育资料、报纸杂志、副刊画报、特刊年鉴、电影译本、本土剧作、电影小说、演员文献、电影歌曲、业务报告、纪念刊物、公司章程、招股简章、出品目录等史料展开了一次空前规模的搜集和清查，既有大思潮、大事件的现场记载，也有小公司、小影人的细节呈现，真实凸显了中国早期电影的发展脉络，打开了尘封多时的中国早期电影记忆①。不过，由于人力、经费等因素的制约，上述文献的影印出版虽已构建了宏观与微观结合的“打捞式”勘察格局，但中国早期电影史料依然还未悉数搜集齐备，目前出版的仍只是少数图书馆、档案馆、私人收藏者所藏精华而已，整理对象和搜集范围依然亟待拓展。因此，奋楫正当时，扬帆再出发，中国早期电影文献影印出版仍大有可为。

三、影印出版，拓宽学界中国早期电影研究的领域

中国早期电影一直是中外学界聚焦和关注的重点研究对象。从事中国早期电影研究，最直接的方式当是研究影片本身，但1949年前的电影拷贝保存状况堪忧，现存胶片数量极少，诸多影片无法观看。因此，对中国

---

① 周安华：《发掘现代艺术勃兴的珍贵现场——论〈民国时期电影文献辑刊〉之编汇价值》，《南京艺术学院学报（音乐与表演）》2023年第5期，第133页。

早期电影研究入手的关键，“第一是史料，第二是史料，第三还是史料”[①]。正是认识到了媒介考古、史料发掘的重要性，学界对中国早期电影面貌的研究，才能以其时出版和发行的反映民国电影状况的各种纸质史料文献为核心，注重文献整理与理论阐释融合的内在思路，践行立足文献、论从史出、严谨求实的学术理念。电影文献的整理，要科学解决文献“藏”和“用”间的矛盾，强调文献保护与科学使用并举的重要思路。然而，1949年前的民国电影纸质史料能完整保存下来的并不多，搜集齐备并不容易。得以留存下来的电影文献，又主要分散收藏于国内外各大图书馆及研究机构，需要研究者各处奔走查阅。这些中国早期电影文献令研究者难睹真容，它们或因数量稀少成为“新善本”而导致借阅翻读有困难，或因纸张残破一碰即碎难以利用。在影印出版物大量出现之前，有《抗日战争时期的重庆电影》《上海电影史料》《中国左翼电影运动》《三十年代中国电影评论文选》《中国无声电影剧本》《中国电影文献史料选编·电影评论卷（1921—1949）》《百年中国电影理论文选》《中国现代电影期刊全目书志》等整理本出版，却因点校、繁简转化、排版印刷等人为原因，不像影印本那样完全尊重史料的原貌。随着学术事业的发展繁荣和国民素质的整体提升，越来越多的研究者倾向于占有充实的文献史料，习惯于借助文献影印本的阅读和利用来求真务实地勘探具体的历史情境。这些电影文献影印本印制精美、装帧厚重大气、设计独创一格，让研究者喜好购买，从而得以坐拥书城，免除重要文献搜集不全之苦和奔波各处访书翻检之劳。同时，藏有这些影印本的各地藏书机构也能更好地服务社会大众，为文献的学术利用提供更多空间，让无力购买的研究者和爱好者查找和借阅变得切实可行，既能从容浏览中国早期电影的基础性史料，也能便捷掌握翘首以盼的珍稀资料。按照原貌影印出版的形式多样、内容全面的中国早期电影文献，原汁原味地保留着丰富多彩的电影资料，真实清晰地记载着多元繁复的影业动态，其中有对电影本体的认知思考，有对电影创作的理论阐释，有对电影演员的细节描述。这些影印文献具有从电影史、艺术史、文化史、政治史、经济史、社会史、军事史、生活史、人物史、身体史、思想史、心

① 饶曙光、尹鹏飞：《为〈中国电影通史〉添砖加瓦》，厉震林、万传法主编：《电影研究（7）：史学研究与女性研究》，中国电影出版社，2018年，第17页。

态史等多元角度分析和挖掘的综合研究价值，可以有效服务学术研究，给中外学界提供一份全面涵盖民国电影历史、准确解析影片主旨、清晰展现早期电影状貌的史料读本，规避研究的短视化、片面化、浅薄化弊端，从而将学术创新品质、人文理性精神建立在充分、可靠、扎实的文献史料基础上。它们不仅对深入探讨和全面研究中国早期电影理论、创作、编剧、导演、表演、鉴赏、评论、思潮、史学、观众、歌曲、访谈、技术、产业、经营、教育、传播、报纸、杂志、年鉴、海报乃至大众文化、时尚文化、都市文化等诸多领域大有裨益，更能使中国早期电影文献整理工作在与多层次、大视野电影研究的对接中实现价值的当代性转化，进入当代文化视野，滋养当下社会生活，参与当代文化建设，为中国电影史料学的建立奠定科学基础，在世界影坛上更加坚定中国电影的主体性，增强民族电影自豪感[①]！

当然，随着数字化技术的飞速发展，中国早期电影文献的影印出版理当与数据库这一现代化文献整理方式相结合，让人们能够利用数字资源共享平台，节省研究成本，激发研究兴趣，促进学术繁荣，展现中国电影研究更为广阔的前景。

作者通信地址：湖南省长沙市岳麓区猴子石大桥西阳光100国际新城第一期3-8栋。

责任编辑：郑小笛

① 参见胡智锋：《新时代中国影视史学的多维度观察与思考——从〈民国时期电影文献辑刊〉谈起》，《文艺报》2023年4月12日，第4版。